旅游新媒体营销

主　编　黎　翔　张　丹
副主编　侯瑞萍　张　鹏　凌志林
　　　　　叶国论
参　编　黄燕婷　任凯燕　杨　玲
　　　　　卞春艳　王尚成

北京理工大学出版社
BEIJING INSTITUTE OF TECHNOLOGY PRESS

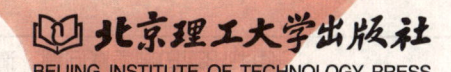

内 容 提 要

本书按照旅游行业理论与实践结合人才培养模式的要求，着重表现旅游新媒体营销应用性、实践性和可操作性的特色，紧扣旅游职业人员适应旅游新媒体营销主题，切实提升学生的职业素质和职业能力。全书采用项目任务书的形式编写，分为基础认知和分析、实际策划和应用两大模块，主要内容包括认识旅游新媒体营销基础、寻找旅游新媒体营销机会、分析旅游消费者行为、实施旅游市场营销调研、确定旅游目标市场与新媒体营销定位、谋划旅游产品营销、旅游新媒体营销策划、旅游微博营销、旅游短视频营销、旅游直播营销、其他营销、旅游新媒体营销组合策略及案例分析十二个项目。

本书可作为高等职业院校旅游类市场营销专业教材，也可作为相关从业人员的参考用书。

版权专有　侵权必究

图书在版编目（CIP）数据

旅游新媒体营销 / 黎翔，张丹主编 . -- 北京：北京理工大学出版社，2024.2
ISBN 978-7-5763-3580-4

Ⅰ.①旅… Ⅱ.①黎…②张… Ⅲ.①旅游业－网络营销　Ⅳ.① F590.82

中国国家版本馆 CIP 数据核字 (2024) 第 045658 号

责任编辑：封　雪	文案编辑：毛慧佳
责任校对：刘亚男	责任印制：王美丽

出版发行 /	北京理工大学出版社有限责任公司
社　　址 /	北京市丰台区四合庄路 6 号
邮　　编 /	100070
电　　话 /	(010) 68914026（教材售后服务热线）
	(010) 68944437（课件资源服务热线）
网　　址 /	http：//www.bitpress.com.cn
版 印 次 /	2024 年 2 月第 1 版第 1 次印刷
印　　刷 /	河北鑫彩博图印刷有限公司
开　　本 /	787 mm×1092 mm　1/16
印　　张 /	16.5
字　　数 /	419 千字
定　　价 /	89.00 元

图书出现印装质量问题，请拨打售后服务热线，负责调换

前 言

党的二十大报告中指出:"教育是国之大计、党之大计。培养什么人、怎样培养人、为谁培养人是教育的根本问题。育人的根本在于立德。"因此,我们应全面贯彻党的教育方针,落实立德树人根本任务,培养德智体美劳全面发展的社会主义建设者和接班人,要坚持以人民为中心发展教育,加快建设高质量教育体系,发展素质教育,促进教育公平。坚持以文塑旅、以旅彰文,推进文化和旅游深度融合发展。加快发展数字经济,促进数字经济和实体经济的深度融合,打造具有国际竞争力的数字产业集群。

本书包含大量案例及实战演练项目,要求学生在学习必要的旅游新媒体营销知识的基础上,重点掌握从事旅游新媒体营销的基本技能,提高应用能力,以适应现代旅游市场营销发展的需求。

本书注重应用性、实践性和可操作性,既有助于激发学生的学习兴趣,又丰富了课堂教学的内容与形式,主要有如下特点。

第一,注重思政教育。这主要表现在"思政融合"模块中,在培养学生能力的同时,潜移默化中融入党的二十大报告的相关内容,深入推动党的二十大精神进校园、进课堂、进大脑,让学生了解二十大精神、读懂二十大精神、践行二十大精神。

第二,配套资源丰富。为了响应党的二十大报告中的"推进教育数字化,建设全民终身学习的学习型社会、学习型大国"要求,本书中加入了二维码形式的拓展阅读,让学生利用碎片化时间学习,不受时间、空间的限制。

第三,拓展案例精彩。本书中穿插了大量的实证案例,且内容丰富精彩。这些案例使学生能学以致用,拓宽视野。

第四,实训设置实用。本书打破传统教材体系,注重旅游新媒体营销的实际训练,将旅游新媒体营销的学习和训练实践相结合,使学习与训练联动,更贴近社会与行业。

　　本书编写过程中参考了大量文献和资料，在此向相关作者表示衷心的感谢！

　　由于时间仓促，编者水平有限，书中难免存在疏漏之处，恳请广大读者批评指正。

编　者

目 录

模块一　基础认知和分析

项目一　认识旅游新媒体营销基础 ……………… 2
　　任务一　走进新媒体营销………………3
　　任务二　了解旅游新媒体营销岗位……21

项目二　寻找旅游新媒体营销机会 ……………… 32
　　任务一　认识旅游新媒体营销环境及分析………………34
　　任务二　了解旅游新媒体营销的宏观环境………………38
　　任务三　了解旅游新媒体营销的微观环境………………44
　　任务四　运用旅游营销SWOT分析法………………48

项目三　分析旅游消费者行为… 56
　　任务一　旅游消费者的需求分析………58
　　任务二　旅游消费者的内在动机………66
　　任务三　旅游消费者的购买行为………72

项目四　实施旅游市场营销调研 ……………… 80
　　任务一　初识旅游市场营销调研………83
　　任务二　确定旅游市场调研的程序与方法………………88
　　任务三　旅游市场的大数据分析………94

项目五　确定旅游目标市场与新媒体营销定位……………… 102
　　任务一　了解旅游细分市场……………104
　　任务二　选择旅游目标市场……………111
　　任务三　锚定旅游市场定位……………115
　　任务四　定位新媒体营销用户…………119
　　任务五　定位新媒体营销内容…………124

项目六　谋划旅游产品营销……… 130
　　任务一　了解旅游产品…………………133
　　任务二　学习旅游产品的生命周期……137
　　任务三　赋予旅游产品定价……………145
　　任务四　编制旅游产品营销策划………151

模块二　实际策划和应用

项目七　旅游新媒体营销策划… 159

　　任务一　认识旅游新媒体文案创作…161

　　任务二　学会旅游新媒体图片与
　　　　　　内容排版……………………165

　　任务三　制作旅游新媒体短视频……170

项目八　旅游微博营销………… 180

　　任务一　认识微博营销……………182

　　任务二　微博营销的运营…………187

　　任务三　微博营销的推广与变现……191

项目九　旅游短视频营销……… 197

　　任务一　认识短视频营销…………200

　　任务二　短视频营销的运营………205

　　任务三　短视频营销的推广与
　　　　　　变现…………………………210

项目十　旅游直播营销………… 215

　　任务一　认识直播营销……………217

　　任务二　直播营销的运营…………220

　　任务三　直播营销的推广与变现……226

项目十一　其他营销…………… 230

　　任务一　今日头条营销综述………232

　　任务二　微信营销综述……………236

　　任务三　社群营销综述……………239

项目十二　旅游新媒体营销组合策略
　　　　　　及案例分析…………… 245

　　任务一　旅游新媒体营销组合策略…246

　　任务二　旅游新媒体营销案例分析…252

参考文献…………………………… 257

模块一　基础认知和分析

模块脉络

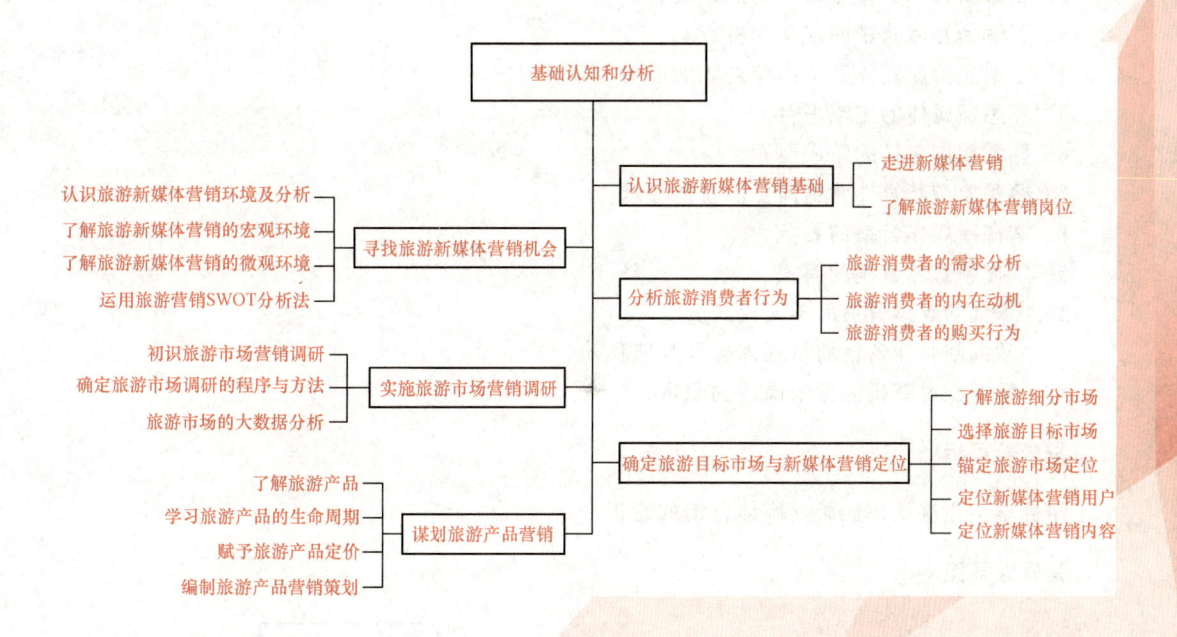

```
                          基础认知和分析
                                │
        ┌───────────────────────┼───────────────────────┐
        │                       │                       │
                        认识旅游新媒体营销基础 ─── 走进新媒体营销
                                                └─── 了解旅游新媒体营销岗位

认识旅游新媒体营销环境及分析 ┐
了解旅游新媒体营销的宏观环境 ┤
了解旅游新媒体营销的微观环境 ┼── 寻找旅游新媒体营销机会
运用旅游营销SWOT分析法     ┘
                                                 ┌─── 旅游消费者的需求分析
                        分析旅游消费者行为 ──────┼─── 旅游消费者的内在动机
                                                 └─── 旅游消费者的购买行为

初识旅游市场营销调研       ┐
确定旅游市场调研的程序与方法 ┼── 实施旅游市场营销调研
旅游市场的大数据分析       ┘
                                                         ┌─── 了解旅游细分市场
                                                         ├─── 选择旅游目标市场
                        确定旅游目标市场与新媒体营销定位 ─┼─── 锚定旅游市场定位
                                                         ├─── 定位新媒体营销用户
                                                         └─── 定位新媒体营销内容

了解旅游产品         ┐
学习旅游产品的生命周期 ┼── 谋划旅游产品营销
赋予旅游产品定价     │
编制旅游产品营销策划  ┘
```

项目一　认识旅游新媒体营销基础

学习目标

▶知识目标

1. 了解新媒体、营销、市场的概念与定义。
2. 了解新媒体的特点、营销的意义。
3. 了解新媒体营销的定义与特点。
4. 了解旅游新媒体营销岗位的职业能力与素养要求。
5. 熟悉新媒体的主流平台。
6. 熟悉旅游市场的组成要素。
7. 熟悉旅游新媒体营销岗位的技能要求。
8. 掌握新媒体营销的界定。
9. 掌握新媒体营销的模式。
10. 掌握新媒体营销的不同模式。
11. 掌握新媒体营销的策划内容及其流程。
12. 掌握旅游新媒体营销岗位的职责。

▶素养目标

培养学生正确认识旅游新媒体营销的意识。

▶思维导图

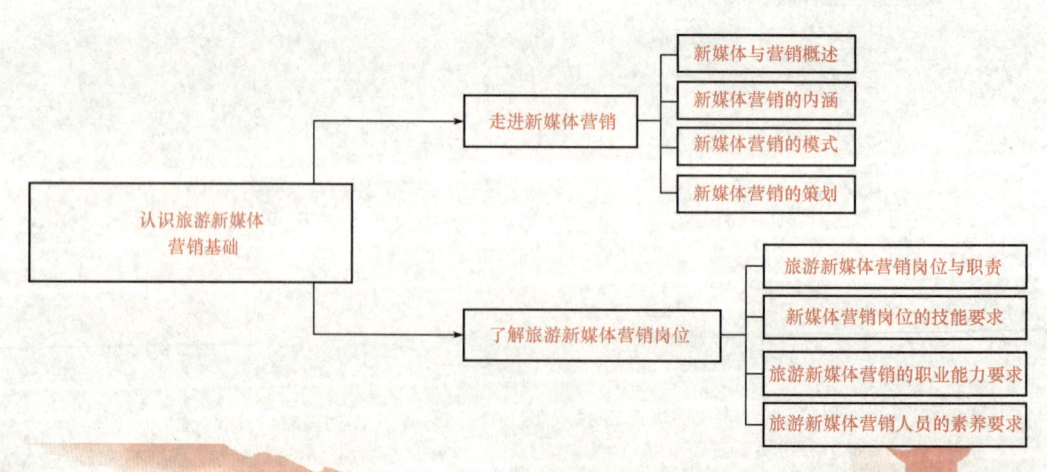

认识旅游新媒体营销基础
- 走进新媒体营销
  - 新媒体与营销概述
  - 新媒体营销的内涵
  - 新媒体营销的模式
  - 新媒体营销的策划
- 了解旅游新媒体营销岗位
  - 旅游新媒体营销岗位与职责
  - 新媒体营销岗位的技能要求
  - 旅游新媒体营销的职业能力要求
  - 旅游新媒体营销人员的素养要求

> 【案例导入】
>
> ## 又潮又飒的中国文化何以赢得青睐
>
> 2021年中国国际服务贸易交易会（以下简称"服贸会"）于9月2日至9月7日在北京顺利举办。本次服贸会首次将文化服务和旅游服务合并为文旅服务专题，围绕"科技赋能新文旅，创意引领新生活"主题，采取线上线下同步方式，通过展览展示、论坛活动、推介交易等集中展示文化产业和旅游业的新产品、新技术及文化贸易的新服务、新业态。文旅专题线下展览位于首钢园1号、2号、3号馆，包括"文化新动能""文旅新品质""体验新时尚"和"消费在行动"4个主题展区，共8个单元、27个专题。
>
> 包装上印有《觉醒年代》剧中形象的红砖冰激凌、含有中药成分的咖啡、从传统年画获取灵感的8K影片《门神》……中国元素与时尚潮流的结合、传统文化与现代科技的碰撞在2021年服贸会首钢园文旅服务展馆内处处可见。
>
> 一批"守得住经典，当得了网红"国货走俏的背后，是创新力的提升，是年轻人对国潮消费品的认可，更是文化自信的彰显。
>
> 国产品牌释放的经济、社会、文化价值日益凸显。据商务部数据显示，2021年上半年，有关电商平台"618"促销活动期间，国产品牌销售额占比超过70%。在首钢园区内，前往非遗文化体验基地、陶瓷艺术馆的人们络绎不绝。越来越多的国货成为网红，成为"95后""00后"的首选。诸多老字号跨界破圈，跟年轻人玩到一起，满足多层次、个性化的消费需求，让老品牌焕发新活力。
>
> 中国医药、中国科技、中国制造……中国风潮不仅赢得了国人的青睐，更在不断创新发展中走出国门，让更多人了解又潮又飒的中国文化。
>
> 【提出问题】
>
> 中国文化为何能赢得广泛青睐？该如何做大、做精、做强文旅文创产业，形成知名品牌？

任务一　走进新媒体营销

一、新媒体与营销概述

（一）新媒体的概念

新媒体（New Media）的概念由美国哥伦比亚广播电视网（Columbia Broadcasting System，CBS）技术研究所所长戈尔德马克（P. Goldmark）在1967年率先提出的。

新媒体是相对于传统媒体（报刊、广播、电视等）发展起来的一种新的媒体形态，它是指利用数字技术、网络技术，通过无线通信网、宽带局域网、互联网等传播渠道，结合手机、计算机等输出终端，向用户提供文字、图片、音频、视频等信息及服务的新型传播形式与手段。因此，严格地说，新媒体应该称为"数字化新媒体"。

新媒体是一个相对的概念，与媒介技术的不断推陈出新紧密相关。相对于报刊、户外媒体、广播、电视四大传统意义上的媒体，新媒体被形象地称为"第五媒体"。

> **课堂思考**
>
> 请选出下列媒体中的新媒体，并讨论新媒体与传统媒体之间的区别。
>
> "十点读书"微信公众号、淘宝直播、抖音、数字报纸、电视、报纸、杂志、微博、今日头条、楼宇广告、交通广播电台。

（二）新媒体的特点

与传统媒体相比，新媒体不仅具有信息载体功能，还具有信息识别、信息处理功能，在信息传播方向、传播内容、传播行为、接收方式、传播速度等方面具有鲜明的特征。

1. 传播内容多元化

新媒体在传播内容上呈现出多元化的特点，用户可以发布文字、图片、视频等多种形式的内容。新媒体传播内容的多元化增大了传播内容的信息量，也在一定程度上拓展了传播内容的深度和广度。

2. 传播速度实时化

在互联网技术的支持下，新媒体传播信息的速度比传统媒体的速度更快，还能够让用户实时接收信息并对信息作出实时反馈。每个用户都可以成为信息的生产者和发布者，第一时间发布自己的所见所感。另外，作为信息接收者，用户也可以实时接收信息。

3. 传播方向双向化

传统媒体传播信息的方式是单向的、线性的、不可选择的，表现为在特定的时间内由传播者向用户发布信息。新媒体改变了传统媒体中"传播者单向发布信息、用户被动接收信息"的模式，使每个用户既是信息的接收者，又是信息的传播者。这增强了信息的互动性，优化了信息的传播效果。

4. 传播行为个性化

新媒体精准针对用户的需求传播内容，使每一个用户都可以接收自己喜欢的内容，充分满足了不同用户的个性化需求。微博、微信等新媒体使每一个人——无论是作为信息的传播者还是接收者，都可以表达自己的观点、传播自己感兴趣的信息，因此新媒体传播行为有很强的个性化特征。

5. 接收方式移动化

移动互联网的发展大幅促进了新媒体的发展。在移动互联网技术的支持下，用户可以自由地通过随身携带的手机和其他移动设备，随时随地利用新媒体获取、接收信息，这种接收信息的方式带有明显的移动化特点，使得用户摆脱了信息发布和接收信息对于场所的限制。在快节奏的生活状态下，移动化的接收方式更能满足用户对利用碎片化时间的需求。

顺应新媒体时代的知识传播

(三) 新媒体主流平台

根据层次和重要性,当前的新媒体主流平台可以划分为三个阵营,如图1-1所示。

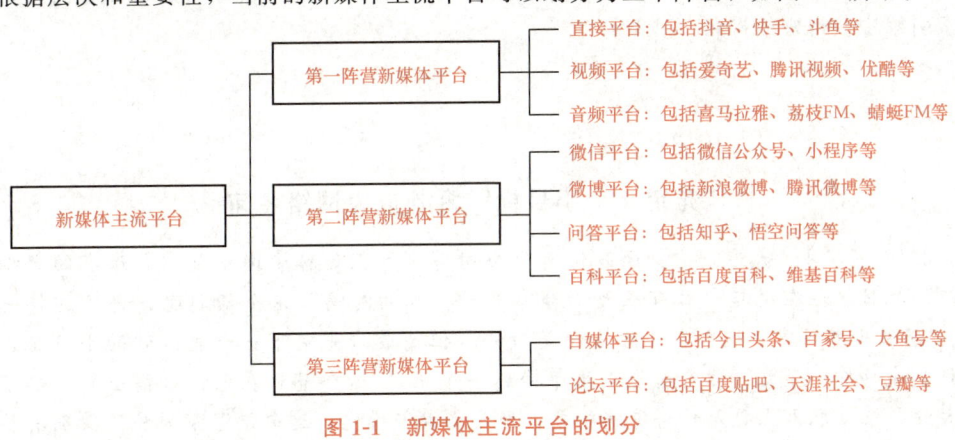

```
                                    ┌─ 直接平台:包括抖音、快手、斗鱼等
                      ┌─第一阵营新媒体平台─┼─ 视频平台:包括爱奇艺、腾讯视频、优酷等
                      │                 └─ 音频平台:包括喜马拉雅、荔枝FM、蜻蜓FM等
                      │
                      │                 ┌─ 微信平台:包括微信公众号、小程序等
新媒体主流平台─┼─第二阵营新媒体平台─┼─ 微博平台:包括新浪微博、腾讯微博等
                      │                 ├─ 问答平台:包括知乎、悟空问答等
                      │                 └─ 百科平台:包括百度百科、维基百科等
                      │
                      └─第三阵营新媒体平台─┬─ 自媒体平台:包括今日头条、百家号、大鱼号等
                                        └─ 论坛平台:包括百度贴吧、天涯社区、豆瓣等
```

图1-1 新媒体主流平台的划分

1. 第一阵营新媒体平台

(1) 直播平台。信息披露直播,通过网络直播做信息披露,可以超越地域的限制,获得更多的品牌曝光机会。网红代言直播,通过网红("网络红人"的简称,泛指一切主要通过网络特别是社交媒体获取和维系声名的人)在直播中的推荐,通过平台直接吸引用户。专家、客服直播,这种直播形式可以提高用户活跃度,还能为用户提供实时在线的精准服务,从而产生更强的用户黏性,提高用户忠诚度。

(2) 视频平台。基于视频平台开展营销活动,如有奖视频创作大赛,鼓励网友原创并分享。内容营销,把平台或产品包装成内容,也就是用原生广告形式进行营销活动。展现品牌文化,品牌公司可以通过视频平台充分展示品牌文化,比如可以拍摄制作公司团建活动视频等。

(3) 音频平台。搭建音频自媒体,品牌直接进入音频平台,建立自己的音频自媒体,然后配合媒体宣传造势。音频内容中植入广告,选取目标受众集中的音频节目,进行直接的广告植入。

2. 第二阵营新媒体平台

(1) 微信平台。自媒体创作者根据自己的兴趣,在擅长的领域进行内容创作,展开账号运营。比如擅长写故事的写手,可以运营一个故事号,吸引读者产生流量。纯粹卖货号和微店的性质差不多,可以做一定的品牌宣传。品牌号是一些大公司的微信公众号,可能不销售,也不做客户维护,专门作为品牌宣传的窗口。微信公众号已经成为数据库营销的主战场,一些带有实体性质的企业,比如餐馆、酒店、美容场所等,以会员的形式结合微信公众号实现运营。

(2) 微博平台。微博作为社交媒体,基于其社会化的传播特性,传播速度极快。因此,微博往往是品牌话题营销和事件营销的绝佳载体。企业通过微博与用户的互动,提供增值服务,可提升用户黏性。新浪微博系统广告可根据手机类型、年龄、城市和兴趣表情对目标人群进行匹配,广告客户按照效果付费;利用微博大号做推广,广告客户看重的是大号的流量资源,还有大号的信用背书效果。

(3) 问答类平台。问答是"网友与网友之间进行观点与经验的交流",信息可信度更高,容易形成用户口碑。问答类平台权重通常都比较高,比较容易在搜索引擎中获得比较好的排名。

（4）百科类平台。在一定程度上，百科类平台可以为互联网金融平台提供信用背书。通过搜索引擎优化（Search Engine Optimization，SEO）辅助，百科类平台权重也比较高，也容易在搜索引擎中获得好的排名。

> **案例导入**
>
> ### "先定一个小目标"意外成为网络名句
>
> 2016年8月，大连万达集团股份有限公司董事长王健林受邀参加《鲁豫有约大咖一日行》栏目。他在说起"心有多大舞台有多大，真的对吗"这个话题时，讲了这样一句话："想做世界首富，这个奋斗的方向是对的。但是最好先定下一个能达到的小目标，比如说我先挣它一个亿。你看看能用几年挣到一个亿。"这个节目在电视台播出后引起了轩然大波，在互联网上更是传得沸沸扬扬。网友们普遍感觉，这句话深深刺痛了特别有梦想又特别穷的自己。
>
> 在王健林看来，赚一亿元只是个能达到的小目标；然而这对许多上班族来说是一个一辈子都赚不到的天文数字。绝大部分人连几百万都凑不齐，何况是一个亿呢？王健林在后面又解释道："这是个目标。定了目标咱们去奋斗，做到了更好。做不到你看挣了8 000万咱也挺乐呵，挣了5 000万也挺好。但是目标要放大。"但大家的关注点还是停留在"先定一个能达到的小目标"这句话上。
>
> 没过多久，这句话成了网络上的热门名句。大家纷纷模仿王健林的"先定一个小目标"来编写笑话段子。
>
> "购房不可能一步到位，先定一个能达到的小目标，比如说买一套500平方米左右的房子。实在不行了，就买300平方米左右的房子凑合着住一下。"这是嫌房价太高，又有买房需求的网友在调侃。
>
> "买车也要循序渐进，先定一个能达到的小目标，比如说先买一辆宝马开开。"这是有买车需求的网友在调侃。
>
> "创业不可能一步登天，先定一个能达到的小目标，比如说先建成亚洲连锁。"这是正在创业的网友在调侃。
>
> "减肥不可能一蹴而就，先定一个能达到的小目标，比如说3天内减去体重50斤。"这是正在减肥的网友在调侃。
>
> "练习厨艺也要循序渐进，先定一个能达到的小目标，比如说先做一桌满汉全席。"这是正在学习烹调的网友在调侃。
>
> 毫无疑问，他们说的"小目标"实际上是个具有高难度甚至不可能完成的"大目标"。大家在社交媒体上造句接龙，以此形式宣泄着各自的情绪。任何微小事件都可能在网友互动中变成一个热门话题，这就是新媒体时代的特点。
>
> 新媒体时代的人们充满了自嘲精神和娱乐精神。新媒体运营者应该重视这一点，在不违背社会底线的前提下，积极顺应这股全民娱乐的潮流。也许下一个新兴的网络热词、热句，就诞生在你的社交媒体平台上。

3. 第三阵营新媒体平台

（1）自媒体平台。它包括头条号、企鹅号、搜狐号、一点号、百家号、网易号等，它们都是企业不可忽视的自媒体平台。这些平台的营销方法有两种。一是通过大范围的曝光，提高品牌的知名度。这些自媒体平台往往依托于自有生态体系，具有庞大的流量基础，品牌商家可以通过这些平台进行大范围曝光，从而提高品牌的知名度。二是新阵地占位，自媒体平台格局变迁，须提前占位，防止错失机会。

（2）论坛平台。论坛平台是高人气聚集地，利用流量来营销。

思政融合

善用新媒体技术，开创新时代基层社会治理新局面

党的二十大报告指出，健全共建共治共享的社会治理制度，提升社会治理效能。要在社会基层坚持和发展新时代"枫桥经验"，畅通和规范群众诉求表达、利益协调、权益保障通道，完善网格化管理、精细化服务、信息化支撑的基层治理平台，健全城乡社区治理体系，及时把矛盾纠纷化解在基层、化解在萌芽状态。

搭建服务平台，促进基层公共服务精准供给。通过微博、微信公众号、便民App等新媒体平台开展线上"问政和答政"，向居民提供政务信息，优化办事流程，提升基层行政效率。通过智慧社区平台、手机客户端、微信小程序等搭建线上公共服务平台，与基层政府的公共服务部门对接，从教育、医疗、出行等与居民生活息息相关的项目入手，实现让"数据多跑路，群众少跑路"的基本治理愿景。为居民提供在线购物、定向团购、求职就业等多元化服务，有效满足居民生活、出行、健康等多方面需求，形成基层党组织、居民、相关企业、非政府组织全面参与的治理格局，提高居民生活舒适度，增强治理效能。

发挥沟通优势，畅通社情民意表达渠道。社区微博、社区微信群、QQ群、微信小程序等以实体空间为基础的社区新媒体，不仅为居民提供了公开讨论、协商、解决社区公共事务的平台，拓宽了社情民意收集渠道，也为多元主体的沟通交流带来更多机会。借助社交媒体平台，居民可以就衣食住行、环境卫生、社会生活等问题进行讨论或反映。社区居委会、物业公司等社区治理的多元主体能够第一时间了解到居民的建议，及时做好疏导、解惑工作，将矛盾纠纷化解在基层，解决在萌芽状态。新媒体还能够发挥社区议事厅的功能，居民借助网络空间参与投票、表决、议事等，有效提高参与社区治理的积极性，有利于公共意识和公共规范的培育。

构建社交网络，建立新型邻里关系。当前，我国城市居民小区存在着"陌生人"社会的现实，"相见不相识"的情况较为普遍。邻里关系淡漠不仅在一定程度阻碍了信息、情感的沟通，还容易形成社会关系"死角"，增加基层社会的矛盾和摩擦。和谐融洽的邻里关系是基层社会治理的重要目标，论坛、微信群、QQ群、微博等社交媒体为邻里间沟通和交流创造了条件。社区居民从事着多元的职业、有着不同的生活圈子，虚拟空间的沟通帮助居民互相解答问题、对接供需、解决冲突，实现了线上线下交往的同频共振，加快塑造新型邻里关系。不仅增进了邻里间的情感链接，使邻里交往更为便利和灵活，而且有利于塑造共同体意识，强化居民对社区的认同感和归属感，形成社区治理合力。

监测社会环境，优化基层风险防控能力。风险防控的关键是增强快速反应、信息编发、风险预警、舆情引导、应急处置等能力建设，建立"感知—预测—应对—效果评估"系统的闭环管理，促进被动式回应向主动式治理转变。对社交媒体、政务微博、公众号、论坛、短视频等全媒体数据进行汇总和分析，能够帮助各级政府部门倾听民情、民意，实现基层社会治理问题的实时感知、快速应对、及时干预，提前化解潜在问题。通过大数据技术结合时间、位置信息的研判，能够及时精准捕捉到可能发生的社会风险，并通过舆情热度等迅速研判危机事件发展阶段，做到事前预警、事中追踪，最快速度化解风险，维护基层社会稳定。通常情况下，突发事件现场往往会网民被第一时间拍摄照片或视频上传网络平台，借助大数据技术对突发事件的现场实际情况、求助信息、公众认知状况等进行捕捉，帮助政府部门精准施策，迅速有效解决实际问题，化解基层社会矛盾。

新媒体技术的发展为基层社会治理带来更多契机，通过对新媒体技术介入基层社会治理角色与功能再认识，不断探索"媒体＋治理"的新模式，着重强化治理能力建设，把新媒体的技术优势转化为基层社会治理的实际效能，开创新时代基层社会治理新局面。

(《大众日报》2022-12-27)

(四) 营销的定义

国内外学者对营销进行了上百种的定义。美国学者基恩·凯洛斯将各种营销定义总结为三类：一是将营销作为一种为消费者服务的理论；二是强调营销是对社会现象的一种认识；三是认为营销是通过销售渠道把生产企业同市场联系起来的过程。

美国市场营销协会对营销的定义是：营销是计划和执行关于商品、服务和创意的观念、定价、促销和分销，以创造符合个人和组织目标的交换的一种过程。

美国经济学教授菲利浦·科特勒将营销定义为：营销是个人和集体通过创造、提供出售，并同别人自由交换产品和价值，以获得其所需所欲之物的一种社会过程。

英国销售学会提出，一个企业如果要生存、发展和赢利，就必须有意识地根据用户和消费者的需要和潜在需要安排生产。

日本企业界认为，在满足消费者利益的基础上，研究如何适应市场需求而提供商品或服务的整个企业活动，就是市场营销。

一些中国学者是这样给市场营销定义的：市场营销，就是在变化的市场环境中，旨在满足消费需要、实现企业目标的商务活动过程，包括市场调研、选择目标市场、产品开发、产品定价、渠道选择、产品促销、产品储存和运输、产品销售、提供服务等一系列与市场有关的企业业务经营活动。市场营销全过程的质的规定性，则是商品交换过程。

企业的市场营销必须是在动态的市场营销环境中，合理有效地配置企业资源，适应、刺激和满足消费者的需求，有计划地组织企业整体的经营活动，把满足消费需求的商品和服务送达消费者手中，最大限度地为企业获取利润。

根据上述定义，营销包括以下三个含义。

(1) 营销以满足需求和欲望为最终目标。

(2) 营销的核心概念是交换，它是通过提供某种东西作为回报，从某人那儿取得想要的东西的过程。交换的发生与否,取决于买卖双方能否找到交换的条件,即交换以后双方都比交换以前好。交换可以被理解为是一个价值创造的过程。

(3) 交换过程能否顺利进行,能否最大化地创造价值,取决于营销者创造产品和价值满足客户需求的程度及交换过程管理的水平。

市场营销包含三个方面的内容。

第一,它是一种经营思想,是一种基本的工商哲学,它承认并接受以消费者为中心,为消费者需求的满足而努力。

第二,它表现了企业的经营意图,促使企业有意识地使自己的资源适应外部环境的变化,适应消费者的需要与潜在需要,以求最有效地达到企业预期目的。

第三,它表明了市场营销活动的管理过程,即是组织和指导企业的整体活动,识别、预测、刺激、满足消费者的需求,在消费者满足中获取利润和完成企业的其他目标。

实证案例

市场营销三次定义的比较

1960—2004年,美国市场营销协会(American Marketing Assciation,AMA)提出的市场营销的定义从不断变化,可以看出它们之间有明显的区别,主要体现在以下几个方面。

1. 营销观念不同

1960年的定义主要是从推销观念的角度论述什么是市场营销。1985年的定义虽然营销观念不是很清晰,但已有了市场营销观念的萌芽。2004年的定义营销观念就非常清晰,从客户的角度出发,研究客户价值。

2. 营销核心概念不同

1960年的定义核心概念是引导企业如何将生产出来的产品或服务从企业转移到消费者手中。1985年的定义核心概念是系统。这个系统主要包括企业可以控制的四个方面,也就是所谓的"4P"。2004年的定义核心概念是客户价值。

3. 追求的目的不同

从最终目的来看,这三个定义都一样,即企业追求利润最大化,但从总体来看这三个定义追求的目的还是不一样。1960年的定义企业追求的目的是销售量最大化。1985年的定义把交换作为企业市场营销系统服务的目标。2004年的定义的目的是创造、传播、传递客户价值,管理客户关系。

(五) 营销市场的内涵

1. 市场的概念

市场是社会分工和商品经济的产物,哪里有商品生产和交换,哪里就有市场。

从传统视角来看,市场就是商品交易场所,即买卖双方聚集在一起进行商品交换的实地场所,如集市、商场、商品批发市场等。

北京冬奥会市场营销报告

从经济学视角来看，市场就是相对政府而言的"一只看不见的手"，是"自由放任"秩序，体现的是通过交换反映出来的供求关系。

从营销学视角来看，菲利普·科特勒认为市场就是可能与卖者交易的现实的和潜在的买者所构成的集合。

因此，市场是指具有特定需要和欲望，愿意并能够通过交换来满足这种需要或欲望的全部现实的或潜在的客户，简而言之，市场就是消费者。

对旅游市场而言，它就是对某一种、某一类旅游产品具有需求的旅游消费者，如游客、酒店客人等。

2. 旅游市场的组成要素

某旅游产品有没有市场、市场规模有多大，这与旅游市场的组成要素有关。旅游市场由人口（有人）、购买力（能买）、购买意愿（想买）、购买权利（可以买）四方面要素构成。旅游市场的组成要素可用如下公式表示：

$$旅游市场 = 人口 \times 购买力 \times 购买意愿 \times 购买权利$$

（1）人口。旅游消费者是旅游市场存在的基础，如果没有旅游消费者，旅游市场就无从谈起。旅游市场中的人口因素不仅包括总人口数，还包括性别、年龄、职业及地理分布等人口特征。一般来说，市场覆盖范围内人口越多，旅游市场开发潜力会越大、市场规模也会越大。

（2）购买力。购买力是指上述人口是否具备付出货币购买旅游产品的能力。市场覆盖范围内人口只有具备足够旅游购买力者才可能成为旅游消费者。旅游购买力往往会受一个国家或地区的社会经济发展水平（如 GDP 和居民可支配收入等）的影响，因此发达国家往往成为世界各地主要旅游客源国。随着经济水平的显著提升，我国也逐渐成为世界各地竞相吸引的国际客源国，我国经济较为发达的东部地区则往往成为国内各旅游目的地竞相争取的旅游客源。

（3）购买意愿。购买意愿是指上述人口是否愿意购买旅游产品，这是形成现实旅游市场的动力。旅游购买意愿通常与旅游产品自身吸引力、旅游促销等因素有关。因此，各地要扩大旅游市场规模，既需要"苦练内功"——开发有特色的旅游产品、提供有品质的食、住、行、游、购、娱等旅游服务，又需要创新促销方式、提升促销效果，从而激发旅游购买意愿。

（4）购买权利。购买权利是指上述人口是否具备参与旅游消费除购买能力外的其他约束条件，比如有空闲时间、有基本的身体素质等。由于旅游消费是需要发生位置移动（从一个地方到另一个地方）的，可能受到诸如闲暇时间、基本身体素质、特殊政策的影响，如年老体弱者、晕船晕车者即使渴望外出旅游，恐怕也难以成行。我国正在不断优化节假日、带薪休假等制度，致力于让更多人享有旅游购买权利。

（六）营销的意义

市场营销是一种组织利用各种策略和工具促进产品或服务销售的过程。它的意义在于帮助企业在竞争激烈的市场中取得成功。以下是市场营销的几个重要意义。

1. 满足客户需求

市场营销的主要目标是了解潜在客户的需求和偏好，并根据这些需求和偏好开发产品、提供服务。通过市场调研和分析，企业可以更好地了解客户的需求，从而提供满足需求的产品和服务，增加客户的满意度。

2. 建立品牌价值

市场营销有助于企业建立和巩固品牌价值。通过巧妙的广告、宣传和促销活动，企业可以提升品牌知名度和形象，树立品牌的信誉和价值。建立强大的品牌价值可以帮助企业吸引更多客户、提高产品的竞争力，并在市场中占据有利位置。

3. 扩大市场份额

市场营销的一个重要目标是帮助企业扩大市场份额。通过市场调研和分析，企业可以了解市场的细分和竞争情况，制定相应的市场营销策略。通过巧妙的定位和有效的促销活动，企业可以吸引更多客户，增加产品在市场中的销售量，逐步扩大自己在市场中的份额。

4. 创造竞争优势

市场营销可以帮助企业创造竞争优势。通过了解竞争对手的优势和劣势，企业可以调整自己的市场策略和销售方法，以在市场竞争中取得优势。通过建立品牌形象、提供独特的产品特点、提供卓越的客户服务等方式，企业可以在竞争激烈的市场中脱颖而出，赢得客户的青睐。

5. 提高企业盈利能力

市场营销的最终目标是提高企业的盈利能力。通过有效的市场营销策略和活动，企业可以增加销售量和市场份额，降低销售成本和营销费用，从而实现盈利的增长。有效的市场营销可以帮助企业提高产品的销售利润率，提高客户忠诚度，增加客户的重复购买率，为企业创造更多的经济利益。

综上所述，市场营销在现代商业中至关重要。它不仅帮助企业了解并满足客户需求，还可以帮助企业建立品牌价值、扩大市场份额、创造竞争优势和提高盈利能力。通过有效的市场营销策略和活动，企业可以在竞争激烈的市场中取得成功，并保持持续的业务增长。

二、新媒体营销的内涵

（一）新媒体营销的定义

新媒体营销是在新媒体发展的基础上，商户、企业或个人利用新媒体平台，如门户网站、网络视频、搜索引擎、微信、微博、论坛、手机 App 等作为载体，运用互联网整体环境与现代营销理论进行营销的方式。

与传统营销相比，新媒体营销在营销模式上实现了创新突破，基于对特定产品的概念诉求与分析，对用户有针对性的引导营销，实现企业品牌宣传、产品销售的目的。

互联网时代的新媒体营销比传统营销更精准、更有效，传递更快速，它为商业经济的发展带来了新的机遇，开拓了新的领域。

（二）新媒体营销的界定

新媒体营销是在新媒体发展的基础上，通过新媒体这种渠道开展的营销活动。传统的营销（广告以及公关）追求的是所谓的"覆盖量"（或者叫到达率），在报纸杂志上的体现就是发行量，在电视广播上的体现就是收视（听）率。与传统的营销相比，新媒体的营销模式，突破了传统的营销模式，不仅仅能够精确地获取访问量，甚至能够收集整理出访问的来源、访问的时间、受众的年龄、地域，以及生活、消费习惯等。这样比传统营销更精准、更有效、更节省时间。事实表明，采用新媒体营销使企业从单极向多极发展，选择更多；更有效地收集客户资料，针对目标客户营销；降低成本，提高效率；更快、更好地进行企业品牌宣传。

总体来说，新媒体营销是基于特定产品的概念诉求与问题分析，对消费者进行有针对性的心理引导的一种营销模式。从本质上来说，它是企业软性渗透的商业策略在新媒体形式上的实现，通常借助媒体表达与舆论传播使消费者认同某种概念、观点和分析思路，从而达到企业品牌宣传、产品销售的目的。

（三）新媒体营销的特点

新媒体营销是指利用互联网和社交媒体等数字平台进行市场推广和品牌传播的一种营销方式。它以数字化、互动性和实时性为特点，与传统的媒体营销相比具有以下几个显著特点。

1. 高度互动性

新媒体营销强调与用户之间的互动和参与。通过社交媒体、微博、微信公众号等渠道，企业可以与用户进行双向沟通，收集用户反馈和意见，建立用户群体并与之互动。互动性不仅有助于增加用户参与程度，提升品牌忠诚度，也可以通过用户生成内容（User Generated Content）来扩大品牌影响力。

2. 广泛覆盖和精准定位

新媒体营销使企业能够更广泛地覆盖目标受众。通过社交媒体平台和搜索引擎营销，企业可以将营销信息精准地传播给目标受众。通过大数据分析和人工智能技术，企业可以对受众进行精细化定位，将广告和内容推送给最相关的受众群体。

3. 实时性和即时反馈

新媒体营销注重即时性和实时反馈。企业可以通过社交媒体、实时聊天和在线客服等渠道与用户进行实时的交流和互动，及时解答用户的问题和关注点。基于此，企业可以立即获得用户对产品或服务的反馈和评价，可以及时调整营销策略和产品改进。

4. 多样化的内容形式

新媒体营销提供了多样化的内容形式来吸引用户的注意力。除了传统的文字和图片，还包括音频、视频、漫画、直播等形式。借助多样化的内容形式，企业可以更加生动地展示产品的特点和品牌形象，提高用户对内容的注意力和吸引力。

🔗 **实证案例**

借短视频营销已成文旅市场主流，但"内容为王"原则不变

白雪皑皑，红衣女子策马奔腾——贺娇龙的这段视频在她的个人短视频账号获得了5.2亿点击量，也让新疆小城昭苏迎来了大波游客。

永兴坊"摔碗酒"、大唐不夜城不倒翁……陕西西安各大旅游景点在短视频的助推下持续火爆，在携程发布的《2021端午假期旅行大数据报告》里，陕西西安跻身全国十大热门目的地城市。

重庆的"轻轨穿楼"、福建厦门鼓浪屿的"土耳其冰淇淋"、湖南张家界的天门山……短视频带火一家店、带火一条路、带火一个景区甚至一座城的案例屡见不鲜，短视频对消费者的旅游习惯和旅游产业的营销方式产生了深刻影响，先被"种草"，然后打卡"拔草"成为当下出游新趋势。

流量红利

早在2018年4月,陕西省西安市相关部门就与抖音短视频达成合作,通过文化城市助推、抖音达人深度体验、抖音版城市短片等对西安进行全方位的包装推广。

在短视频旅游的风口,旅行平台马蜂窝、携程、飞猪等纷纷开始重视短视频内容分享。

马蜂窝负责人表示,浏览门槛低、体验感更强等特点,让短视频天然适合旅游、美食等领域。2019年年初,正式在短视频领域发力的马蜂窝持续与目的地旅游局、景区合作,形成一套从景区资源整合、线下达人体验、线上主题活动、优质短视频生产到最后反哺景区交易的闭环,合作了海南三亚、北京欢乐谷等多个目的地及景区。

"短视频能够适应现代社会快速的生活节奏,'短'成为它重要的传播优势。"中国传媒大学文化产业管理学院兼职博导范恒山认为,短视频集文字、图片、影像、音乐等不同传播优势于一体,能在短时间内给用户带来沉浸式体验。

博鑫文化传播公司创始人彭博文与短视频和营销行业打交道多年,在他看来,短视频这一传播方式的最大优势就是更加具象,能够刺激消费者的购买欲望,"短视频基本覆盖了中国90%以上的互联网使用者,越来越多的行业选择将营销重点放在短视频上,期待将流量变成销量,旅游行业也不例外"。

香港市民李剑禧曾是金融从业者,看中短视频行业红利的他,2020年来到广东,成为短视频博主,发布内容包含酒店、景区、餐饮、文化等。从惠州十里银滩到珠海万山岛,从广州李小龙祖居到东莞香市动物园,经营短视频账号近一年,李剑禧带动不少游客到广东各地打卡。"我们拍摄的每一个短视频,都真实生动地呈现亲身经历和切身体会,这是受众想看并且需要的。"他说,短视频最动人之处在于个人化的表达视角和方式。

持续关注短视频发展的中国传媒大学文化产业管理学院博士孙巍说,从线上"种草"到线下消费"拔草",短视频给商家、短视频博主、游客等相关方面均带来了效益:"就商家而言,最直观的效益是'种草'带来的经济收益;就短视频博主而言,博主与消费者之间的互动性更强;就游客而言,他们既是消费者,又可以成为短视频的主角,实现物质和精神双重满足。"

"景"上添花

借短视频进行营销已成文旅市场主流,且涵盖了旅游业"吃住行游购娱"六大要素。各大短视频平台涌入了文旅部门官方账号、旅游产品供应商账号、旅游达人账号、游客个人账号等众多传播主体。

"当你生活匆忙,必然需要虚拟世界的诗和远方,这种补偿是虚拟对现实的补偿,也是感性对理性的补偿……记录真实、发现美好、拥抱生活、温暖你我,短视频就是这样的一种高全息度社交工具。"清华大学新闻学院教授沈阳提出了短视频补偿论,认为短视频加速了高互动感、高全息度、高情感度的网络社交发展。

对于旅游行业来说,通过短视频吸引消费者打卡只是营销手段,并非最终目的。以文化历史景点为例,所求绝不仅仅是吸引游客前来观光,更要吸引游客了解其背后的文化底蕴,让游客有意愿故地重游,或口口相传提升景点的知名度和美誉度。

"如何通过短视频实现文旅市场长效、可持续发展是必须重点考虑的方面。"范恒山说。

目前，旅游产品的短视频偏娱乐化，仅凭几分钟甚至几十秒视频所呈现的内容，很难让受众对其背后的文化内涵进行探索和思考。比如，永兴坊的"摔碗酒"吸引了全国各地的游客前来打卡摔碗，但问及为什么要摔碗，不少游客却并不了解。

虽然过于严肃专业的短视频难以吸引各层次受众的关注，但过于娱乐化的表述可能会消解文化内涵，旅游领域的短视频创作者要在两者间寻求平衡。事实上，能在短视频平台走红的景点，往往特色鲜明，有文化、设计或者科技的支撑。

"假如酒店不注重自身服务能力的提升，选择花高价请网红做虚假宣传，会破坏行业生态，也是对'粉丝'和消费者的欺骗与伤害。"李剑禧认为，短视频应是"景"上添花，而非王婆卖瓜。

内容为王

如何才能通过短视频将旅游产品的竞争力和影响力最大化？随着传播手段不断更迭，"内容为王"的创作原则没有变化，在短视频的赛道上也同样如此。

澳门某度假村生意冷清，试图通过短视频提升人气。博鑫公司为其打造了一整套短视频制作方案。"考虑到澳门游客多来自广东等周边省份，我们将目标受众定为在广东生活的人和粤语使用者。"彭博文告诉记者，为其制作的短视频分为旅游达人讲述入住体验VLOG、购物达人在酒店内拍摄购物的"拆箱"视频、直接推荐畅销和折扣房型的"硬广"等多种类型，这三种形态的短视频在抖音、小红书等平台发布后，大幅提升了酒店入住率。

短视频这一旅游市场"种草机"如何避免昙花一现？

"我们生产一条时长1分钟的短视频，从构思创意到拍摄，再到剪辑制作，需要十多个小时。短视频没有标准答案，没有作业可以抄，只能靠自己不断地摸索和试错，找到符合受众需要和偏好的题材和表达方式。"李剑禧说，短视频内容创作者需要有场景思维，为游客发现风景；也需要有平台思维，寻找最适合的主题。通过用心的内容引发受众共鸣，才能产生流量；通过恰当的拍摄剪辑手法全面直观多角度地呈现产品，才能有力拉动消费。

携程内容平台总经理瞿羽佳表示："我们根据用户的信息流和搜索推荐他可能感兴趣的产品，让已'种草'的用户快速找到自己想要的服务，降低决策成本。希望在短视频'种草'的基础上，探索旅游行业适用的文旅消费、目的地营销的创新模式。"

（澎湃新闻，2021-6-27）

5. 数据驱动决策

新媒体营销提供了丰富的数据分析和追踪工具，使企业可以获取详细的市场数据和用户行为数据。通过数据分析，企业可以更好地了解用户的兴趣和行为习惯，评估营销活动的效果，并基于数据作出精确的决策。数据驱动决策可以提高营销效果，节约资源和成本。

综上所述，新媒体营销的特点是高度互动性、广泛覆盖和精准定位、实时性和即时反馈、多样化的内容形式及数据驱动决策。企业可以通过新媒体营销与用户建立更紧密的关系，提高品牌知名度，吸引用户参与和购买。需要注意的是，新媒体营销也需要与传统的媒体营销相结合，综合运用各种营销渠道和手段，以达到最佳市场推广效果。

三、新媒体营销的模式

比较常见的新媒体营销模式有社交媒体营销、搜索引擎营销、移动营销、视频营销、内容营销、关键意见领袖（Key Opinion Leader，KOL）营销、数据分析营销等七种。企业、商户一定要先了解目标客户，再确定符合自己需求的新媒体营销模式。

1. 社交媒体营销

社交媒体营销是利用各种社交媒体平台，如微博、微信、抖音等，进行品牌推广和产品销售的一种方式。其核心是借助社交媒体平台的强大用户基础和社交关系网络，通过发布有价值的内容、互动交流、举办线上活动等方式，吸引目标客户群体的关注和参与，提高品牌知名度和美誉度，促进产品销售。

2. 搜索引擎营销

搜索引擎营销是通过搜索引擎优化、关键词广告投放等方式，提高网站在搜索引擎中的排名，吸引更多的目标客户访问网站，从而进行产品销售和品牌推广。其核心是通过关键词广告投放和网站优化，提高网站的质量和可读性，吸引更多的目标客户群体。

3. 移动营销

移动营销是利用移动设备、App 等渠道，进行品牌推广和产品销售的一种方式。其核心是借助移动设备的普及和高度个性化，通过推送消息、下载 App、积分兑换等方式，吸引目标客户群体的关注和参与，提高品牌知名度和美誉度，促进产品销售。

4. 视频营销

视频营销是通过各种视频平台，如抖音、快手、哔哩哔哩（简称"B 站"）等，发布有创意、有趣味性的视频内容，吸引观众的关注和参与，进行品牌推广和产品销售。其核心是通过视频内容的创意和个性化，吸引目标客户群体的关注和参与，提高品牌知名度和美誉度，促进产品销售。

5. 内容营销

内容营销是通过发布有价值、有深度的内容，吸引用户的关注和参与，进行品牌推广和产品销售。其核心是通过发布高质量的内容，提高品牌知名度和美誉度，促进产品销售。内容营销具有更高的持久力和权威性，能够更好地建立消费者的信任和忠诚度。

6. 关键意见领袖营销

该营销方式是指借助具有一定影响力的人物或关键意见领袖的声誉和粉丝基础，通过合作推广等方式，提高品牌美誉度，促进产品销售。其核心是通过与意见领袖的合作，借助他们的影响力和信誉度，吸引目标客户群体的关注和参与，从而提高品牌知明度。

7. 数据分析营销

数据分析营销是通过收集和分析各种数据，如用户行为数据、购买数据等，了解用户的需求和行为特征，进行精准营销和个性化推荐。其核心是通过数据的分析和挖掘，了解用户的需求和偏好，实现精准营销和个性化服务，提高营销效果。

以上几种新媒体营销模式并不是孤立的，它们可以相互结合、相互促进。在实际的营销活动中，企业可以根据自身的品牌特点、目标客户群体特征和营销需求，灵活运用这些新媒体营销模式，制定出适合自己的营销策略，增强营销效果。同时，其还需要不断关注新媒体市场的发展变化和趋势，及时调整和完善自身的营销策略。

> 实证案例

"旅游+新媒体"赋能长白山文旅产业取得新进展

在吉林省文旅新观察政务公众号上,"长白山文旅"抖音号以"为盗墓笔记网友制作专属节日817稻米节视频"和"对高铁游长白山进行重点宣传,普及游长白山新模式",以及"推陈出新持续挖掘长白山旅行新可能,推广长白山文化旅游休闲街区"为内容,在吉林省文旅行业抖音影响力排行榜第二十九期中,夺得全省第二的好成绩。该榜单由播放分数、质量分数、互动分数三项指标构成(图1-2和图1-3)。

图1-2 长白山文旅

长白山管委会旅游和文化体育局相关负责人表示,近年来,为深入贯彻落实长白山党工委、管委会"文化立山、生态护山、旅游兴山、产业强山"发展策略,推动长白山文旅产业高质量发展,旅游部门在新媒体平台推出了"探秘长白山"、长白山旅游攻略、交通攻略、美食攻略、景点介绍等一系列主题性宣传,一年四季不间断推介长白山景色、旅游产品、景区动态及官方活动,丰富长白山旅游内涵,增加旅游产品黏性,扩大长白山品牌影响力,吸引更多游客来到长白山。通过不断努力,全区各领域从业者用不同形式、独特角度的短视频将长白山生态、人文、历史及旅游资源呈现在大众面前,得到了广大网民的一致好评。

图1-3 吉林省文旅政务抖音影响力月榜

(长白山管委会,2022-9-24)

四、新媒体营销的策划

（一）新媒体营销的策划内容

1. 洞察消费者消费行为

了解市场和消费者是整合营销的前提和基础，针对消费者进行消费心理的研究和消费行为的调研，深入了解消费者的行为，洞察消费者之后，才能有针对性地进行营销策略的制定。洞察消费者即企业发现消费者的消费需求，针对消费者的消费需求展开，采用适宜的营销战略和营销模式成功占领市场。

消费行为的洞察主要对消费群体的年龄、性别、职业、生活习惯、爱好等进行充分调查。新媒体条件下的消费者主要以年轻人为主，网络消费成为时下消费的主流，从产品到服务，越来越多的年轻人习惯网络消费。因此传统营销方式的转变势在必行，企业需要根据消费者的行为进行整合营销策略的制定，转变传统营销方式，将传统方式与社会化网络媒体相结合，线上线下共同合作。企业可以开通官方微博、微信，发布产品信息和相关文章，进行品牌、产品、服务内容的营销，与网络端结合，冠名消费者喜爱的节目，举办线上有奖活动，让全民参与，达到宣传的目的。

2. 创新整合营销核心内容

内容创意是整合营销的核心，拥有创新的内容才能够吸引消费者，营销时代内容为王，社会化媒体的兴起和网络时代的发展，使得吸引消费者注意力变得越来越难，激发消费者的兴趣必须从创意内容出发，让消费者参与到营销过程中，改变传统的单向传播模式。新媒体整合营销模式以互动为主，让消费者成为主角，参与到营销中深入体验，乐于分享和传播，最终达到营销的目的。

成功的创意内容不仅能吸引消费者，还能让消费者积极参与、激发讨论、乐于传播，引发消费者共鸣。通过创意的营销内容让消费者了解品牌文化、产品内容，对产品产生认同感、主动传播给家人朋友，分享到社交平台，给企业带来巨大的价值。内容营销关注创意内容，是提高消费者忠诚度的重要营销方式。

3. 整合新媒体营销传播渠道

拥有创意的内容需要考虑的是传播，新媒体环境下，整合应用传播渠道和平台，全方位立体化传播才能达到预期效果。传统媒体和新媒体的整合应用是当前形势下的最佳策略。

报纸、电视、广播、户外等传统形式与微博、微信、自媒体视频等多样化传播渠道的整合推广全方位渗透式对企业的产品进行传播。整合模式效果相对传统媒体或者新媒体的单一应用效果更佳，消费者可以在线下了解、线上参与、讨论、分享，线上与线下的结合能够实现营销的动态发展，影响更加深远。

整合营销传播渠道和平台的应用需要依据前期对消费者的调查，根据消费者特点、产品特点，结合宣传时期进行不同传播平台的整合应用，不可盲目结合，以免造成资源的浪费及传播效果的减弱。此外，对于传播渠道的选择及营销的最终效果，企业需要在传播过程中进行实时监测，以便及时调整策略。

4. 监测整合营销产生的收益

在任何时期,企业进行营销的目的都是产生利润,促进企业的发展。无论是传统形式下还是新媒体发展时期,营销的目的都是为销售服务,产生利润才是其存在的根本,是推动企业前进的手段。企业在营销策略制定前后,都要首先考虑营销推广为企业带来的利润,如果投入与产出不成正比,那就失去了营销的意义,企业也将无从发展。整合营销策略不仅要顺应市场需求和消费者心理,更重要的是在保证企业受益的前提下使利润达到最大化。评价营销投资的收益也是新媒体整合营销的一项重点工作内容。

> **实证案例**
>
> ### 钉钉:巧妙化解"一星危机",入局教育信息化领域
>
> 2020年年初,为响应教育部"停课不停学"的号召,各地公立学校纷纷开设线上课堂,将课堂搬到了线上。原本是一款智能移动协同办公软件的钉钉,跨界教育行业,被各地学校选中作为网课教学的指定直播App。钉钉软件的知名度因此迅速提升,用户规模也迅速扩大。钉钉平台公布,2020年上半年,钉钉支持了全国14万所学校、300万个班级、1.3亿名学生的在线教学,600万名教师在钉钉上累计上课超过了6 000万个小时。
>
> 钉钉在短时间内迅速吸收了庞大的教师和学生用户群体,其中,许多学生前往各大应用商店,对该软件进行用户评分,并直接打出最低评分一颗星(最高评分为五颗星)。这场"一星危机",让钉钉多次冲上新闻头条和热搜榜,获得了极高的曝光率,让更多用户对钉钉产生了深刻的印象。
>
> 面对这场"一星危机",钉钉营销团队的回应则颇为戏剧化,一反人们对办公软件"严肃呆板"的固有印象。首先,钉钉通过其官方微博账号发布了配有诙谐文案的"求饶表情包",引来支付宝、天猫、淘宝、盒马鲜生等众多应用软件的官方微博账号前来"安慰和鼓励"。
>
> 紧接着,钉钉又通过其在B站的官方账号发布了一条名为《钉钉本钉,在线求饶》的视频。在视频中,钉钉将自己具体化为一个名叫"钉三多"的人物形象,并赋予其丰富的情感。在视频中,"钉三多"说自己还是个5岁的孩子,运用"求求"这类模仿儿童幼稚腔调而成的叠词,听上去真诚又可爱的童言童语,向用户哭诉着自己在应用商店被"少侠"用户们打了一颗星的评分,感觉"好委屈",不断向用户"求饶、叫屈、求助",不经意间调动了用户亲昵、爱怜的情感。另外,钉钉还用"少侠们行行好,五星一次求付清"这类网络流行语,与用户一起互动,引发用户不断转发、评论、分享,让用户自发在微信、微博等社交平台上进行二次传播。该视频发布几天后,其在哔哩哔哩的播放量就超过20万次,并获得了极高的互动量,钉钉在用户心中的知名度也因此得以进一步提升。
>
> "钉三多"因为这条视频在网络上成为"红人"后,钉钉又发布了《我钉起来真好听》《甩钉歌》《钉醒歌》等多条幽默视频,再度引发广大用户的热议和好评。钉钉营销团队用轻松幽默的方式,发布更易于被"95后""00后"用户接受和喜爱的视频,从而拉近了与"95后""00后"用户的距离,赢得了他们的好感。

在钉钉的一系列创意视频的传播下，用户对钉钉的态度也逐渐发生了改变，开始发出更多支持钉钉的评论。这一系列的营销举措很好地打破了钉钉办公软件与年轻用户之间的沟通壁垒，钉钉因此获得了众多年轻用户的喜爱，让"一星危机"变成转机。通过这场营销公关活动，钉钉不仅维持了良好的企业形象及在各大应用市场的正常评分体系，还进一步收获了更多的粉丝和好评。之后，钉钉更是借助这一转机，顺利入局教育信息化领域。

2020年5月17日，钉钉在线举办春夏新品发布会，公布了其在教育、企业服务等领域的新动向和新产品。发布会上，钉钉推出了在当时堪称"迄今最大版本更新"的5.1版。同时，为进一步普惠教育行业数字化技术，钉钉正式推出"家校共育2.0"，完成钉钉家校产品的版本迭代。

2020年5月20日，钉钉举办了教育行业生态伙伴招募大会，试图提升其在教育板块的专业度，为家长、教师、学生提供一个专业的在线教育平台。

经过前期的"一星危机"营销公关活动的宣传预热，钉钉跨界教育行业的壁垒逐渐消失，更是在年轻用户群体中获得了一定的好感度与知名度，为钉钉在教育信息化领域的发展培养了未来用户。

（二）新媒体营销的策划流程

新媒体营销的策划流程是制定新媒体营销方案的重要环节，它可以帮助企业根据自身情况和目标客户群体制定相应的营销策略，以达到提高品牌知名度、扩大产品销售量、提升市场占有率等目标。新媒体营销策划的流程具体如下。

1. 确定营销目标

首先，企业需要明确营销目标，如提高品牌知名度、推广新产品、增加销售量、提升网站流量等。明确营销目标后，可以制定相应的营销策略和方案。

2. 分析目标受众

在确定营销目标后，企业需要分析目标受众的特征，包括年龄、性别、职业、兴趣爱好、消费习惯等。此外，还需要了解目标受众活跃的新媒体平台，喜欢的内容形式，以确定营销信息的传播渠道和呈现方式。

3. 制定营销策略

根据目标受众的特征和营销目标，企业需要制定相应的营销策略。制定新媒体营销策略的几个关键要素如下。

（1）新媒体平台选择：根据目标受众的特征和喜好，选择适合的新媒体平台和工具，如微博、微信、抖音、知乎等。

（2）内容创意：制定有创意、趣味性的营销内容，包括文字、图片、视频等，以吸引目标受众的关注和参与。

（3）营销形式：根据新媒体平台的特性和目标受众的特征，选择适合的营销形式，如社交媒体营销、搜索引擎营销、移动营销等。

（4）合作伙伴：为了扩大品牌影响力和受众范围，企业可以考虑与其他企业或意见领袖进行合作，如跨界合作、KOL推广等方式。

4. 营销执行计划

制定完营销策略后，企业需要制定具体的营销执行计划，包括以下几个方面。

（1）营销活动时间：确定营销活动的时间和节奏，便于保证最大程度的覆盖目标受众。

（2）营销素材制作：根据营销策略，制作相应的营销素材，包括文案、图片、视频等，这些素材应该具有吸引力和创新性，以吸引目标受众的关注和参与。同时，需要注意信息的更新频率和互动性，以保持用户的关注和参与度。

（3）营销活动推广：根据新媒体平台的特性和目标受众的喜好，选择合适的信息发布方式，包括原创文章、转发文章、图片、视频等形式。同时，企业还需要注意信息的更新频率和互动性，以保持用户的关注和参与度。

（4）数据分析及调整：通过数据分析工具对营销活动的数据进行分析，包括浏览量、点赞量、评论量等指标。根据数据分析结果对营销策略调整优化，以增强营销效果。

5. 监控和评估营销效果

在营销活动结束后，企业需要对营销效果进行监控和评估，便于调整和完善后续的营销策略。监控和评估新媒体营销效果的几个关键要素如下。

（1）数据监控：通过数据分析工具对营销活动的数据进行分析，以便于了解营销效果和受众参与度等情况。

（2）用户反馈：通过用户反馈渠道了解用户对营销活动的反馈意见和建议，用以调整和完善后续的营销策略。

（3）营销效果评估：根据数据分析结果和用户反馈情况对本次新媒体营销活动的效果进行评估。

6. 总结和改进

在新媒体营销策划的实施过程中，在注意总结经验教训避免在后续的策划中犯同样的错误。对于一些效果不理想的营销活动需要及时调整策略和方法，企业应寻找更好的解决方案；同时，也需要不断关注新媒体市场的发展变化趋势，及时调整和完善自身的营销策略。通过不断总结和改进，企业可以提高自身的新媒体营销水平。

课堂思考

新媒体营销是否适合所有类型的企业？请说明理由。

新媒体宣传助力青海文旅"破冰"

任务二　了解旅游新媒体营销岗位

一、旅游新媒体营销岗位与职责

在实施新媒体营销时，企业通常会根据自身规模大小和决策层重视程度，设置规模不等的新媒体营销团队或者部门，一般包括新媒体运营经理（主管）、文案编辑、策划、视觉设计、视频编辑等岗位。企业如果需要利用短视频或直播开展有人员出镜的营销活动，则需要额外设置主播岗位。如果企业规模小或虽然规模不小但高层不够重视，企业则可能只设置一个新媒体营销专员岗位，负责所有与新媒体营销相关的工作，这就要求处于这个岗位的工作人员能完成多项任务。

（一）旅游新媒体运营经理（主管）岗位职责

（1）负责旅游新媒体平台的运营，包括制定和执行运营策略、推广计划，以及评估运营效果。

（2）负责旅游新媒体平台的内容策划、制作、编辑及发布，包括旅游攻略、游记、酒店、景点等推荐，吸引用户并促进旅游产品的销售。

（3）管理并优化粉丝运营，制定粉丝互动策略，定期策划并执行线上活动，通过旅游新媒体平台推广，提高粉丝数量和活跃度，促进粉丝转化。

（4）关注旅游市场动态和用户需求，结合公司业务和市场需求，制定和执行相应的运营策略，提升品牌知名度和影响力。

（5）负责团队的管理与建设，指导并监督团队成员的工作，确保运营目标的顺利完成。

（二）旅游视频编辑岗位职责

（1）根据需要完成旅游新媒体平台所需的视频素材的剪辑制作，包括旅游视频、宣传片、微电影等。

（2）负责视频的后期制作，包括添加字幕、音效、特效等。

（3）负责视频的质量监控和审核，确保视频的品质和风格符合旅游新媒体平台的定位和目标受众的需求。

（4）与策划人员和摄影师等相关人员进行有效的沟通和协作，确保视频制作工作的顺利进行。

（5）负责视频库的日常更新和维护，定期删除过期和低质量的视频内容。

（三）旅游策划岗位职责

（1）根据市场策划人员对旅游产品策划、推广、宣传的总体方案，确定旅游新媒体平台的广告诉求重点和文案风格，并具体执行文案撰写工作。

（2）收集旅游市场动态和用户需求，寻找潜在的素材、信息和材料，撰写出符合旅游新媒体平台定位的文字内容。

（3）与策划人员和设计人员紧密配合，完成旅游产品的整体策划、设计和推广工作。

(4)负责在旅游新媒体平台上发布文字、图片和视频等内容,并跟踪推广效果。
(5)根据实际需要对旅游新媒体平台的内容进行优化和调整,提高内容质量和传播效果。

(四)旅游主播岗位职责

(1)在旅游新媒体平台上进行直播,展示旅游景点、酒店、美食等,吸引观众并与他们互动。
(2)策划和组织直播内容,包括主题、环节、活动等,吸引更多的观众和提高关注度。
(3)与策划人员和摄像师等相关人员进行有效的沟通和协作,确保直播节目的顺利进行。
(4)根据观众反馈及时调整直播内容和表现方式,提高观众满意度和关注度。
(5)参与直播前的准备工作,包括场地勘察、道具准备、节目单制作等。

> **课堂思考**
>
> 打开微信App,在微信"搜一搜"的搜索框中输入"新媒体营销人员",查看相关的"公众号"等板块的内容,这样可以搜到很多关于新媒体营销人员的招聘信息。浏览这些信息,思考企业对新媒体营销人员的共性要求是什么?企业希望新媒体营销人员具备的能力是什么?

民宿"Z世代"

二、旅游新媒体营销岗位的技能要求

新媒体营销的每一个岗位都需要特定的专业技能与知识来支撑完成相应的工作任务。

(一)旅游新媒体运营经理岗位的技能要求

旅游新媒体运营经理岗位的技能要求见表1-1。

表1-1 旅游新媒体运营经理岗位的技能要求

岗位	技能要求
旅游新媒体运营经理	1.具备扎实的现代办公自动化技能,能熟练地使用各种办公软件,包括Word、Excel、PowerPoint等
	2.熟悉新媒体运营策略,有提升平台粉丝数、阅读量技能,并能针对不同用户群体进行精细化运营
	3.具有较强的线上线下活动策划与执行能力,擅长整合各种资源
	4.具备良好的沟通、协调能力,能够与其他部门协同工作
	5.具备扎实的文字功底和数据分析能力,能够撰写优秀的宣传文案和制定有效的数据分析方案

(二) 旅游新媒体运营主管岗位的技能要求

旅游新媒体运营主管岗位的技能要求见表 1-2。

表 1-2　旅游新媒体运营主管岗位的技能要求

岗位	技能要求
旅游新媒体运营主管	1. 熟悉新媒体运营策略，能够协助经理完成各项运营工作
	2. 具备较强的组织和管理能力，能够带领团队完成指定的任务
	3. 具备良好的沟通协调能力，能够协助经理协调各种资源
	4. 具备扎实的文字功底和数据分析能力，能够撰写优秀的宣传文案和制定有效的数据分析方案

(三) 旅游新媒体视频编辑岗位的技能要求

旅游新媒体视频编辑岗位的技能要求见表 1-3。

表 1-3　旅游新媒体视频编辑岗位的技能要求

岗位	技能要求
旅游新媒体视频编辑	1. 熟练掌握视频剪辑软件，如 Adobe Premiere、Final Cut Pro 等
	2. 熟悉视频制作流程和后期制作软件，如 Adobe After Effects、Photoshop 等
	3. 能够根据旅游新媒体平台的定位和需求，制作出高质量的视频内容
	4. 具备良好的审美能力和视觉表现能力，能够独立完成视频剪辑和后期制作

(四) 旅游新媒体策划岗位的技能要求

旅游新媒体策划岗位的技能要求见表 1-4。

表 1-4　旅游新媒体策划岗位的技能要求

岗位	技能要求
旅游新媒体策划	1. 熟悉旅游市场动态和用户需求，了解旅游新媒体平台的定位和目标受众
	2. 具备出色的创意和文字功底，能够根据旅游新媒体平台的定位和需求，制定相应的策划方案
	3. 具备良好的沟通协调能力，能够与设计人员、摄影师等相关人员进行有效的协作
	4. 熟悉新媒体平台的推广和宣传手段，能够制定有效的推广方案

(五) 旅游新媒体主播岗位的技能要求

旅游新媒体主播岗位的技能要求见表 1-5。

表 1-5　旅游新媒体主播岗位的技能要求

岗位	技能要求
旅游新媒体主播	1. 熟悉旅游新媒体平台的主播业务和直播流程
	2. 具备良好的语言表达能力和形象气质，能够吸引观众并与他们互动
	3. 具备扎实的旅游知识和文化素养，能够准确表达旅游信息和宣传内容
	4. 熟悉直播平台的互动方法和社交媒体等

三、旅游新媒体营销的职业能力要求

从事新媒体营销的人员应具备一定的基本职业能力要求，主要包括以下几个方面。

（一）了解新媒体

作为新媒体营销人员，要对新媒体本身有一定的了解，包括其含义、特点、类型等；同时也要了解新媒体行业的相关岗位要求，这样才能更好地开展工作。

（二）擅长文案写作

作为新媒体营销人员，必须会写文案。高质量的文案要求有可读性，内容有趣味、吸引力。另外，新媒体营销人员还要具备"网感"，能够抓住网络热点，具备信息搜集、数据分析等能力。

（三）运营公众号

作为新媒体营销人员，主要的工作就是负责企业两微——微信和微博的运营工作。这里的微信主要指的是：企业订阅号、企业服务号和企业小程序号。一般来说，订阅号主要用来宣传企业形象，为用户提供信息；企业服务号主要为用户提供服务，满足用户的个性化需求；企业小程序号主要用于企业与员工或上下游供应链之间的沟通服务。另外，公众号的营销主要有广告主（属于付费营销腾讯广点通）、H5 制作（一种创建网页的方式）、微信公众号第三方营销活动（微商城、微官网、微投票等）、微信小程序运用等。微博现在更多的是作为一款社交工具，但对于企业来讲，微博是非常重要的营销工具。

（四）熟悉自媒体

在如今的自媒体时代，主流的自媒体平台有今日头条、百家号、搜狐号、网易号、大鱼号、企鹅号、快传号等。企业在这些自媒体平台上可以开设企业号，新媒体营销人员必须能够运营这些平台。

视频：海南环岛旅游公路生态故事

（五）熟悉视频剪辑、图片处理、H5 制作软件

新媒体营销活动的开展离不开图片、视频，新媒体营销人员一定要懂得基础的视频剪辑和图片处理。目前，视频剪辑功能比较强大的是 Adobe Premiere；其次，是会声会影。此外，还有爱剪辑和优酷 IDO。图片处理功能强大的软件是 Adobe Photoshop。此外，还可以使用美图秀秀或光影魔术手。在音频软件方面，功能强大的软件是 Adobe Audition。

（六）具备数据分析能力

数据分析能力是长期培养的结果。数据分析工具使用较多的是百度指数、阿里指数、微指数等。

> **案例导入**
>
> ## 旅行社怎样玩儿转新媒体营销？看看这三家
>
> 多家传统旅行社企业在发布的2022年半年度报告提到对新媒体营销的尝试。不少传统旅行社选择通过"直播带货＋短视频营销"的方式转型，并取得了一定的成效。他们的创新营销故事给正在困境中寻求希望的旅行社同人带来启发。
>
> **众信旅游：线下客服"领跑"线上直播**
>
> 在半年度报告中，众信旅游提到："2022年上半年，公司电商平台累计直播场次数超406场，累计观看超3.387万人次，直播旅游产品售卖数量近4 000套，活跃粉丝数量超过30万。"
>
> "线上直播为行业转型带来了新契机。线上直播可以让游客更加清晰、真实、全方位地感受旅游产品的特点，这与传统的以风景图、旅游宣传片为主的营销方式相比，显然更受游客青睐。"众信旅游集团新媒体事业部业务负责人王红说。
>
> 从2021年上半年开始，众信旅游着手做自媒体。首先，在部门配置上，在传统的产品、操作、销售等部门的基础上，增加了短视频内容制作部门，包括内容编辑、摄影师、剪辑、视频运营等岗位。然后，成立了直播运营团队，包括主播、导播、直播运营等岗位。此外还成立了直播商务拓展部，负责主动挖掘KOL达人及其他可以带货的商务资源，与其达成带货合作维护合作关系。
>
> 到2022年10月，众信旅游一共运营了六个账号。其中，三个以直播带货为主，云南账号主要销售一家一团产品，海南账号主要销售三亚的酒店套餐，京郊游账号以销售北京景区门票、碎片化的旅游产品为主。另外三个账号则以短视频为主，介绍不同国家的美食、美景、人文风俗等资源。
>
> 回忆一年多以前决定从海南三亚酒店市场切入新媒体营销的情景时，王红说，当时考虑到海南旅游市场一年四季表现比较均衡，没有明显的淡旺季，他们决定赴三亚实地考察，初期签下了六家酒店的分销代理权。慢慢地，在市场上有了口碑，到2022年10月众信旅游已经签署了三亚40家酒店的分销代理权，并且展开了进一步的合作，比如专属众信旅游的酒店组合类产品。到2022年10月，海南账号是众信旅游运营时间最长、粉丝量最高的稳定保持在20万粉丝左右，累计商品交易总额也是最高的。
>
> 王红坦言，这一年多来的探索"确实不容易"。"我们深刻意识到，即便入局较早，但我们依然处于摸索阶段，旅行社业迫切需要破局者。抖音直播卖货，并不是凭借一腔热情就能做好的。我们不仅要在产品、策略、了解平台直播规则等方面做足功课，还要边做边学习，不断总结、不断调整。我印象最深刻的一次是一款卖爆单的三亚产品，刚开始直播间里只有几十人，到峰值时一下涌入3 000人，那场直播持续了24小时，实现商品交易总额80万元。"

爆款产品的出现让王红和团队更加笃定，一定要把直播做下去，但更多的还是困惑。"因为我们看好的产品有时销量并不如预期，而这款三亚酒店产品为什么爆单，我们研究认为有三个原因，一是产品有卖点，性价比高，符合客户需求；二是主播的综合素质高，包括主播对产品的了解程度，主播的整体形象、互动能力，以及与粉丝之间信息传递、沟通情感、获取信任等能力；三是一些客观因素，比如特定时段内疫情的整体状况、直播间的设计等。总之是综合因素决定的。"

王红表示，对于众信旅游而言，无论是直播带货，还是短视频及视频号运营，其目的不仅是为了创收。"我们把部分停薪留职的员工召集起来，大家一起探索旅游新媒体营销，熟悉的工作场景，让大家看到了希望，共同渡过困难时刻。众信旅游最看重的，一是稳定的人才队伍，二是提高团队综合能力。等到出入境旅游市场恢复，众信旅游随时可以再出发。为此，我们还运营了国外的一些短视频账号，如大洋洲、欧洲、亚洲周边一些国家的视频号。创新新媒体营销方式，众信旅游是在为未来做准备。"

春秋旅游：以标准化引领直播团队成长

2022年9月18日，上海旅游节开幕。开幕式上的一个重头戏是由春秋旅游导游直播的"百人十组"海派城市考古线路。在这场直播中，春秋旅游自媒体专员严伟琳的职责是直播助理。

同为主播的她，平日里不仅要负责直播内容的安排、操作，还要负责短视频内容的采集和编写。遇到像上海旅游节这样的重要活动，她还要随时做好准备。

在春秋旅游，像严伟琳这样的多面手有很多，创新新媒体营销方式，带给他们的不仅是工作内容、形式的变化，还有工作思路、思维方式的变化。

采访中，春秋旅游副总经理周卫红回顾了春秋旅游新媒体营销方面的发展历程。2020年，春秋旅游成立了专门的直播团队，直播内容从各地土特产到酒店、自由行产品预售券的销售，乃至景区、酒店探店体验等。

2021年，春秋旅游更加注重小视频制作和直播，并且在遵守国家广播电视总局、文化和旅游部联合发布的《网络主播行为规范》的基础上，结合企业自身对于直播岗位的要求，制定了《导游直播服务规范》。对于主播素质、直播策划、资源落实和直播总结等予以明确规定。"制定《导游直播服务规范》的目的，是为了保证直播人员在业务方面的规范性，保证不会对企业经营管理、业务发展和品牌运营产生负面影响，从而为进一步提升企业形象起到积极的促进作用。"周卫红说。

2022年，春秋旅游成立了由春秋旅游官网主导和管理的天天直播团队，创建了春秋旅游视频号，吸引更多优秀导游加入。同时，围绕上海旅游IP"海派城市考古"，直播团队深入上海各街区，对每条街道的历史、文化、发展历程和都市烟火气，进行生动解读，通过直播为产品销售预热。

从2022年7月1日起，天天直播团队尝试每天定时开展直播。到2022年10月，直播和短视频已经成为春秋旅游产品宣传必不可少的一种方式。

周卫红表示，实践证明，成立专门的直播队伍，既为员工提供了新岗位，也为工作量明显不足的导游提供了更多"上岗"机会，增加了导游收入，而且提高了导游对于上海本地的讲解水平。"2020年，直播人员主要从产品与客服部门选出。2022年，多名优秀导游的加入，不仅丰富了直播内容，直播质量也得以保障。"

2022年，为了确保直播质量、提升直播团队的能力，春秋旅游专门邀请了更有经验的外部直播人员授课。春秋集团还与著名的头部直播平台等开展合作，派出自己的主播参与直播，不仅提升了资源曝光度，还丰富了春秋旅游主播的直播经验。

周卫红表示，春秋旅游近年来的发展目标就是"信息化、数字化、智能化"。围绕这一目标，即使是在疫情防控常态化下，春秋旅游包括直播在内的企业信息化工作也从未停止。

周卫红透露，至2022年10月，春秋旅游自主研发的旅游TIMS（旅游信息管理）系统已在多家旅游企业使用，春秋旅游研发的质监管理系统获得了计算机知识产权证书等认证文件。在比较强大的IT技术的支持下，春秋旅游将继续在营销、宣传等方面推进信息化进程。未来，除了现有的企业流量，春秋旅游还将探讨企业和员工共有版权的私域流量使用问题。

中青旅：以新媒体营销作为主要方式

在到2022年上半年度报告中，中青旅提到："中青旅采取轻营销策略，专注细分市场，组建直播和短视频团队，搭建全新客群运营体系，有效降低运营成本，提升客群黏性。"

其实，早在2020年，中青旅遨游网就明确将以新媒体营销作为主要营销方式，替代传统的线下营销。

2020年，中青旅遨游网打造了专属直播间。也是在2020年，开通了微信小店。截至2022年10月，基本实现了多平台直播，打通了多频道的直播和关联销售。2022年，中青旅遨游网还采取室内和户外相结合的方式，完成了多场营地实景户外直播，并且保持着每周两三次户外实景直播的频率。

"每年，从直播脚本、放品、选品要求、主播人设塑造等方面，我们都在持续升级。"中青旅遨游科技发展有限公司董事、总裁助理刘杰说，从两年来的实践看，新媒体营销确实降低了企业的营销成本，拓宽了获客渠道，实现了更好地为客户"种草"及售卖的目的，还锻炼了队伍。中青旅遨游网的主播团队都是由销售和产品人员转岗组成的，可以看到团队的整体技能在不断提升。

"创新新媒体营销，最大的收获就是把我们要给客户种草的信息传播出去，得到客户的关注，再经过一系列的转化实现售卖，形成闭环，实现良性循环。"刘杰说。

因这种良性循环受益的不仅是中青旅遨游网，还有光大集团旗下的多个景区、酒店。比如，2022年中青旅遨游网的首场营地实景户外直播就设在古北水镇。

借助新媒体营销，中青旅遨游网将目光聚焦光大集团内部，提出"只此青旅 亲情服务"企业客户旅行解决方案，以8 000人服务集团内部8万人，实现内部良性循环。

"从目前看，集团内部员工占比并不高。我们会通过短视频以及内部沟通软件，进行一对一沟通，把我们的产品推荐给他们。另外我们会走进集团内部其他企业，进行产品宣讲。光大集团有自己的直播间，我们的主播会定期走进直播间宣传产品，吸引更多集团内部员实现购买。"刘杰说。

此外，中青旅遨游网还面向集团内部企业客户提出了"八项承诺、八个方案、五个统一、四个专属、三个入口"，为企业客户提供线上线下一体化企业客户旅行综合解决方案，从资源采购、产品设计、系统建设、客户服务等方面全面保障企业客户旅行。"八个方案"包含：企业员工疗休养管理方案，包含服务方案制定，专项额度管理，预存款管理，员工权益保障计划制定；企业员工旅游度假解决方案，包含跟团游、自由行、机票酒店、签证办理、私人定制、露营、民宿、亲子、康养、研学、户外等全产品体系服务；企业活动解决方案，包含企业团建、党建、培训、特种场地拓展训练等；企业奖励旅游方案，包含大型企业奖励旅行团队交通、住宿、餐饮、线路设计、导游管理及优势资源匹配一站式解决方案；企业活动会议解决方案，包含活动会议管理、活动策划、会议接待、嘉宾管理、线上视频会议直播综合解决方案，图片直播、会议视频剪辑等一站式解决方案；企业综合电商服务方案，包含网站建设、视觉设计、H5小程序开发、电商运营等；企业差旅管理解决方案，包含商旅平台技术系统搭建及专业差旅全流程服务；企业宣传推广解决方案，包含向中青旅遨游网1 000万会员和光大集团4亿高净值用户开展联合活动策划推广、广告投放等服务业务。

（内蒙古自治区文化和旅游厅，2022-10-1）

四、旅游新媒体营销人员的素养要求

如果想要胜任新媒体营销岗位，仅具备岗位的技能要求和职业能力要求是不够的，还需要具备较高的素养要求，具体包括以下几个方面。

（一）良好的职业道德

职业道德是人们在履行本职工作中所要遵循的行为准则和规范的总和。每个从业人员都应该遵守职业道德，新媒体人也不例外。作为新媒体工作人员要爱岗敬业，不断提升自身的从业技能，保守商业秘密，维护企业利益。新媒体营销人员承担着向客户传播信息的角色，要严守媒体人的职业道德底线——公正与真实，要多传播一些弘扬社会正能量的信息，不能唯利是图，传播不良信息和内容。

（二）较强的组织和沟通能力

随着对新媒体营销工作的重视，企业会成立专门的团队或组织负责企业的新媒体营销工作。新媒体营销人员应具备较好的团队合作意识、较强的组织与沟通能力，能够组织、协调团队中不同角色的工作。

作为新媒体从业人员，良好的沟通能力尤为重要。尤其是在与用户沟通的时候要注意措辞用语，在交流中求同存异。

（三）承受压力的能力

新媒体营销工作需要深度思考和不断创新，具有一定的挑战性，通常需要投入较长的工作时间。例如，在一个热点事件发生后，为了获得最佳的传播效果，需要在尽可能短的时间内，策划、制作并推出相关内容。由于这些情况会给从业人员带来较大压力，要想胜任新媒体营销

岗位的工作，就需要具备承受压力的能力，并能够在压力下出色地完成工作任务。

（四）对互联网和新媒体行业的热爱

新媒体营销工作需要依托新媒体进行。从事某项职业工作，首先要认同这个行业，即认为这是一个有前途的行业，认为这个行业的工作很有意义，个人也能够得到成长，对这个行业和所选择的具体岗位充满热爱，这是在职场取得成功的重要前提。反之，如果从业人员对互联网和新媒体行业不感兴趣，那么在未来必然缺乏足够的动力去深入了解这个行业，也就没有热情去承受工作中的巨大压力和完成持续学习的要求。

（五）对目标受众需求及心理的精准把握

新媒体营销的重点在于"营销"。作为从业人员，需要精准地把握目标受众的需求和心理，并在此基础上通过提供他们感兴趣的内容，实现吸引注意力的目的，进而根据目标受众的需求策划实施营销内容的传播，最终实现新媒体营销的目的。

（六）对社会热点及趋势的敏锐感知

互联网的普及带来了信息的爆炸，人们被海量信息围绕，注意力很容易分散。新媒体营销从业人员要想抓住目标受众的眼球，就需要提供能够吸引其注意力的内容。最新的社会热点事件和话题，以及未来可能出现的热点话题，是吸引受众的重要内容。因此，新媒体营销从业人员需要对社会热点内容保持敏锐感知，能够准确判断短期内可能出现的热点，并据此策划和推送有吸引力的内容。

（七）独立思考能力

工作中经常会出现复杂情况，新媒体营销从业人员需要针对各种各样、不同渠道来源的丰富信息，作出基于独立思考的综合判断和决策。在互联网和新媒体营销领域，没有绝对的权威专家，也没有一成不变的营销策略与方法，一切都需要遵循实事求是的原则。

实战演练

一、问答演练

（1）简述新媒体、营销、新媒体营销的定义。
（2）新媒体的主流平台有哪些？
（3）旅游市场的组成要素有哪些？
（4）新媒体营销如何进行界定？
（5）新媒体营销的模式有哪些？
（6）简述新媒体营销的策划流程。
（7）整理旅游新媒体营销岗位职责，并绘制出思维导图。
（8）应如何理解旅游新媒体营销应具有的职业能力及素养要求？

二、项目演练

(一) 项目演练目的

(1) 初步感受新媒体营销和自媒体的魅力,培养学习新媒体营销的兴趣。
(2) 培养独立思考的意识和能力。
(3) 提高个人的沟通和表达的能力。

(二) 寻找自媒体账号

在微信、抖音、微博、小红书、快手等新媒体平台上寻找一个订阅用户数量在 30 万以上、作品日常浏览量在 5 千以上、具有较大影响力的旅游自媒体账号,认真浏览其发布的内容,分析该自媒体的核心特点和成功原因,并将相关信息填入表 1-6 中。

表 1-6　自媒体信息分析

序号	项目	内容
1	自媒体名称	
2	自媒体简介	
3	核心亮点	
4	内容创新点	
5	成功原因	
6	值得改进的地方	

(三) 分小组交流分享

每六名学生为一组,相互分享自己找到的自媒体账号的情况,小组成员认真听取其他同学的发言,针对有疑问的地方展开讨论。每个小组推荐一人,代表小组在课堂上发言。

(四) 授课教师总结发言

授课教师对各个小组的发言进行汇总归纳,并对小组的最终成果进行打分,评选出最优组。

(五) 项目演练的注意事项

(1) 发言前应做好充分准备,养成认真做好每件事的良好习惯。
(2) 小组成员之间互相尊重和理解,对逻辑思维和语言表达能力有所欠缺的成员应多包容并鼓励。
(3) 每个小组在选择发言代表时应客观投票。

归纳总结

完成本项目的学习后,对项目中任务的完成情况进行自我评价,并对在本项目中学到的知识进行归纳总结。

项目二　寻找旅游新媒体营销机会

学习目标

▶知识目标

1. 了解旅游市场营销环境的概念、构成及特征。
2. 了解旅游新媒体营销的宏观环境。
3. 了解旅游新媒体营销的微观环境。
4. 了解SWOT分析法的概念。
5. 熟悉SWOT分析法的内容。
6. 掌握旅游市场营销环境分析的意义。
7. 掌握SWOT分析法的步骤。
8. 掌握使用SWOT分析法的用法。

▶素养目标

培养寻找旅游新媒体营销机会的意识。

▶思维导图

```
SWOT分析法的概念 ┐
SWOT分析法的内容 ├─ 运用旅游营销SWOT分析 ┐
SWOT分析法的步骤 │                        │
SWOT分析法的应用 ┘                        │
                                          │
旅游供应商 ┐                              ├─ 寻找旅游新媒体营销机会
旅游中间商 │                              │
旅游消费者 ├─ 了解旅游新媒体营销的微观环境 ┤
旅游竞争者 │                              │
社会公众   │                              │                      ┌─ 旅游市场营销环境概述
旅游企业内部环境 ┘                        ├─ 认识旅游新媒体营销环境及分析 ┤
                                          │                      └─ 旅游市场营销环境分析的意义
                                          │                      ┌─ 政治法律环境
                                          │                      ├─ 经济环境
                                          └─ 了解旅游新媒体营销的宏观环境 ┤── 人口环境
                                                                 ├─ 社会文化环境
                                                                 ├─ 自然环境
                                                                 └─ 科学技术环境
```

案例导入

"五一"假期澳门旅游业强势复苏

约300个访澳旅行团、近50万旅客……在2023年"五一"假期,澳门旅游业强势复苏,展现市道畅旺、客似云来的好势头。

据澳门特别行政区治安警察局公布,"五一"假期(2023年4月29日至5月3日)澳门各口岸出入境2 652 073人次,入境旅客达491 968人次。"2019年,为期四天的'五一'假期共接待旅客63.6万人次。单从旅客总量上来看,澳门旅游已恢复到了疫情前的六七成。"澳门城市大学国际旅游与管理学院执行副院长李玺说。

2023年"五一"假期,澳门旅游市场一派繁荣兴旺景象。记者走访看到,大三巴、官也街、妈阁庙等热门旅游区的商铺门庭若市、客流旺盛。为疏导客流,大三巴还多次实施人潮分流管制措施。一些小众景点及街道,也有旅客走入打卡消费,为社区经济注入活水。

澳门街坊总会理事长陈家良表示,"五一"假期旅客数字超过社会预期,相信澳门旅游业能够持续发展,辐射到其他不同的产业当中,形成更多的经济收入。

为了迎接"五一"人潮,澳门上上下下做了充足准备。自2023年5月1日零时起,关闸口岸、青茂口岸不再实施限次通关,旅客出行更加便利。

除此之外,澳门还举办多姿多彩的活动喜迎宾客。澳门特别行政区旅游局2023年延续推广"感受澳门乐无限"月月精彩活动,5月的主题为"潮玩海陆空",包括举办第三十三届澳门艺术节、"五一黑沙海滩迎夏日康体活动"等。澳门特别行政区从旅游资讯、消费服务、维权监督等方面全方位做好准备,并与内地旅游主管部门保持紧密联系,保障旅游服务质量,巩固澳门旅游城市形象。

"五一"假期的亮眼成绩为澳门旅游界注入信心,澳门各界摩拳擦掌,以期再创佳绩。一家手信店员工对记者表示:"'五一'期间虽然每天加班忙碌,但是有三工(三倍工资),也觉得忙起来有盼头。"

澳门特别行政区旅游局局长文绮华表示,"五一"假期旅游行情比最初预期高。接下来会与业界检讨经验,为暑假和"十一"假期做准备,希望做得更好。

有调查表示,"五一"假期显示访澳旅客复苏速度较市场预期快,但澳门各业人资尚未到位,未能满足当下市场暴增的需求。企业受惠复苏加速,更要考虑如何在复苏后留住人手、保持竞争力,把握长远发展机遇。

澳门导游促进会会长吴勇为表示,会继续发掘更多的文化价值和内涵,让游客感受到澳门的人情味和文化魅力,让澳门旅游业进入更好的良性循环。

"澳门加快经济复苏,首先是恢复综合旅游休闲业发展活力。澳门旅游业的兴旺必定会凭借着产业链条和乘数效应,对相关产业产生辐射作用,从而带动澳门经济多元化发展。"李玺说。

(新华社,2023-5-4)

【提出问题】

结合案例,谈一谈澳门旅游业的发展都受到了哪些因素的影响,这些影响因素是否也影响着我们的旅游市场营销环境。

任务一　认识旅游新媒体营销环境及分析

一个旅游企业要想在市场新媒体营销中取得成功，必须认真分析所处的市场环境，并在对企业营销的宏观和微观环境分析的基础上根据所处环境的特点，提出相应的营销策略，这是企业获得市场成功的重要因素。

一、旅游市场营销环境概述

（一）旅游市场营销环境的概念

旅游市场营销环境是指与旅游企业经营管理、生存与发展有关的并对其市场营销活动有影响的所有力量和因素。这些力量与因素共同构成企业的市场环境，既包括企业外部因素，也包括企业内部因素，它们具有客观性、差异性、关联性、动态性和不可控性的特征。有效的市场营销环境分析能够帮助企业洞察市场的变化及其趋势，确立适当的经营策略并能够根据市场环境的变化及时调整策略，以适应环境的变化及市场竞争的需要。

（二）旅游市场营销环境的构成

旅游市场营销环境从构成上看可以分为两类，一类是对旅游企业的营销活动直接产生影响的因素，称为旅游市场微观环境，主要是由旅游企业内部的员工和各部门、旅游供应商、旅游中介企业、旅游消费者、竞争者和公众组成；另一类是旅游市场宏观环境，主要包括政治、法律、经济、社会文化、人口、科技、自然等。宏观环境一般以微观环境为媒介影响和制约企业的营销活动，在特定场合，也可直接影响企业的营销活动。微观营销环境是与企业市场营销活动直接发生关系的具体环境，是决定企业生存和发展的基本环境。二者是主从关系，而非并列关系。

（三）旅游市场营销环境的特征

1. 客观性

旅游企业的全部营销活动都不可能脱离它所处的环境而发生，企业只要从事营销活动，就会受到各种因素的制约。旅游企业在从事市场营销活动时，虽然能认识、利用营销环境，但无法摆脱各种环境因素的影响和制约，也无法控制营销环境。旅游企业必须随时准备应付所面临的各种客观存在的挑战并把握环境变化带来的机遇。

2. 差异性

旅游营销环境的差异性主要体现在两个方面：其一，不同的旅游企业受不同环境的影响；其二，同样的环境因素，对不同旅游企业的影响不同。由于环境因素的差异，旅游企业必须采取不同的营销策略才能应付和适应这种情况。比如，中国酒店业曾受亚洲金融危机的影响出现了全行业亏损，很多酒店为了争取客源纷纷采取了低价竞争的策略，整个饭店业效益整体下滑；而凯莱国际酒店集团率先采用现代价值竞争的手段，提供额外的服务项目，以物超所值的产品和服务赢得了消费者的信任，有效地增加了企业的经济效益。

3. 关联性

旅游市场营销环境是一个多因素的集合体，各种因素之间存在着不同程度的关联性。这种关联性主要表现在两个方面：一方面，旅游市场营销环境的各项因素之间不是孤立无关的，而是相互影响、相互制约的；另一方面，旅游企业的营销活动不仅受单一环境因素的影响，而且受多个环境因素的共同制约。例如，一个国家的法律环境影响着该国的科技、经济的发展速度和方向，而科技和经济的发展又会引起政治经济体制的变革，进而促进某些法律、政策的相应变革。

4. 动态性

旅游业是一个综合性的产业，受环境的影响尤为明显。市场营销环境的各影响因素随着时间的变化而变化，而多因素变动的各个状态的多重组合，形成了非常复杂的多样化动态环境，导致旅游市场营销环境不断发生变化。通常来讲，科技、经济等因素对旅游企业的影响相对短暂且跳跃性大，而人口、社会文化、自然等因素对旅游企业营销活动的影响相对长期且稳定。

5. 不可控性

一般来讲，对于旅游市场营销环境的宏观因素，单个旅游企业是根本无法控制的，只能在很小的程度上对某些方面进行影响。而对于微观环境中的外部因素，旅游企业也是不能控制的，只能积极进行引导，或在一定程度上对其进行影响。旅游企业能够控制的只有微观环境中的内部因素。旅游市场营销环境虽不可控制，但它对企业营销的成功与否起着重要作用，旅游企业应时时关注环境因素的变化，善于把握机会。当遇到环境威胁时，旅游企业若能准确衡量利弊、运筹得当，则可减轻甚至避免环境威胁或转危为安。

二、旅游市场营销环境分析的意义

旅游市场营销环境分析的意义非常重要，它不仅能帮助企业了解当前的市场情况，还能预测未来的市场趋势，从而为其业务发展提供有力的支持。以下是旅游市场营销环境分析的几个主要意义。

（一）了解市场需求和消费者行为

旅游市场营销环境分析可以深入了解市场的需求和消费者的行为习惯，帮助企业确定潜在的市场机会和目标客户群体。在了解旅游消费者行为后，企业可以更好地了解旅游者的需求和偏好，从而制定更精准的营销策略。

（二）发现新的市场机会

通过分析市场趋势和消费者需求，企业可以发现新的市场机会，如新兴的旅游目的地、旅游产品或服务的需求等。这为企业提供了拓展业务、增加销售额的机会，使其能够更好地满足市场需求。

（三）预警潜在的威胁和挑战

旅游市场营销环境分析可以帮助企业识别潜在的威胁和挑战，如竞争对手的进入、政策变化等。在了解这些潜在风险后，企业可以提前采取应对措施，从而降低潜在风险对业务的影响。

（四）优化营销策略和资源配置

根据市场环境的变化，企业可以适时调整和优化其营销策略，确保营销活动与市场需求保持一致。此外，企业还可以根据市场环境的变化，合理配置资源，提高资源的利用效率，以更低的成本实现更高的收益。

（五）提高企业的竞争力

通过对市场环境的深入分析，企业可以更好地了解市场需求和趋势，从而在产品开发、市场营销、资源配置等方面作出更加明智的决策。这将有助于提高企业的竞争力和市场占有率，使业务更好地发展。

（六）增强企业的适应能力

旅游市场营销环境分析使企业能够更好地适应市场的变化和不确定性。通过对市场环境的持续关注和分析，企业可以及时调整业务策略，保持灵活性和适应性，以应对市场的快速变化。

（七）指导企业创新和发展

通过对市场环境的分析，企业可以了解最新的行业动态、竞争对手的策略及新兴的市场趋势。这些信息对于企业进行产品创新、服务升级及业务拓展具有重要的指导意义。企业可以根据市场环境的变化，调整和创新产品线，以满足不断变化的市场需求。

（八）提升企业品牌形象和知名度

通过准确把握市场环境和趋势，企业可以制定有针对性的营销策略，提升品牌形象和知名度。例如，在旅游市场中，针对年轻游客的营销策略可能更加注重社交媒体平台的宣传和推广，以吸引更多年轻游客的关注。这样的策略有利于提高企业的知名度和影响力，进一步促进业务的发展。

综上所述，旅游市场营销环境分析对于企业的生存和发展具有重要的意义。通过深入了解市场需求、消费者行为以及市场趋势，企业可以制定更加精准的营销策略，抓住市场机会，规避潜在风险，提高企业的竞争力、适应能力和创新能力。同时，良好的市场营销环境分析还有助于提升企业的品牌形象和知名度，促进业务的可持续发展。

视频：助力马尔代夫旅游产业

课堂思考

如何把环境中的各种变化和旅游企业的市场营销联系在一起，并作出正确的营销决策？以小组为单位开展15分钟的主题讨论，每一组的环境要素举例不可重复，讨论结束后，由小组代表在班级内分享总结内容。

思政融合

如何理解优化民营企业发展环境，依法保护民营企业产权和企业家权益，促进民营经济发展壮大？

习近平总书记在党的二十大报告中指出："优化民营企业发展环境，依法保护民营企业产权和企业家权益，促进民营经济发展壮大。"这是坚持"两个毫不动摇"的重大部署。毫不动摇鼓励、支持、引导非公有制经济发展，是坚持和完善社会主义基本经济制度的基本要求。

第一，支持民营经济和民营企业发展，是党中央的一贯方针。我国民营经济是改革开放以来在党的方针政策指引下发展起来的。党的十一届三中全会后，非公有制经济蓬勃发展。党的十五大把"公有制为主体、多种所有制经济共同发展"确立为我国的基本经济制度。党的十六大提出，"毫不动摇地巩固和发展公有制经济"，"毫不动摇地鼓励、支持和引导非公有制经济发展"。党的十八大进一步提出，"毫不动摇鼓励、支持、引导非公有制经济发展，保证各种所有制经济依法平等使用生产要素、公平参与市场竞争、同等受到法律保护"。党的十八届三中全会明确提出，"公有制经济和非公有制经济都是社会主义市场经济的重要组成部分""公有制经济财产权不可侵犯，非公有制经济财产权同样不可侵犯"。党的十九大把"两个毫不动摇"作为重要内容，纳入新时代坚持和发展中国特色社会主义的基本方略。

民营经济快速发展，在国民经济发展中的地位和作用不断提升。习近平总书记2018年11月1日在民营企业座谈会上指出，民营经济具有"五六七八九"的特征，即贡献了50%以上的税收、60%以上的国内生产总值、70%以上的技术创新成果、80%以上的城镇劳动就业、90%以上的企业数量。过去10年，我国民营企业数量从1 085万户增长到4 457万户，翻了两番。民营企业在稳定增长、促进创新、增加就业、改善民生等方面贡献巨大，是推动我国发展不可或缺的力量，也是构建新发展格局、实现高质量发展的重要支撑。

第二，客观认识民营企业发展中遇到的困难和问题。一段时间以来，我国民营企业发展遇到了一些困难。一是融资问题部分缓解，但融资难融资贵仍然突出。民营企业融资难度和利率未有明显降低。二是税费负担有所减轻，但整体成本仍然较高。特别是原材料价格明显上涨，集中于行业中下游的部分民营企业经营成本增加较快。三是公平竞争的制度环境持续改善，但市场准入、产权保护等问题仍然突出。四是部分政策有助于民营企业长期健康发展，但调整过快过猛影响企业经营。一些地方政府在落实税收、社保、环保等政策上"一刀切"，干扰企业正常经营，误伤部分规范经营的民营中小企业。五是民营企业活力较强，但缺乏转型升级的能力和方向。不少民营企业未建立现代企业制度，缺乏转型的人才技术支撑，这也阻碍了民营企业高质量发展。

> 第三，大力支持民营经济发展壮大。支持民营经济发展，是党和国家长期坚持的政策，现在不会改变，将来也不会改变。优化民营企业发展环境，促进民营经济发展壮大，关键要抓好多方面政策举措落实。一是加快营造稳定公平透明可预期的营商环境。坚持社会主义市场经济改革方向，持续破除市场准入壁垒，完善高质量的公平竞争制度，充分激发民营经济生机活力。二是依法保护民营企业产权。依法保护民营企业产权和自主经营权，持续完善知识产权保护体系，进一步完善监管和柔性执法体系，为民营经济发展营造良好稳定的预期。三是依法保护企业家权益。依法保护民营企业家人身和财产安全，依法保障企业家权益，健全涉产权冤错案件有效防范和常态化纠正机制。四是更好促进民营经济健康发展和民营经济人士健康成长，进一步弘扬企业家精神，鼓励民营企业完善治理结构和管理制度，提升科技创新能力，进行数字化转型和技术改造，提升国际竞争力，积极参与国家重大战略和国有企业混合所有制改革，将自身发展深度融入全面建设社会主义现代化国家的伟大事业。
>
> （共产党员网，2022-12-21）

任务二　了解旅游新媒体营销的宏观环境

旅游市场营销宏观环境是指影响旅游企业的外部环境，既包括国际环境，也包括国内环境，它对旅游企业的营销活动有着重要的影响。一般来讲，旅游市场营销的宏观环境包括政治法律环境、经济环境、人口环境、社会文化环境、自然环境、科学技术环境等。

一、政治法律环境

国家政治法律环境对旅游企业的营销活动和消费者行为具有不可忽视的调节作用。政治法律环境对旅游业营销活动的影响主要表现为以下几个方面，企业营销人员应该重点关注。

（一）政治环境

政治环境是指给旅游企业旅游市场营销活动带来或可能带来影响的外部政治形势和状况，一般分为国内政治环境和国际政治环境。它主要指政治局势、国家有关政策和国与国之间的关系等。

1. 政治局势

政治局势是指一国政局的稳定程度，与邻国的关系、边界安定性、社会安定性等。政治不稳定会构成企业的政治风险，长期稳定的政局可以为旅游业发展创造良好的环境。比如，在2018年9月在北京举行的中非合作论坛峰会上，主旋律是"一带一路"。非洲各国都以这次峰会为契机，全方位参与"一带一路"建设，为中非全面战略伙伴关系注入新动力。在这种形势下，此次峰会给中非两国带来很多新的教育、贸易、文化、旅游等各方面的合作机会。

2. 国家有关政策

国家有关政策对旅游企业的发展产生重要的影响。企业必须要在政策的框架内开展经营活动,在一定程度上,国家的政策会抑制或刺激旅游业的发展,从而影响旅游企业市场营销活动的方向。例如,国家执行黄金周高速公路免费的政策,就刺激了居民旅游的欲望,影响了旅游企业的营销手段,拉动了旅游消费。

3. 国与国之间的关系

旅游目的地国家与客源地国家之间关系的好坏,直接影响着旅游营销效果的好坏。国之交在于民相亲,民相亲在于人来往。2015年,全国旅游工作会议明确提出了"旅游外交"。旅游外交已经成为新时代中国特色大国外交的重要组成部分。2012—2013年,中俄两国互办旅游年,拉开了中国与相关国家互办、共办"旅游年"的序幕,创立了以旅游活动支持国家外交大局的新模式。之后,中美、中印、中韩、中澳、中瑞、中丹、中哈、中国—中东欧、中国—东盟、中国—欧盟、中国—加拿大等多个旅游年相继举办。

(二) 法律环境

法律对旅游企业的营销活动具有极强的约束作用。法律是旅游企业营销活动的准则。旅游企业只有遵守法律,才能受到有效保护。为适应旅游环境的新变化,保障旅游者和旅游经营者的合法权益,规范旅游市场秩序,保护和合理利用旅游资源,促进旅游业持续健康发展,《中华人民共和国旅游法》(以下简称《旅游法》)于2013年4月25日发布,自2013年10月1日起施行,并于2016年、2018年进行了修正。例如,对某些旅行社为了招揽游客,以超低价、零团费、负团费作为诱饵,诱骗游客,《旅游法》明确规定:"旅行社不得以不合理的低价组织旅游活动,诱骗旅游者,并通过安排旅游者购物或另行付费旅游项目获取回扣等不正当利益。旅行社组织、接待旅游者,不得指定具体购物场所,不得安排另行付费旅游项目。但是,经双方协商一致或者旅游者要求,且不影响其他旅游者行程安排的除外。"这明确了低价招揽游客的经营行为属于非法,对旅游市场起到了推进和规范作用。

视频:优化营商环境擦亮旅游名片

二、经济环境

旅游者购买力是构成旅游市场和影响市场规模大小的一个重要因素。购买力又直接或间接受经济发展水平、消费者收入与消费结构、通货膨胀和汇率、重要经贸活动和经济政策、储蓄和信贷等经济因素的影响。所以企业营销人员还必须密切注意企业所在地和目标市场所在地经济环境的动向。进行经济环境分析时,要着重分析以下主要经济因素。

(一) 经济发展水平

旅游者的购买力与所在国家或地区的经济发展水平有着密切的关系。旅游企业营销人员应着力分析能够反映经济发展水平的相关指标,全面把握经济发展状况。

国民生产总值(Gross National Product,GNP)是最重要的宏观经济指标,指一个国家或地区所有常驻机构、单位在一定时期(年或季)内收入初次分配的最终成果。人均GNP反映出一个国家或地区居民的富裕程度,与旅游活动密切相关。有研究指出,一般来说,人均GNP达到300美元就会兴起国内旅游浪潮,而GNP达到1 000美元时,就会有出境旅游的需求;当GNP达到1 500美元以上,旅游增长更为迅速。

个人可任意支配收入是在个人可支配收入中减去用于购买生活必需品的费用支出(如房

租、水电、食物、服装等项开支）后剩余的部分。这部分收入一般用于购买高档耐用消费品、娱乐、教育、旅游等，既是消费需求变化中最活跃的因素，也是旅游企业开展营销活动所要考虑的主要因素。

（二）消费者收入与消费结构

市场营销人员通过分析消费者收入和消费结构，可以充分了解目标市场的规模、增长趋势、消费支出的行为模式等。收入越高，可支配收入（尤其是可任意支配收入）越多，旅游机会就越多，外出就餐娱乐机会也越多。

恩格尔系数是食品支出与家庭消费总支出的比率，即恩格尔系数＝食品支出金额/家庭消费支出总金额。

恩格尔系数是衡量一个国家、地区、城市、家庭生活水平高低的重要参数。恩格尔系数越小，食品支出所占比例越小，表明生活越富裕，生活质量越高；恩格尔系数越大，食品支出所占比例越大，表明生活越贫困，生活质量越低。由此可见，随着经济的发展和人们生活水平的提高，旅游消费支出占家庭消费总支出的比例是一个逐步提升的过程，而恩格尔系数则呈现反方向变化。

（三）经贸活动

国际国内经贸（经济贸易的简称）活动的开展是市场营销活动的风向标。旅游企业营销人员应时刻关注重要的经贸活动，抓住重要的发展契机。例如，"一带一路"充分依靠中国与相关国家既有的双边、多边机制，借助既有的行之有效的区域合作平台，积极发展与沿线国家的经济合作伙伴关系，共同打造政治互信、经济融合、文化包容的利益共同体、命运共同体和责任共同体，开启了全球经贸的新格局。这对旅游市场营销活动具有极大的指导意义，对旅游线路的开发、新营销渠道的开拓都具重要的意义。

（四）通货膨胀和汇率

通货膨胀造成物价上涨、货币贬值、单位货币购买力下降，这使旅游企业成本增加，旅游产品价格上涨，造成购买人数减少。汇率变动对旅游企业的影响表现为两个方面：一方面当汇率上升，外国货币升值，入境旅游成本减少、人数增加，出境旅游成本增加、人数减少；另一方面当汇率下降，外国货币贬值，入境旅游成本增加、人数减少，出境旅游成本减少、人数增加。

三、人口环境

旅游企业营销人员必须密切注意人口环境方面的动向，尤其是生育政策和人口流动状况。旅游市场是由具有购买欲望、购买能力和闲暇时间的人所构成，企业营销活动的最终对象是旅游者。进行人口环境分析时应着重注意以下几方面因素。

（一）人口总量

人口总量，即特定区域特定时期的人口规模，是决定一个区域市场潜量的基本指标。通常在购买能力相同的情况下，人口规模越大，意味着区域的需求总量越大。对于一些生活必需品而言，人口规模对需求总量起到了决定性的作用。但是，对于选购品和奢侈品而言，人口总量所起到的作用还要受到经济条件的制约。

根据有关资料显示，我国目前不仅已经成为全球手机、移动互联网、手游等产品的最大市场，也成为许多跨国公司最重视的国际市场，其背后的原因就是中国巨大人口所形成的巨大市场需求。即便是总体经济并未达到发达国家水平，但人口的绝对数量仍然令许多其他区域市场望尘莫及。人口总量的影响也同样发生在旅游行业。

（二）人口结构

人口结构指人口的内部构成，既包括人口的自然结构，如性别结构、年龄结构，也包括人口的社会构成，如民族结构、职业结构、教育程度结构等。由于以上方面的不同，相同人口的数量在需求的对象、购买偏好、价值观念、生活方式和社会活动等方面都会产生差异，也就会形成各具特色的消费群体。

人口的年龄结构对于一个地区消费品的支出结构有比较明显的影响。例如，在墨西哥，玩具、奶粉等婴儿用品在消费品中占的比例比其他国家高，因为其人口年龄结构很年轻。相反在日本这个老龄化程度较严重的国家，保险、医疗、保健等产品消费比例则较其他国家要高一些。不同年龄的消费者对于同种产品的属性要求也会有差异，如牛仔裤的生产企业如果针对的是年轻的市场，则主要以修身、时尚、个性为主攻方向；但如果针对的是中老年市场，则要以舒适、宽松的特点作为主要吸引力。那么，对于中国旅游企业来说，人口年龄结构变化上主要应该注意的趋势是人口结构的老龄化。

人口的社会结构，如教育结构对消费者、对文化类产品的消费和需求也有着显著影响。一般而言，受教育程度低的消费者更多选择电视、广播等被动的休闲方式，而教育、旅游、健身等产品则更受教育水平较高的消费者所青睐。比较我国的七次全国人口普查的数据可以发现，我国居民的受教育程度不断提高，这对我国国内旅游需求的迅速增长有较大的促进作用。此外，人们的受教育程度与其主要的信息渠道有明显的相关性，教育程度高的中青年对网络的依赖度更高。对于旅游营销者而言，重视网络作为一种信息渠道的作用和提高旅游产品的参与性是值得注意的两个方面。

> **案例导入**
>
> **人口格局新变化下 旅游市场将呈现两极化特征**
>
> 2021年5月11日，第七次全国人口普查结果揭晓，我国人口总量仍是世界第一，近十年来继续保持低速增长态势。但我国人口结构特征情况发生的新变化，将深刻影响着未来旅游行业发展。
>
> "七普数据打消了对人口总量的担忧，我国人口总量依然是世界第一，而且拥有世界上最庞大的劳动力人口规模，也是庞大的消费人口。在未来十年内，我国旅游经济总盘子仍将保持扩张趋势，只是增速可能会逐渐放缓。"同程研究院首席研究员程超功在接受中国经济时报记者采访时表示。

未来旅游需求呈现两极化的特征

"人口结构对旅游消费和生产均具有重要影响。当前人口结构的变化对旅游业发展利好的一面是与养老、健康相结合的旅游需求会增加,不利的一面是劳动供给不足,人力成本将会持续上升。此外,随着具有较强支付能力就业人口的减少,旅游消费增长速度趋缓。"中国旅游研究院数据分析所助理研究员曾甜在接受中国经济时报记者采访时表示。

七普数据显示,0~14岁人口占比17.95%,较10年前上升1.35个百分点,60周岁以上人口占比18.7%,较10年前上升5.44个百分点。0~14岁人口以及60岁以上人口进一步增长。

曾甜认为,未来旅游业发展将呈现出旅游需求两极化的特征。"不断增加的老年人口规模将带动养老住所、度假房产等旅游住宿业的发展;有钱有闲的老年人群体将成为度假、医疗旅游等主题旅游的主要细分市场。此外,以青少年为主要服务对象的研学旅游快速成长,伴随素质教育理念的深入,更多青少年开始践行'读万卷书,行万里路',加入旅游者的队伍,研学旅行市场总体规模将不断扩大。"

在程超功看来,亲子游和老年游潜力巨大,尤其是在深度老龄化阶段,老年游的市场边界将不断扩大,下游的业态将发生根本性变化。

不过,老年人口比例的持续增加和劳动人口比例的降低,对服务密集型的旅游业将是一个巨大挑战。程超功认为,未来的人力成本将持续上升,"用工荒"正在向旅游业相关领域蔓延,不利于旅游业供给侧结构性改革的进行。

曾甜告诉记者,科技革命将增强有利的影响,削弱不利的影响。首先,随着科学技术的发展,当机器能够替代部分人类劳动之后,劳动力不足的问题将得到缓解;其次,科技革命带来收入增加,可以部分抵消具有较强支付能力就业人口减少的不利影响;最后,科技发展还将改善老年人外出旅游的条件,提高老年人外出旅游的能力,从而进一步增加老年人旅游消费。

此外,七普数据显示,家庭小型化趋势延续,户均人口数2.62人。程超功认为,家庭小型化趋势及独居人口规模的增长将对居民家庭的旅游消费行为产生深远影响,几代人或大家庭出游的情况会越来越少,但是与非亲缘关系的邻居、同学等组团出游将越来越普遍,从而催生家庭游的新业态、新消费。另外,独居人口规模也在快速增长中,未来的一人游也有望成为一个独特的细分市场,将为旅游从业者创造新的机会。

旅游企业应抓住旅游市场新机遇

"未来与老人相关的家庭旅游、老年旅游,与孩子相关的亲子旅游、研学旅游都有可能是旅游市场的新增长点。"曾甜告诉记者。

七普数据显示,人口正在加速向大型城市群流动,将在可见的未来形成多个超级城市群。

程超功认为,超级城市群的形成有望产生数个超大体量的本地化及周边休闲度假市场,这对旅游企业而言是机遇也是挑战;超级城市群的形成必然伴随着城镇化率的快速提高,人们的生活方式特别是消费方式也必然发生巨大变化,现有的旅游产品供求体系必须适应这一变化,品质化、多样化将是长期趋势。

曾甜认为，旅游企业要抓住这一新机遇，须从发现需求、旅游营销、品牌建设、提高服务质量等多方面着手。

程超功认为应从三方面着手：一是我国旅游市场的体量仍将牢固占据全球首位，并且在未来十年内仍将保持稳健增长，旅游企业应坚定信心，着眼于长远布局，针对新发展格局实时调整企业发展重心。二是系统研究人口结构及规模发展趋势对旅游市场供求关系的影响，制定长远规划抓住细分市场的发展机遇，比如积极布局老年游、调整产品结构、发展亲子游等。三是积极应对人口老龄化的挑战，挖掘数字化、信息化的发展机遇。

（《中国经济时报》2021-5-18）

（三）人口分布

人口分布与旅游需求密切相关。一方面，旅游消费因地理位置、人文环境不同产生消费需求的差异。例如，在城市中生活的人希望在周末享受田园生活，而在农村生活的人则希望周末进城购物消费。另一方面，随着空间距离的增大，旅游费用支出增多，客源减少。例如，在到广西桂林旅游的游客中，东北游客所占比例较小，而广东游客较多。因此，市场营销人员应着眼于近程旅游市场，争取中程旅游市场，放眼远程旅游市场。

四、社会文化环境

社会文化环境是指在一定社会范围内形成的民族特征、价值观念、风俗习惯、宗教信仰、教育水平、行为规范等因素的总和。社会文化环境通过影响社会的基本价值观、认知、偏好影响消费者的思想和行为。旅游产品的生产和销售要适应并尊重当地的文化传统、风俗习惯和宗教信仰。例如，广西居民在春节前夕有逛花市，买金橘摆放在家中，买带绿色叶子的甘蔗摆在门口，准备绿豆、糯米、猪肉包年粽的习俗。

五、自然环境

从经济地理的角度评价自然条件和自然资源，主要是考虑其对生产力布局的影响，从企业市场营销角度出发，则应首先考虑其对市场需求的制约。自然环境不仅直接影响人类开发资源、利用自然、改造自然的生产资料需求状况，而且从外部环境方面广泛制约着人类旅游需求，可以说在食、住、行、游、购、娱等方面的需求都受到自然环境的直接或间接的影响。如今许多国家和地区，随着工业化和城市化的发展，环境污染、资源浪费程度日益增加，尤其是近几年全球极端天气等自然灾害及公共卫生事件频发，公众对自然环境问题越来越关心，意识到自然环境的重要性，渴望蓝天、绿地、清水、安静的美好环境，并且纷纷谴责那些造成污染和危害身心健康的企业与消费行为。与此同时，习近平总书记提出的"绿水青山就是金山银山"的观念越来越深入民心，老百姓和地方政府对生态环境的保护意识显著增强，对美好生活环境的向往越来越强。政府为了社会利益和长远利益对环境保护加强了管理，提出了碳达峰、碳中和的宏伟目标，倡导低碳生活、绿色发展。这对于旅游企业是一种压力，但也蕴含着一些市场机会。这要求旅游景区在规划设计、产品开发和对外宣传时一定要考虑到对自然环境的影响，旅行社设计线路时要具有高度环保意识，积极开发、科学组织生态田园旅游、农事研学旅游等特色旅游，同时，考虑旅游景区的承载力和旅游中的环保，倡导低碳消费。旅游酒店要强化绿色营销观念，建立绿色客房、绿色餐饮，大力创建绿色酒店、低碳酒店。

六、科学技术环境

科学技术是第一生产力，是社会生产力中最活跃的因素，影响着人类生活的方方面面，对旅游企业营销活动的影响更为突出。一部手机就可以订购所有的旅游产品，也使旅游消费者对旅游方式有了更多的选择。原来很多游客怕麻烦选择跟团旅游，而现在则选择自由行，借助现代科技手段随时查找信息，设计调整行程，购买必要的旅游产品。同时，由于现代科技的进步，很多旅游工作岗位也发生了变化，原来旅游景区的讲解员、讲解设备，很多都被旅游者自己的手机替代；关注旅游景区公众号，收听旅游讲解已不再是难事。随着网络技术的发展，很多旅游消费者已不再去旅行社门店购买旅游产品，而是在旅行社官网下单。科技发展也促使旅游企业调整营销策略，更新促销手段，不再局限于传统平台，而有了更多新的选择，如利用微博、微信开展促销活动。现在很多旅游企业开始借助旅游网站销售产品，开拓旅游营销新思路。

任务三　了解旅游新媒体营销的微观环境

旅游市场营销能否成功，不仅取决于是否能适应宏观环境变化，还取决于是否能适应和影响微观环境变化。旅游市场微观环境是指存在于旅游企业周围并影响其营销活动的各种因素和条件，它与企业形成协作、竞争、服务、监督的关系。旅游市场微观环境主要包括旅游供应商、旅游中间商、消费者、竞争者、社会公众和企业内部环境。

一、旅游供应商

旅游供应商是指向旅游企业及其竞争者提供旅游产品生产所需资源的企业和个人，包括提供能源、设备、劳务、资金等。供应商所提供产品和服务的质量决定着企业最终向旅游者提供产品和服务的质量、成本和利润，进而影响企业实现营销目标。例如，对旅游酒店来说，供应商主要有旅游用品商店、水电部门、公安部门、卫生部门等；对旅行社而言，它的供应商就是旅游景区、交通部门、宾馆、酒店等。一般来讲，旅游企业对旅游供应商的影响可以通过产品订购的稳定性、及时性、质量的一致性等来保证。

例如，携程旅行网与全球234个国家和地区的34.4万多家酒店，覆盖国内国际的各大航空公司，近20家海外旅游局和16家国内旅游局等上下游资源方进行深入合作，还与超过300家金融机构和企事业单位达成合作，是同业与异业合作的典范。他们的经营理念就是秉承"以客户为中心"的原则，凭借团队间紧密无缝的合作机制，凭借一丝不苟的敬业精神、真实诚信的合作理念，建立多赢的伙伴式合作体系，从而共同创造最大价值。

二、旅游中间商

旅游中间商是指处在旅游企业与旅游者之间，协助旅游企业推广产品的组织和个人，主要包括旅游批发商、旅游经销商、旅游零售商、旅游代理商，以及随着互联网的产生与发展而出现的在线网络服务商。一般来说，旅游企业很难实现旅游六要素的全线提供，而在这方面中间商具有优势。旅游中间商运用自身与多家旅游企业的联系，对资源进行有效整合，以最方便的方式提供各类服务，创造更多旅游消费者所需要的特别价值。例如，提供两城市间的空中运输、地面点对点运输、景区接送服务、旅游酒店、旅游购物服务等。

旅游企业对中间商的选择十分重要，应考虑中间商的信誉、能力、合作意愿等，同时应预防中间商有可能进行的制约行为。

三、旅游消费者

旅游消费者（旅游者）是旅游企业营销的中心，包括个体旅游消费者和机构旅游消费者。旅游企业是为了满足旅游消费者的需要而从事产品经营的，或者说旅游企业依赖于旅游消费者的存在而存在，所以旅游企业必须认真研究旅游消费者，把握消费动向。对旅游消费者的分析是一项非常复杂的工作，需要分析的方面多而杂，一般应从以下几个要素进行。

（一）辨别谁是本企业的客户

企业最初所拟定的目标市场固然是本企业的旅游者，但企业的旅游者并不一定只是目标市场。例如，某酒店最初定位为为恋爱一族（情侣）提供餐饮和娱乐服务，但在营业过程中，发现有不少已婚夫妇也来消费。通过调查，发现这些已婚夫妇也想找回恋爱的感觉，希望来这里再一次体验当初的恋爱感觉。酒店注意到这一消费群体后，应及时推出更有针对性的产品和服务，结果很受客户欢迎。

（二）识别旅游者的购买行为类型

旅游者的购买行为受其个性、社会和环境因素的影响，而呈现出不同的购买行为，一般可以分为习惯型、理智型、经济型、冲动型、想象型、随机型六种类型。习惯型旅游者往往根据过去的习惯而购买某种旅游产品，如住惯了某品牌酒店，当再需要住宿时就习惯性地到该品牌酒店住宿。理智型旅游者往往在实际购买前，会对所要购买产品进行分析、比较，细心挑选。经济型旅游者则对产品价格特别敏感，善于发现别人不易觉察的价格差异。冲动型旅游者易受产品外观、广告宣传等的激发而产生购买欲望。想象型旅游者往往情感丰富，以丰富的联想力来衡量旅游产品的意义。随机型旅游者购买时，没有固定的偏爱，一般是顺便购买或尝试购买。

（三）分析旅游者购买心理

旅游者购买心理对营销策略的制定有重要影响，包括好奇、怀旧、分享、求知等心理。不少旅游企业利用旅游者的怀旧心理，推出知青餐馆、红军餐厅等。旅行社更是设计出不少特色旅游产品，如"重走长征路"旅游主题等。

（四）了解旅游者购买方式

旅游者的购买方式包括客户是每隔几天、几周或几个月外出旅游或就餐一次，是常在工作日外出就餐还是在周末或节假日外出就餐，每次预计消费额是多少等。

（五）掌握旅游者对本企业的综合评价

旅游者对本企业的综合评价包括客户对本企业的整体形象、产品和服务质量、价格、促销方式、企业文化等方面的综合评价。一般而言，综合评价为"满意"的旅游者不一定能成为回头客；但如果为"非常满意"，即对企业的产品或服务感到惊喜，则很有可能成为回头客，并会向别人推荐。

四、旅游竞争者

在旅游市场营销中，旅游经营者只有准确识别竞争者，才能做到知己知彼，百战不殆。从消费者角度分析，旅游企业的竞争者包括愿望竞争者、一般竞争者、产品形式竞争者、品牌竞争者四种类型。

传统的竞争者是指来自同类型、同档次的企业。例如，同为餐饮企业，川菜馆和湘菜馆、中西餐饮机构之间的竞争；经济型酒店中的7天和如家之间的竞争。在如今的旅游市场中也会面临完全不相关的企业竞争者，比如邮轮的出现对酒店、餐饮机构、旅游购物中心等旅游企业带来的竞争。邮轮上装修豪华的海景房、标准规格的内舱房、精致的自助餐、免税店等均对传统旅游行业中的企业带来不同程度的客源市场分流。

（一）愿望竞争者

愿望竞争者是指为满足旅游者的出游愿望而提供的不同类型旅游产品的竞争者。这些竞争者会想尽办法让消费者出门旅游，实现旅游消费行为，而不是待在家里。

（二）一般竞争者

一般竞争者是指为了满足同一需求而提供不同类型产品的竞争者。例如，旅游者外出旅游需要住宿，不论是民宿还是标准化的酒店都可以接待，这两者之间就存在竞争关系。

（三）产品形式竞争者

产品形式竞争者是指为满足同一需要而提供的同类别、不同形式产品的竞争者，如标准化酒店中的高星级酒店、经济型酒店即属于不同档次产品的竞争者。

"海上画廊"擦亮山东青岛海洋旅游品牌

（四）品牌竞争者

品牌竞争者是指产品的规格、档次相同，但是品牌不同的竞争者，如JW万豪酒店和凯悦酒店。

五、社会公众

社会公众是指对企业实现其市场营销目标构成实际或潜在影响的任何组织和个人。旅游企业开展市场营销活动时，不但要针对目标市场的消费者，而且要考虑公众的心理和利益，采取各种措施与公众保持良好的关系。对于旅游企业而言，作为微观环境因素的公众主要包括金融公众、媒介公众、政府公众、市民行动公众、社区公众、一般公众及企业内部公众等，见表2-1。

表 2-1 社会公众的主要类型

类型	主要内容
金融公众	即那些关心和了解并影响旅游企业取得资金能力的任何集团，包括银行、投资公司、证券经纪行和股东等
媒介公众	主要是报纸、杂志、广播、电视和互联网等有广泛影响的大众媒介
政府公众	即负责管理旅游企业的业务和经营活动的有关政府机构
市民行动公众	包括保护消费利益的组织、环境保护组织、少数民族组织等
社区公众	如旅游企业附近的居民群众、社区团体等
一般公众	不一定成为旅游企业的现实消费者，但他们的态度和舆论对旅游企业市场营销有着潜在影响
企业内部公众	包括企业董事会、经理、员工等

六、旅游企业内部环境

旅游企业市场营销活动是一项综合性的工作，涉及企业很多职能部门的联动配合。市场营销微观环境的分析首先要从旅游企业内部环境开始，找到自身优势和劣势所在。

（一）旅游企业资源

旅游企业资源主要指旅游企业拥有的人力资源、财力资源和物力资源。

21世纪的竞争，从根本上说是人才的竞争，哪家企业拥有更优质的人才资源，哪家企业就会在竞争中占据优势。

旅游企业的资金条件是营销活动开展的基础，直接决定着旅游企业的营销规模。例如，上海迪士尼乐园是美国大型跨国公司投资兴建的项目，园区面积1.16平方千米，总规划面积达7平方千米，这是以雄厚的资本为依托的。

旅游业是服务性行业，服务水平的高低一方面取决于人力资源素质；另一方面则有赖于物力资源条件，即通常所说的设备设施。例如，上海迪士尼乐园的游客体验水平极高，这与其设备设施的建设密不可分，尖端的材料、创新的科技、梦幻的效果为游客打造了非同一般的体验世界。

（二）旅游企业文化

旅游企业的企业文化是企业的无形资产，是企业内部关系的外在表征，包括企业内部管理的规章制度、企业经营哲学、企业员工共有的价值理念、企业使命等。企业文化是影响企业运行的核心精神，影响着企业的组织结构和企业资源的开发，甚至员工的工作方式；企业文化也能形成企业内部团结友爱、相互信任的气氛，在企业形成强大的凝聚力。因此，现代企业管理非常重视企业文化，看重它在调动员工积极性、发挥员工主动性、提高企业凝聚力、优化企业形象、约束员工行为、激发员工创造力等方面起到的重要作用。

（三）旅游企业组织结构

旅游企业的组织结构是指为了实现组织的目标，经过组织设计形成的组织各个部门、各个层次之间固定的构成方式，包括企业所有制形式、职能部门结构、部门的人员结构、管理结构的设置、投资与经营管理的权责等方面。企业的成功不是靠一人的努力，是多要素相互依赖、组织综合作用的结果。当所有要素保持协调一致，实现合理优化的组织结构体系时，就能实现整体大于各部分总和的效果，形成组织竞争优势。

> **课堂思考**
>
> 思考近几年旅游营销的热点事件，分析旅游市场营销的外部因素或内部因素。以4～5人为一组，开展主题讨论。每一组案例不能重复，讨论结束后，派小组代表总结发言。

任务四　运用旅游营销 SWOT 分析法

旅游市场营销环境分析一般运用 SWOT 分析法。SWOT 分析法的最大特点是把企业内部条件和外部营销环境结合起来考虑，对企业营销战略地位作出综合判断，从而为企业制定营销战略打下基础。SWOT 分析就是企业对内部条件的优势（Strength）、劣势（Weakness）和外部营销环境的机会（Opportunity）、威胁（Threat）进行综合分析，对可能的多个营销战略方案作出评价，最终选出合适方案。

一、SWOT 分析法的概念

SWOT 分析是指基于内外部竞争环境和竞争条件下的态势分析。SWOT 分析是旅游组织通过对内外部资料的收集整理，分析内部的优势、劣势和外部的机会、威胁，并根据研究结果制定相应的发展战略、计划及对策。

二、SWOT 分析法的内容

（一）优势

优势指企业超越其竞争对手的能力，或者指企业所特有的能提高竞争力的方面。例如，当两个旅游景区同处一个市场、拥有同样的目标群体时，如果其中一个旅游景区拥有更高水平的人力资源，景区讲解人员能力更强，就可以认为这个旅游景区相对另一个旅游景区，在人力资源上更具优势。旅游企业竞争优势方面有技术技能、有形资产、无形资产、人力资源、组织体系结构、竞争能力等。

（二）劣势

劣势指与竞争对手相比而欠缺的某些条件，或者是企业本身的短板。例如，有些以自然风光为主题的旅游景区，开发较晚，设施设备先进，人力资源杰出，但是山水风光并不具有特色，很难吸引游客，这就是旅游景区核心竞争力不强。旅游企业的竞争劣势一般包括有形资产、无形资产、人力资源、组织资产，关键领域里的竞争能力正在丧失等。

(三) 机会

机会指影响企业发展的重大因素。旅游企业应珍惜每一次机会，综合评价每一次机会可能带来的效益，选择那些和旅游企业资源匹配的机会加以利用，谋求企业获得最大限度的发展。例如，A旅游企业的竞争对手B在市场投资中失利，经营遇到困难，于是A旅游企业获得了并购对手的机会，而且经过综合分析认为此次并购后将给企业带来每年不低于50%的利润增长，那么这对于A旅游企业而言就是一次机会。旅游企业的机会一般来自市场进入壁垒降低、获得并购竞争对手的能力、市场需求增长强劲、向其他地理区域扩张、可以扩大市场份额、技能技术向新产品新业务转移、为更大客户群服务等。

(四) 威胁

威胁指企业的外部因素，是那些有可能对公司的赢利能力、市场地位构成威胁的因素。旅游企业应当及时发现威胁，及时作出判断，并采取积极措施来对抗威胁带来的影响，将旅游企业的营销工作带回正轨。例如，某旅游景区受到地震影响，区域内景观遭到破坏，这就是外部环境给景区带来的威胁。旅游景区应该积极做好震后修复工作，尽早使旅游工作恢复常态。旅游企业的威胁一般来自外部因素的不利变动、市场需求减少、替代品、出现强大的新竞争对手、外贸政策的不利变动、客户或供应商的谈判能力提高、经济萧条和业务周期性冲击等。

三、SWOT分析法的步骤

旅游市场营销中的SWOT分析法包括以下步骤。

(一) 确定优势

明确旅游市场中，旅游企业自身所具备的相对其他竞争者的优势。这些优势可能包括品牌影响力、旅游资源独特性、旅游服务品质、营销策略等。明确自身的优势可以帮助旅游企业在市场中定位自己，并制定相应的营销策略。

(二) 分析劣势

找出旅游企业自身存在的不足或相对其他竞争者的劣势。这可能包括旅游产品或服务的不足、价格竞争力不足、品牌知名度不足、营销策略不够完善等。明确自身的劣势可以帮助旅游企业找到提升的空间，制定相应的改进策略。

(三) 分析机会

分析旅游市场所存在的机会，这些机会可能包括新兴的旅游市场、政策支持、技术创新等。明确市场机会可以帮助旅游企业找到拓展业务、提升市场份额的途径。

(四) 识别威胁

识别旅游市场存在的威胁，这些威胁可能包括市场竞争加剧、政策变化、经济下行等。明确市场威胁可以帮助旅游企业提前做好应对措施，降低潜在的风险。

(五) 制定策略

根据SWOT分析的结果，制定相应的旅游市场营销策略。在制定策略时，要充分利用旅游企业自身的优势和市场机会,尽可能地改善企业的劣势并应对市场的威胁。具体策略可能包括提升旅游产品或服务质量、调整价格策略、提高品牌知名度、完善营销策略等。

(六)实施与调整

旅游企业将制定的策略付诸实践,并根据市场反馈进行相应的调整。实施过程中,要密切关注市场的变化,随时对策略进行调整,以适应不断变化的市场环境。

需要注意的是,SWOT分析法是一个动态的过程,需要定期进行更新以反映旅游市场的变化。此外,SWOT分析法的结果应与其他市场调研方法(如市场调研、竞争分析等)相结合,以形成更为全面的旅游市场营销策略。

四、SWOT分析法的应用

在对旅游企业的内外部环境作出综合分析之后,从内外环境的协调平衡角度讲,其营销战略可分为发展战略、稳定战略、紧缩战略和多角化战略四种(图2-1)。

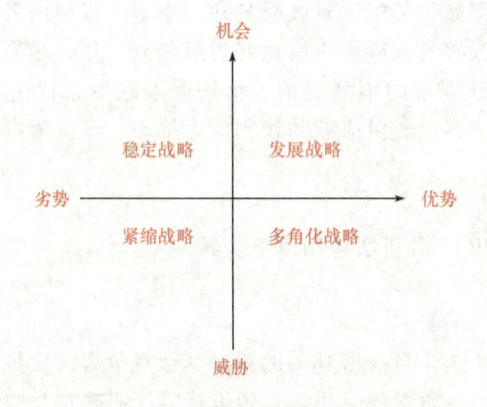

图2-1 基于SWOT分析的旅游市场营销战略

基于图2-1的分析,不同SWOT状态下的营销战略选择不同,相对应的营销战略方向、营销原则、营销决策也会有区别,见表2-2。

表2-2 不同SWOT状态下的营销战略选择

SWOT评价结果	营销战略选择	营销战略方向	营销原则	营销决策
优势+机会	发展战略	产品认知	开拓	占领市场、领导同行、增强企业实力
优势+威胁	多角化战略	品牌塑造	进攻	集中优势、果断还击、提高市场份额
劣势+机会	稳定战略	个性凸现	争取	随行就市、速战速决、抓住市场机会
劣势+威胁	紧缩战略	有效回收	保守	降低费用、急流勇退、占领角落市场

案例导入

众创背景下辽宁省旅游产业发展与创新人才建设SWOT分析

一、SWOT分析

（一）辽宁省旅游产业发展与创新人才建设的主要优势

1. 旅游资源丰富

辽宁省旅游资源丰富，拥有山地旅游资源、森林旅游资源、水体旅游资源、边境旅游资源、冰雪旅游资源、民俗旅游资源、乡村和工业旅游资源等多种类型，具有潜在的竞争优势。辽宁省有山有林有海有边境，一年四季自然景观都具有观赏价值：春天旅顺口区的樱花、辽河口的芦苇和桃花，夏天海岛、海滨的自然风光，秋天关门山的口红叶和盘锦的红海滩，冬天的东北民俗、冰雪旅游、温泉等都吸引着各地游客。这是大自然对辽宁省的特殊馈赠。辽宁省悠久的地质历史还遗留下了很多珍贵的地质旅游资源，如朝阳市的古化石、阜新市的玛瑙、岫岩县的玉石、抚顺市的琥珀、喀左县的紫砂等。此外还有质量很高的清朝文化旅游项目，如沈阳故宫、清福陵、清昭陵、抚顺的清永陵、桓仁县的五女山等古迹。

2. 政府重视旅游产业发展，具备良好的政策环境

辽宁省政府一直重视旅游产业的发展，在2014年出台了《关于促进旅游产业改革发展的实施意见》，旅游业一直是服务业发展的龙头产业，收入增长速度也名列前茅。

3. 旅游专业人才培养院校云集，创新创业教育正逐渐普及

辽宁省共有68所各级各类院校开设了旅游管理专业的课程，旅游专业人才培养具有较好的普及性。各类院校进行差异化人才培养，专业发展已逐渐完善，特别是近年来大部分院校都进行了创新创业教育的相关改革和实践，积累了一些经验。这些院校通过平时的专业实训技能训练、企业短期顶岗实践、创新创业项目大赛、成功创业讲座等对学生进行创新创业意识的培养，并深化校企合作，联合成立职业教育集团，扶持了多项创新创业项目。

（二）辽宁旅游产业发展与创新人才建设的主要劣势

1. 旅游高端优质产品不够，没有突出的竞争优势

据统计，辽宁省是全国5A级景区数量最少的省份之一，4A级景区数量也居全国下游水平。虽然省内的旅游资源丰富，但是高端优质产品不多，也没有和其他省份竞争的突出优势。如辽宁省内虽然也有冬季冰雪旅游项目，但是和黑龙江省的冰雪旅游相比没有竞争优势。

2. 旅游经济发展区域不平衡，旅游资源时空分布不均

辽宁省旅游经济发展主要集中在沈阳市、大连市、丹东市组成的三角地带。在南部地区的沿海地带和东部地区的山地地带都有品质较高的旅游资源。该区域的经济发展水平域较高，居民出游频率高，促进了当地旅游业的快速发展，而辽西地区旅游业则相对发展较慢。同时，由于辽宁省四季分明，冬季时间较长，能够适合一般游览的时间较短，同样的旅游资源可以利用的时间却有限，时空分布不均衡。

3. 创新创业型旅游人才培养和保障体系不够完善

创新创业型旅游人才培养体系在辽宁省内各院校的发展建设还不够完善。创新创业教育是一个系统工程，必须将创新意识和专业知识技能的学习深度融合，甚至跨专业帮助创业人才克服困难。由于资金等保障体系不够完善等原因，目前很多创新创业项目还不能落地，只能是纸上谈兵。

4. 创新创业旅游人才容纳力不强

由于受到传统观念影响，很多人就业更倾向于安稳的"铁饭碗"，因此才有了考公务员热潮，人们向机关、事业单位、国企等就业方向集中。旅游产业中小企业发展已进入基本饱和阶段，小型企业缺乏竞争力，很多单一经营小型旅行社的旅游创业项目赢利困难，进而使人们在此行业创业的意愿逐渐降低。

（三）面临的主要机遇

1. 中国（辽宁）自由贸易试验区给旅游产业发展和创新人才建设带来新契机

2017年国务院下发了中国（辽宁）自由贸易试验区（以下简称"自贸区"）总体建设方案。自贸区由沈阳片区、大连片区、营口片区三个部分组成，总占地119.89平方千米，每个片区都有自己的发展规划。设立自贸区无疑对大连、沈阳、营口三个城市未来发展具有至关重要的作用。随着构建"辽满欧""辽蒙欧""辽海欧"三大通道目标的确立，盘锦市、锦州市也从中获得前所未有的发展契机。自贸区不仅带来税收的优惠、经济的发展，辽宁的出境旅游也得到发展。旅游销售渠道的拓展和旅游产品服务的创新也有更多实现的可能。

2. 辽宁省政府把旅游产业作为服务业发展龙头重点完成

辽宁省在政府工作报告中明确提出："把发展旅游产业作为新常态下战略意义的新增长点。"素以"工业大省"著称的辽宁省服务业发展一直相对滞后，与其他地区特别是沿海省市相比差距更大。2014年辽宁服务业占GDP比例为41.8%，低于48.2%的全国平均水平，而旅游业作为辽宁省服务业的龙头正逐步显现驱动作用，旅游业大有发展空间。2016年辽宁省旅游项目总投资近700亿元，积极拉动了地方经济发展和就业。

3. 在国家大力推进创新创业教育改革背景下，辽宁旅游创新人才培养能力进一步提升

2015年5月，《国务院办公厅关于深化高等学校创新创业教育改革的实施意见》正式发布，国家推进创新创业教育的全面深化改革使辽宁旅游创新人才培养的能力在实践中逐步提升。

（四）面临的主要挑战

1. 经济整体低迷，旅游产业发展势必受到影响

由于全球经济低迷，旅游产业的发展也受到了影响。旅游经济中存在较大的脆弱性，在战争、自然灾害、政局动荡等外部因素的影响下，旅游市场出现较大波动，旅游经济的发展面临着很多不确定性。

2. 旅游基层从业人员收入不稳定，导致人才流失

旅游基层从业人员受旅游淡旺季的影响，收入有较大起伏，经常出现"旺季忙、淡季闲"的情况，这也导致了人才的流失。

二、SWOT策略分析和建议

（一）优势策略

利用自身优势，抓住自贸区建设的新契机，在良好的政策环境下，大力发展区域经济的同时，旅游产业的需求势必增多，有助于更多院校的创新创业型人才培养。建设改革力度加大，旅游人才培养更加普及，创新产生新的旅游产品、服务和新的渠道，也进一步推动自主创业人才的出现。

（二）威胁策略

随着消费的不断升级，开发辽宁省旅游高端优质服务产品，对辽宁省旅游资源的开发利用以城市为节点向全域旅游方向发展，缩小区域差距，进行城市联动的开发建设。打破传统观念，培养旅游创新创业高端人才，深化教育改革，真正做好产业与教育的融合。创新创业教育不仅是就业教育的一部分，还是系统工程，需要在日常校园文化和专业教学、实践实训中营造创新创业教育氛围，把创业意识和创新精神融入旅游专业人才培养过程，使学生不论课上还是课下、校内还是校外、日常实训还是竞赛、普及性教育还是创新创业大赛，都能在校园的学习和生活中得到创新创业意识和精神的培养，并完成相应的思维训练和能力养成。

（三）机会策略

利用自身旅游资源开发潜力大和人才基数大、年轻化等优势，不断适应旅游行业发展新潮流，积极参与政府创业扶持项目，战胜挑战。对创新创业人才的培养不能局限于技能训练和意识培养，还需要给予一定程度的经济支持，帮助在经济上还需要依靠父母支持的青年人才度过创业初期的困难时期。因此，相关企业应依据旅游行业发展新趋势和市场人才实际需求进行创新创业教育改革，鼓励学生大胆创新尝试，在旅游及其相关产业留住人才。

（四）劣势策略

克服劣势，积极寻找途径迎接挑战。在外部环境不利和收入不稳定的情况下，旅游企业自身的劣势有可能被放大。在经济持续低迷的情况下，旅游需求的下降会降低人们创业的意愿，增加创业面临的风险，很多类似的创业项目会因为恶性竞争而夭折，创业失去灵活资本的竞争优势。因此，应积极面对挑战，健全创新创业型人才培养机制，完善创业人才优惠政策，增强旅游行业从业吸引力。

实战演练

一、问答演练

（1）旅游市场营销环境的特征有哪些？
（2）简述旅游市场营销环境分析的意义。
（3）简述旅游新媒体营销的宏观环境。
（4）简述旅游新媒体营销的微观环境。
（5）简述SWOT分析法的步骤。
（6）简述不同SWOT状态下的营销战略选择方法。

二、项目演练

（一）项目演练目的

通过进行旅游营销的 SWOT 分析，旨在帮助团队或个人明确自身旅游产品的优势、劣势、机会和威胁，从而制定出更具针对性的营销策略。

（二）项目演练背景

假设你是一家旅游企业的营销团队成员，为了制定新的旅游产品营销策略，需要进行详细的 SWOT 分析。

（三）项目演练内容

1. 收集数据和信息

（1）了解公司及产品：详细了解公司的历史、规模、组织架构、旅游产品等信息。

（2）市场调研：进行目标市场的调研，了解市场需求、消费者行为、市场趋势等。

（3）竞争对手分析：了解竞争对手的产品、价格、渠道、促销策略等。

2. SWOT 分析

（1）优势：分析企业或旅游产品具有的独特优势，如品牌知名度、优秀的导游服务、独特的产品设计等。

（2）劣势：分析企业存在的不足，如宣传力度不够、旅游路线规划不合理、服务水平不高等。

（3）机会：分析市场中的机会，如新兴旅游目的地、政策支持、旅游需求增长等。

（4）威胁：分析可能存在的威胁，如竞争对手的激烈竞争、政策变化、安全问题等。

3. 制定营销策略

根据 SWOT 分析的结果，有针对性地制定相应的营销策略。

（1）利用优势：继续保持并强化企业在某一方面的优势地位。例如，加大宣传力度，提高服务质量，优化旅游路线等。

（2）弥补劣势：通过培训、引进人才、改善管理等方式来弥补企业在某些方面的不足。例如，提升导游服务水平，优化旅游路线规划等。

（3）抓住机会：根据市场趋势和机会，调整或开发新的旅游产品。例如，针对新兴的旅游目的地开发新的旅游线路，或者推出特色旅游产品等。

（4）应对威胁：制定应对策略以减轻或避免威胁对企业或旅游产品的影响。例如，提升品牌知名度以减轻竞争对手的威胁，与保险公司合作提供安全保障以应对安全问题等。

（四）项目演练要求

（1）每个团队或个人需独立完成任务，并撰写一份 SWOT 分析报告。报告中的内容应包括对企业的了解、市场调研的结果、SWOT 分析及制定的营销策略。

（2）报告应逻辑清晰，内容具体，针对性和实效性强。

（3）报告提交后，教师进行分析、评价，提出改进意见和建议。

归纳总结

完成本项目的学习后,对项目中任务的完成情况进行自我评价,并对在本项目中所学到的知识进行归纳总结。

项目三　分析旅游消费者行为

学习目标

▶ **知识目标**

1. 了解旅游消费者的内涵。
2. 了解旅游需求的概念及特点。
3. 了解旅游动机的含义及特点。
4. 了解旅游消费者购买行为的概念及类型。
5. 熟悉旅游需求产生的主观因素及客观条件。
6. 熟悉旅游动机的各种理论。
7. 熟悉旅游消费者购买行为的模型。
8. 掌握旅游需求的影响因素。
9. 掌握旅游动机的影响因素。
10. 掌握旅游消费者购买行为的重要作用。
11. 掌握旅游消费者的购买过程。

▶ **素养目标**

培养形成分析旅游消费者行为的意识。

▶ **思维导图**

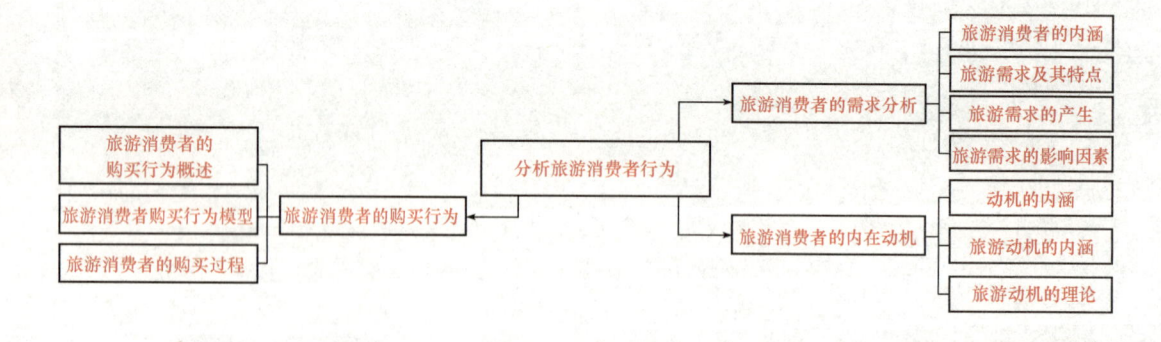

```
                                                    ┌─ 旅游消费者的内涵
                                                    ├─ 旅游需求及其特点
                               ┌─ 旅游消费者的需求分析 ─┤
                               │                    ├─ 旅游需求的产生
                               │                    └─ 旅游需求的影响因素
分析旅游消费者行为 ─┤
                               │                    ┌─ 动机的内涵
                               ├─ 旅游消费者的内在动机 ─┤─ 旅游动机的内涵
                               │                    └─ 旅游动机的理论
                               │
                               │                    ┌─ 旅游消费者的购买行为概述
                               └─ 旅游消费者的购买行为 ─┤─ 旅游消费者购买行为模型
                                                    └─ 旅游消费者的购买过程
```

案例导入

"十一"黄金周旅游热度持续升温 新式旅游带来文旅消费新机遇

2023年9月13日,国庆黄金周火车票开始发售,市民出行意愿强烈。中国国家铁路集团数据显示,国庆黄金周期间(9月27日至10月8日),全国铁路预计发送旅客1.9亿人次。

"'十一'假期期间的中长线旅游,尤其是出境旅游产品已全部售罄,2023年'十一'期间的订单情况有望追平甚至超过2019年的水平。"中青旅首席品牌官徐晓磊在接受记者采访时表示。

上海一家酒店的相关负责人也向记者表示,2023年酒店9月28日至10月1日的房间均已订完,预计国庆假期入住率将高于"五一"假期。从客源地来看,过去两年酒店客群以本地客人居多,而2023年国庆假期外地客人占比超85%,增长明显。

2023年以来,我国旅游市场呈现强劲复苏势头,旅游产业迎来转型升级的新机遇。随着消费者群体需求的日渐多样化、个性化,旅游行业的服务也不断升级更新,涌现更多新业态、新产品。例如,沉浸式旅游、乡村康养旅游、体育旅游、城市夜游等旅游新业态不断涌现。

"新模式、新产品的出现对于文旅行业的发展有重要意义。"盘古智库高级研究员江瀚对记者表示,新模式、新产品可以提供更加多元化、个性化、互动化的旅游体验,带来新的消费模式和服务模式,吸引更多的年轻人群,提高旅游的品质和附加值。

随着虚拟现实等新技术与旅游行业的结合不断深入,沉浸式文旅项目成为当前备受欢迎的新式旅游产品。某线上平台数据显示,8月份以来,平台上含"沉浸式"关键词的笔记数量同比增长近70%,"沉浸式"成为上海、武汉、北京、成都、杭州等城市消费者搜索的热门关键词。

一位年轻游客小石对记者表示,2023年以来,自己进行了多次沉浸式旅游,比如在河南开封进行了《飞越清明上河图》的沉浸式体验,在陕西西安穿着汉服、进行了唐代装扮后,沉浸式游览了"长安十二时辰"休闲街区,获得了新奇的旅游体验。

随着文化和旅游业加速融合,研学旅游也成为热潮。河南一旅行社工作人员对记者介绍,2023年,河南洛阳依托当地文旅资源,开发了洛阳寻城记、万里黄河孟津蓝和三彩奇遇记三条沉浸式研学体验线路,受到广大亲子家庭游客群体的欢迎。

另外,记者从多位旅行平台工作人员处获悉,当前帆船、露营、徒步旅行、剧本杀类度假村项目等多种新式旅游业态受到年轻人的欢迎,随着市场需求量不断增加,线上平台已逐步推进相关板块的建设。

华侨大学旅游学院教授殷杰向记者表示,目前各类新式旅游产品的火爆体现出文旅消费呈现出常态化、大众化、逐新化、体验化等特征和趋势。随着文化和旅游深度融合、技术赋能、智能智造等"旅游+"的全面开发,新业态、新产品、新场景不断涌现。各类新式旅游产品的火爆,为行业供给、企业发展提供了市场推力,文旅消费产品和场景不断创新,会对市场消费产生全面的带动效应。

从供给方面来看，北京联合大学旅游学院在线旅游研究中心主任杨彦锋对记者表示，2023年以来，旅游市场呈现新场景、新业态不断丰富的特征。一些文博和演出场馆打造了观影秀、夜游、VR沉浸式演绎等体验活动，都是科技助力文化旅游消费的新场景。当前，大模型在文旅场景中的应用不断创新，可以在行程规划、行程内消费项目的安排推荐等商业场景实现突破，有望成为文旅消费的一种新发展方向。

（《证券日报》2023-9-15）

【提出问题】

结合案例，请分析一下当前旅游消费者有哪些旅游需求。

任务一　旅游消费者的需求分析

在现代，人们旅游消费需求普遍程度在迅速提高，并呈现多样性、综合性、个性化、特色化发展趋势，要求旅游产品多样化，旅游服务综合化、系列化。来自市场的种种迹象表明，越来越多的旅游者选择更独特、更奇异、更新颖的旅游景点，他们注重具有综合性特征的旅游地和旅游项目，即奇异独特的自然景观与特定的人文景观融为一体，从而在一次确定的旅游过程中获得集知识性、娱乐性、体验性、享受性等为一体的多重满足。

特种兵式旅游，不可忽略的亚文化力量

一、旅游消费者的内涵

"旅游消费者"一词虽然被广泛使用，但人们并不一定都能理解其确切含义。美国市场营销协会对消费者行为是这样定义的："消费者行为是感知、认知，以及环境的动态互动过程，是人类履行交易职能的行为基础。"这里主要是强调影响消费者行为的因素。美国经济学家菲利普·科特勒在他的《市场营销教程》中使用了消费者市场（Consumer Market）的概念，它是指所有为个人消费而购买或取得商品和服务的个人与家庭。

这里将旅游消费者定义为：在旅游世界中，因旅游者需求而进行购买、享用旅游产品的个人或组织。对此，大家可以从以下几个方面理解。

（1）旅游消费者的消费活动是发生在独立于生活世界的旅游世界中，日常生活中消费旅游产品的人不能称其为旅游消费者。

（2）旅游消费者购买、享用的旅游产品在构成上可以分为两种，一种是核心旅游产品，另一种是组合旅游产品。前者是指满足旅游者愉悦需要的产品，可以供人审美；后者是旅游企业和旅游相关企业围绕旅游核心产品的核心价值而做的多重价值追加的产品。

（3）旅游消费者所消费的对象构成极其复杂。从物质形态上来看，有有形产品、无形服务，还有二者的结合；从实现程度上来看，包括生存性消费、享受性消费和发展性消费及三者的结合；从时间上来看，可以分为旅游前消费、旅游中消费和旅游后消费。

（4）旅游消费者的主体包括个人和组织。这是从广义的角度定义的，因为旅游消费者很大一部分是正式或非正式的团体组织，它们对旅游与接待业的作用不容忽视。

（5）在旅游世界中，同一旅游产品的决策者、购买者、享用者可能是同一个人，也可能是不同的人。一般旅游者既是享用者又是决策者，但也存在购买者和享用者分离的情况。

二、旅游需求及其特点

（一）旅游需求的概念

需求是人们在一定条件下对某种事物渴求满足的欲望，是产生人类一切行为的原动力。经济学意义上的需求是指在一定时期内，在各种可能的价格下消费者愿意并且能够购买的产品或劳务的数量。所以说，需求是一个经济化的概念。

旅游需求是指在一个特定时期内，有旅游欲望和足够闲暇时间的消费者在各种可能的旅游产品价格下愿意并且能够购买的旅游产品的数量。简而言之，旅游需求就是旅游者对旅游产品的需求。上述定义体现了旅游需求产生的约束条件，即旅游需求产生的前提是人们对旅游产品的购买意愿，旅游需求产生的经济条件是人们的实际支付能力，旅游需求产生的必要条件是人们拥有闲暇时间。旅游需求是一种有效的需求，旅游者具有旅游动机、足够的闲暇时间和一定的支付能力，三者缺一不可。

旅游需求是旅游市场形成的基础，是一个国家旅游业发展的前提。旅游需求分为现实需求和潜在需求。现实需求即旅游意愿、闲暇时间、可支配收入同时具备的状态，潜在需求则是这三大条件不同时具备的状态。现实需求产生直接影响，具有眼前和近期性；潜在需求产生间接影响，具有长期性，但具有更大的市场价值。

> **🔗 案例导入**
>
> ### 旅游需要和旅游需求的区别
>
> 旅游需要和旅游需求是两个不同的概念，它们之间有一定的区别。
>
> 旅游需要是指旅游者或潜在旅游者对某种旅游产品的渴求或欲望，它是旅游者的一种潜在需求，即旅游者自身感到缺少某种东西，又期望得到某种东西的一种心理状态。旅游需要是旅游行为的原动力，是旅游需求的基础和前提。
>
> 旅游需求则是指人们为了满足外出旅游的欲望所发生的对旅游产品的需求量。它分为有效或现实的旅游需求和受抑制的旅游需求（又分为潜在旅游需求和延缓旅游需求）。在一定时期内，旅游者愿意并能够以一定货币支付能力购买旅游产品的数量。简而言之，就是旅游者对旅游产品的需求。
>
> 旅游需要是一种内在的、心理上的需求，是潜在的、未满足的；而旅游需求则是外在的、实际的需求量，是旅游者在一定时期内愿意并能够购买的旅游产品的数量。

（二）旅游需求的特点

旅游需求是一个复杂的现象，它具有以下特点。

1. 综合性

旅游需求具有综合性，它是由多种因素综合作用而产生的。旅游需求的产生不仅受到个人和经济因素的影响，还受到社会、文化、政治等多种因素的影响。因此，要充分考虑旅游需求的综合性，需要从多方面进行研究和把握。

2. 复杂性

旅游需求具有复杂性，它涉及许多方面和领域。旅游需求受旅游者个人偏好、兴趣爱好、经济收入、时间安排等多种因素的影响，也受到旅游产品和服务的质量、价格、可获得性等外部因素的影响。因此，要充分考虑旅游需求的复杂性，需要从多层次、多角度进行分析和研究。

3. 多样性

旅游需求具有多样性，不同的旅游者有不同的旅游需求。旅游需求的多样性表现在旅游动机、旅游方式、旅游时间、旅游预算等方面。随着旅游市场的不断变化和旅游者越来越个性化的需求，旅游产品的种类和形式也越来越丰富，可以满足不同旅游者的需求。

4. 敏感性

旅游需求具有敏感性，容易受到外部因素的影响。旅游需求受到政策变化、经济波动、社会事件等因素的影响，这些因素可能导致旅游需求的波动和变化。因此，要充分考虑旅游需求的敏感性，需要密切关注市场变化并及时调整旅游产品和服务的供给。

5. 季节性

旅游需求具有明显的季节性特征。季节性因素对旅游需求的影响较大，不同季节的旅游需求存在明显的差异。例如，夏季是海滩和避暑胜地的旺季，冬季是滑雪和温泉等冬季运动的旺季。因此，要充分考虑旅游需求的季节性特征，合理安排旅游产品和服务的供给。

6. 可诱导性

旅游需求具有一定的可诱导性，可以通过营销手段和宣传手段来刺激和引导。进行有针对性的宣传和推广，人们的旅游兴趣和热情被激发出来，进而引导旅游需求向某个方向发展。

7. 可预测性

虽然旅游需求具有复杂性和敏感性，但仍然可以通过一定的方法对其进行预测。通过对历史数据的分析和对市场趋势的把握，可以预测未来的旅游需求。这种可预测性可以帮助旅游企业提前做好准备，及时调整和优化旅游产品和服务的供给。

总之，旅游需求是一种复杂、敏感、多样性的现象，它受到多种因素的影响。为了充分满足旅游者的需求并提高旅游企业的竞争力，需要综合考虑旅游需求的各个方面，制定合理的旅游业发展策略。

案例导入

"五一"旅游市场观察：长线游需求井喷，旅游消费集中释放

根据多家旅游平台的数据显示，2023年"五一"旅游市场的复苏趋势非常明显，国内游订单已追平2019年，长线游需求井喷，出境游市场火热。在这些现象背后，旅游消费集中释放等多个因素构成了"五一"旅游市场复苏的动力。

市场复苏趋势明显，旅游消费集中释放

2023年"五一"旅游市场的复苏趋势非常明显。4月6日，某旅游平台发布"五一"假日旅游市场前瞻。其数据显示，国内游订单已追平2019年，同比增长超7倍；内地出境游预订同比增长超18倍，境外跟团游报名量较4月初增长157%。从游客出行距离来看，截至2023年4月6日，报名"五一"长途旅游的订单占比超六成，长线旅游订单同比去年增长811%；从增速来看，"五一"本地游订单同比增长幅度相对小一些，这也说明在5天的长假中，更多游客希望走得更远。

该旅游平台下属研究院战略研究中心相关负责人介绍，"五一"假期作为二季度中重要的旅游假日，承载了用户集中的旅游消费释放。由于2023年清明节只有一天假，旅游出行以中短途为主，长线旅游需求并未释放。这就为2023年"五一"旅游市场的火爆打下了一定的基础。

长线游需求井喷，出境游市场火热

根据某旅游平台2023年4月11日发布的"五一"假期旅行消费预测数据，预计2023年"五一"假期，国内长线游和出境游需求出现井喷，"五一"出行的云南、海南、四川、新疆等长线游目的地订单量环比增长超过15倍，出境游订单环比增长近5倍。

该平台数据显示，截至2023年4月11日，"五一"假期最受用户关注的国内旅游目的地为北京、成都、重庆、广州、上海、西安、长沙、深圳、杭州、昆明。近期在社交媒体上爆火的"特种兵旅游"仍将影响"五一"假期旅游市场，过半数游客在"五一"假期预订两个或两个以上目的地城市的旅游和出行产品。

四川阿坝、河北秦皇岛、安徽黄山、辽宁锦州、河南洛阳等目的地，旅游热度也迎来快速上涨，旅游热度周环比涨幅均在70%以上。此外，近日山东淄博凭借烧烤节走红网络。某旅游平台数据显示，2023年4月9日至10日，山东淄博旅游搜索热度环比上涨599%，连续两日进入全国旅游热度榜前十，预计淄博也将在"五一"假期迎来客流高峰。

在2023年"五一"假期，酒店等旅游产品的预订周期明显延长，早在3月初就有部分热门酒店满房。目前，云南大理古城、湖南凤凰古城，以及安徽黄山、陕西大唐不夜城、重庆洪崖洞等热门景区周边，均有不少酒店"五一"预订出现满房的情况。

由于"五一"是春季最长的假期，很多游客也想趁此机会安排长线游和出境游。该旅游平台数据显示，泰国的曼谷和普吉岛、新加坡、中国澳门、印度尼西亚巴厘岛是"五一"假期最热门的出境游目的地。新加坡、马尔代夫和泰国"五一"假期旅游订单环比增长超过7倍。

> **"五一"假期成遛娃好时节，户外登山变热门**
>
> 旅游度假方面，20人以下的精品小团和2人至10人的私家团产品受到用户关注。随着全国气温回暖，"五一"假期成为人们遛娃的好时节，亲子游也是最受关注的旅游主题之一。某旅游平台显示，"五一"假期相关的亲子游搜索热度环比上涨97%，上海迪士尼度假区、北京环球度假区、广东广州动物园、广东珠海长隆海洋王国、广东广州长隆野生动物世界是目前"五一"假期搜索热度最高的亲子游景区。
>
> 自2023年4月以来，户外登山也成为游客出行的热门选择，国内热门的山岳类景区在4月的每个周末都出现客流量高峰。"五一"假期，户外登山同样是游客出行的热门选择，近一周，某在线旅游平台山岳类景区搜索热度整体上涨，涨幅高达193%。最受关注的山岳类景区主要有安徽黄山、山东泰山、河南老君山、江西武功山和陕西华山。
>
> （新华网，2023-4-20）

三、旅游需求的产生

（一）旅游需求产生的主观因素

旅游需求产生的主观因素，实质上是人们在各种外在因素和条件的综合作用下，所反映出来的是从生理和心理上对旅游的一种渴望。它包括生理性因素和心理性因素。

旅游动机是由旅游需要所催发、受社会观念和规范准则所影响、直接规定具体旅游行为的内在动力源泉。旅游动机是形成旅游需求的首要主观条件，不同的旅游动机意味着旅游者在旅游形式、出游时间、旅游组织方式和旅游目的地类型选择上的差异。

不同的旅游动机决定了旅游者类型的多样性，同时会带来旅游者消费水平的多样性。

（二）旅游需求产生的客观条件

旅游需求产生的客观因素是指人们可支配收入的提高（前提条件）、闲暇时间的增多（必要条件）及交通运输条件的现代化（重要条件）三个重要因素，可分为实际旅游需求和潜在旅游需求。

实际旅游需求是指三大前提条件都具备时的状态；潜在旅游需求是指旅游支付能力和闲暇时间不同时具备时的状态。潜在旅游需求是实际旅游需求的基础，反映了旅游市场的潜力，在有效需求不足的情况下，潜在旅游需求的转化就显得十分重要。

完善旅游标准 助燃大众消费　　旅游专列助力旅游需求燃情释放

四、旅游需求的影响因素

旅游需求的产生和发展受到多种因素的影响，这些因素可以归纳为以下几个方面。

（一）旅游者个人因素

旅游者的个人特征和偏好对旅游需求有着明显的影响。这些因素包括年龄、性别、职业、教育程度、收入水平、婚姻状况等。例如，年轻人通常有更多的时间和精力，对旅游产品的需求也更高；中年人更注重旅游的质量和舒适度；另外，已婚或家庭旅游者通常更倾向于选择家庭友好的旅游产品和目的地。

（二）旅游产品因素

旅游产品是满足旅游者需求的重要因素，包括旅游资源的吸引力，旅游产品的类型、质量、价格，旅游目的地的交通、住宿、餐饮等配套设施及旅游服务质量等。这些因素都会影响旅游者的需求，如果旅游产品能够更好地满足旅游者的需求，那么旅游需求就会增加。

（三）旅游目的地因素

旅游目的地对旅游需求也有着重要的影响，包括旅游目的地的旅游资源状况、旅游环境、旅游接待能力、旅游安全状况、当地居民友好程度等。如果一个旅游目的地能够提供更好的旅游体验和更高的旅游质量，就会吸引更多的旅游者前往。

（四）社会经济因素

社会经济因素也影响着旅游需求，包括国家的经济发展水平、财政收入、社会文化习俗等。例如，一个国家的经济发展水平越高，人民的收入水平也越高，对旅游的需求也会相应增加；同时，如果一个国家的社会文化习俗更加开放和包容，也会吸引更多的国际游客前来旅游。

（五）政治法律因素

政治法律因素对旅游需求也有着重要的影响，包括国家的政治制度、对外开放程度、旅游政策法规等。例如，如果一个国家对外开放程度更高，对旅游业的态度更加积极，就会吸引更多的国际旅游者前来旅游；同时，如果一个国家的旅游政策法规更加完善，也会促进旅游业的发展和需求的增加。

（六）外部环境因素

外部环境因素也会影响旅游需求，包括自然环境因素和社会环境因素。例如，气候变化、自然灾害、国际政治冲突、恐怖主义等都会对旅游业产生不利影响；而科技进步、国际关系、文化交流等则促进旅游业的发展和需求的增加。

总之，旅游需求的产生和发展受到多种因素的影响，这些因素之间相互作用，共同影响着旅游业的发展。了解这些影响因素有助于更好地了解市场需求和趋势，从而为旅游业的发展提供更多指导和支持。

> **思政融合**

以"诗和远方"为人民创造更多幸福美好——二十大报告中"满足人民日益增长的精神文化需求"的战略部署引发文化和旅游业界热烈反响

举世瞩目的中国共产党第二十次全国代表大会于2022年10月16日上午在人民大会堂开幕。习近平总书记代表第十九届中央委员会向大会所作的报告指出,我们要坚持马克思主义在意识形态领域指导地位的根本制度,坚持为人民服务、为社会主义服务,坚持百花齐放、百家争鸣,坚持创造性转化、创新性发展,以社会主义核心价值观为引领,发展社会主义先进文化,弘扬革命文化,传承中华优秀传统文化,满足人民日益增长的精神文化需求,巩固全党全国各族人民团结奋斗的共同思想基础,不断提升国家文化软实力和中华文化影响力。

随着我国经济社会的全面发展,更好满足人民日益增长的精神文化需求,成为保障人民美好生活的重要基础,也是广大文化和旅游工作者义不容辞的责任和使命。党的二十大报告中关于"满足人民日益增长的精神文化需求"等战略部署引发文化和旅游业界广泛共鸣、热烈反响。大家纷纷表示,要坚持以人民为中心的发展思想,立足行业、深耕行业,不断深入挖掘社会主义先进文化、革命文化、中华优秀传统文化,推动创造性转化、创新性发展,为人民群众提供更加高品质的文化和旅游产品、服务,以"诗和远方"为人民创造更多幸福和美好。

"党的二十大报告站高谋远、总揽全局、内涵丰富、振奋人心。"贵州省文化和旅游厅副厅长李芳表示,"报告体现了对文化和旅游工作的高度重视,让我们对今后的工作有了更强的信心与决心。我们将紧密联系贵州实际,推进落实好贵州文化和旅游'两大提升''四大行动',持续加强文旅融合、着力保护传承文化遗产、不断创作艺术精品等,为贵州文化和旅游发展注入更多文化基因与活力,不断满足人民日益增长的精神文化需求,向全国人民和世界人民展示一个更加多彩的贵州。"

党的二十大开幕当天,江苏省南京市长江国家文化公园建设专班全体工作人员认真收听收看了开幕盛况,党的二十大报告中关于"满足人民日益增长的精神文化需求""建好用好国家文化公园"等战略部署令全体工作人员振奋不已。大家纷纷表示,作为习近平总书记"要把长江文化保护好、传承好、弘扬好,延续历史文脉,坚定文化自信"重要指示的提出地和实践地,南京在推进长江国家文化公园建设中发挥着重要作用。下一步,南京将锚定高质量、阔步新征程,努力展示长江生态文明之美、历史文化之美、时代精神之美,力争成为长江流域的璀璨明珠。

"党的二十大报告为文化和旅游发展指明了方向,也提出了更高的要求。"首旅集团党委书记、董事长宋宇表示,"作为文旅产业龙头企业,我们将充分发挥带头作用,以坚定的文化自信保持战略定力,尽最大努力满足人民群众的精神文化需求,扎根北京城市副中心建设,在'二次创业'的道路上,充分发挥'文化+'和'旅游+'功能,进一步聚集旅游要素、完善产业配套、提升服务水平、强化产业协同。在新的赶考之路上,为北京城市副中心文旅商高质量发展作出新的更大贡献。"

"党的二十大报告求真务实，反映了新时代发展要求，体现了人民群众的热切期盼，振奋人心，催人奋进。"北京八达岭文旅集团有限公司党委书记、董事长兼总经理荣欣锋表示，"我们将自觉把思想和行动统一到党中央的决策和部署上来，始终贯彻以人民为中心的发展思想，践行好'传播长城文化，服务美好生活'使命，满足人民群众的高品质文旅生活需求；以推动全域旅游建设为抓手，构建产业发展新格局；以推动新兴业态发展为抓手，全力推进旅游产业供给侧结构性改革；以推动传播长城文化为抓手，持续擦亮长城文化金名片。"

"党的二十大报告对'满足人民日益增长的精神文化需求'作出了相关部署，对于广大文旅工作者来说，既是巨大的鼓舞，也是有力的鞭策。"陕西旅游集团党委书记、董事长周冰表示，"旅游是人民精神文化需求中极为重要的内容，旅游业要时刻围绕满足人民精神文化需求的目标布局发展。我们将继续深入挖掘旅游目的地历史和文化元素，通过科技手段进行多元化应用，将传统文化进行现代化解读，比如，对陕西文化、黄土文化、丝路文化等进行挖掘，通过景区、演艺等载体更加生动地传递给人民群众。"

"聆听了党的二十大报告，大家对国家、社会、企业的未来发展更加充满信心。"携程集团CEO孙洁说，"10年来携程获得了跨越式发展，2012年营业收入为42亿元，2019年达到357亿元。这份成绩的取得，离不开党和国家给予民营企业的大力支持，是党和国家这个强大后盾，让中国企业有能力和信心参与全球竞争。我们将认真学习领会党的二十大精神，明确未来发展方向，自觉承担起所肩负的使命，牢牢把握新时代机遇，更好满足人民日益增长的精神文化需求，为大众创造美好生活。"

"作为实现人民对美好生活向往的重要载体，旅游与城乡居民的获得感、幸福感紧密相关。"广东广州广之旅国际旅行社股份有限公司总裁赵文志表示，"国家发展和政策引导，为文旅产业创新提供了新契机，文旅融合为旅游业高质量发展注入了灵魂。在新发展格局下，我们将进一步深化文旅融合，坚持创造性转化、创新性发展，以深度游、主题游等新需求为抓手，在产品和服务供给侧持续发力，努力满足人民日益增长的精神文化需求。"

江西南昌八一起义纪念馆讲解员周甜在聆听了党的二十大报告后也深受鼓舞，她说："作为新时代红色宣讲员，更应该明确自己的使命责任，在今后的工作中深入挖掘红色文化内涵，推动革命文物资源创造性转化、创新性发展，通过多元艺术融合的宣教形式，让观众感知红色文化魅力，接受红色文化洗礼，做到入脑入耳入心。"

"我收看了党的二十大开幕盛况，聆听了党的二十大报告，仿佛看到了一幅宏伟的蓝图，对未来发展更有信心了。"四川成都导游协会导游张小军说，"人们的生活水平提高了，只要有时间都愿意走出家门寻找心中的'诗和远方'。作为一名导游，我要进一步明确自己的责任和使命，努力为游客提供优质服务，让人们在旅途中收获新的感悟，让大众生活更加美好。"

(《中国旅游报》2022-10-10)

任务二　旅游消费者的内在动机

旅游动机是直接推动一个人进行旅游活动的内部动因或动力，是人类社会发展到一定阶段的产物。旅游动机的产生和人类其他行为动机的产生一样，都来自人的需要。在人们的旅游活动中，旅游动机是非常丰富和复杂的，因此旅游动机是一个复杂的心理学与行为学概念。

一、动机的内涵

"动机"（Motivation）一词，来源于拉丁文"movere"，意思是"移动、推动或引起活动"。现代心理学将动机定义为推动个体从事某种活动的内在原因。具体说，动机是引起、维持个体活动并使活动朝某一目标进行的内在动力。动机是用来说明个体为什么要从事某种活动，而不是用来说明某种活动本身是什么（What）或怎样进行（How）。

心理学家通过大量研究发现，动机对于个体活动具有三种基本功能。

（一）激活功能

动机能激发有机体产生某种活动。带着某种动机的有机体对某些刺激，特别对那些与动机有关的刺激反应特别敏感，从而激发有机体从事某种反应或活动。例如，饥饿者对食物、干渴者对水特别敏感，因此也容易激起寻觅活动。

（二）引导功能

动机与需要的一个根本不同就是：需要是有机体因缺乏而产生的主观状态，这种主观状态是一种无目标状态；动机是针对一定目标（或诱因）的，是受目标引导的。也就是说需要一旦受到目标引导就变成了动机。由于动机种类不同，人们行为活动的方向和它所追求的目标也不同。例如，在学习动机的支配下，学生的活动指向与学习有关的目标，如书本、课堂等；在娱乐动机支配下，其活动指向的目标则是娱乐设施。

（三）维持和调整功能

当个体的某种活动产生以后，动机维持着这种活动针对一定目标，并调节着活动的强度和持续时间。如果达到了目标，动机就会促使有机体终止这种活动；如果尚未达到目标，动机将驱使有机体维持或加强这种活动，以达到目标。

二、旅游动机的内涵

（一）旅游动机的含义

旅游动机是一个人进行旅游活动的心理需要，是推动人们从事旅游活动的内因。当客观条件具备，并能满足旅游的主观需要时，旅游动机才能确定，并由思想向现实转化，变为实际的旅游行动。简单地说，旅游动机指的是促发一个人有意去旅游及确定到何处去、做何种旅游的内在驱动力。

一般来说，可将旅游动机归纳为以下五种。

1. 身心方面的动机

身心方面的动机主要是指为了健康或寻求精神上的乐趣而产生的旅游动机。长期的紧张工作、城市喧嚣的环境、繁杂的家务等不仅造成身体的疲劳，而且造成精神上的疲惫，使人心理上产生压抑感，损害了人们的身心健康。因此，人们需要暂时离开工作环境和家庭环境，摆脱俗务，调节身心，就产生了旅游动机。旅游动机包括度假、疗养、参加体育活动、参加消遣娱乐活动、观光等。现在旅游与健身、娱乐越来越多地联系在一起。

2. 文化方面的动机

文化方面的动机是指人们为了满足认识和了解异国他乡、扩大视野、丰富知识的需要而产生的旅游动机。例如，了解异国他乡的文化艺术、风俗习惯、政治经济、宗教等状况，以及进行学术交流和艺术交流等。

3. 社会方面的动机

社会方面的动机又称为交际动机，是人们为了社会交往、保持与社会的经常接触而产生的一种旅游动机。例如，探亲访友、故地重游、开展社交活动、宗教朝圣等。

4. 地位和声望方面的动机

地位和声望方面的动机是人们为满足个人成就和个人发展的需要而产生的旅游动机。旅游者希望通过旅游得到别人的承认，引人注意，受人赏识，获得良好的声誉等。

5. 经济方面的动机

人们为了达到一定的经济目的而产生的旅游动机，包括贸易、购物等。

（二）旅游动机的特点

1. 多样性

旅游消费者的动机是多种多样的，不同的旅游者有不同的旅游需求和偏好。旅游动机可能包括寻求冒险和刺激、探索新知识、追求美感和艺术体验、享受美食和娱乐等。这种多样性使得旅游市场具有丰富的产品和服务，满足不同类型旅游消费者的需求。

2. 复杂性

旅游消费者的动机往往不是单一的，而是多种动机的组合。这些动机可能相互矛盾、相互制约，或者相互补充，从而形成一个复杂的动机体系。例如，一个人可能同时受到放松身心、探索新文化和追求刺激的动机驱使，从而选择一个特定的旅游目的地。

3. 可诱导性

旅游消费者的动机受到外部因素的影响，如旅游营销和促销活动、社会文化价值观、经济条件等。这些因素可能激发或改变旅游消费者的动机，影响他们的旅游决策和行为。例如，一个成功的广告或促销活动可能吸引原本没有旅游意向的人去某个旅游目的地。

4. 规律性

尽管旅游消费者的动机是多种多样的，但都遵循一定的规律。例如，许多旅游消费者的动机可以归结为放松身心、摆脱压力和恢复精力的需求。此外，一些旅游消费者可能具有明显的季节性动机，如避暑或避寒。

5. 成长性

旅游消费者的动机是一个动态的过程，随着个人经历、经济条件和社会环境的变化而不断发展和改变。随着时间的推移，一些旧的动机可能会逐渐减弱，而新的动机可能会不断涌现。

6. 驱动性

旅游消费者的动机是驱动人们进行旅游活动的主要动力。这些动机可以激励人们克服障碍和困难，采取行动去实现旅游的目标。动机的强烈程度和吸引力可以直接影响一个人旅游的意愿和行动力。

7. 个体差异性

每个人的动机可能有所不同，因此，即使两个人选择同样的旅游目的地，他们的旅游体验和行为也可能完全不同。这种个体差异性使每个旅游消费者都具有独特的个性，也使旅游业具有无限多样性和活力。

案例导入

"超级黄金周"大热之外有大考

高涨的出游热情，从多项前期数据中可见一斑。中国国家铁路集团数据显示，国庆黄金周全国铁路预计发送旅客1.9亿人次。2023年9月15日，假期首日的火车票售票量达2 287.7万张，创单日售票量历史新高。民航方面，预计将有2 100万余名旅客在假期乘机出行。某旅游平台发布的报告显示，国庆节假期的国内游产品预订量同比增长近6倍，出境游产品预订量同比增长超20倍。

2023年中秋国庆假期长达八天，金秋时节气候宜人，旅游度假、探亲团圆等出行需求旺盛。各地积极准备，推出精彩纷呈的旅游产品。比如，天津以"洋楼、河、海、山、烟火气"五大文旅核心IP为主线，策划推出约300项"津彩"文旅活动；贵州推出包括"村BA""村超"等在内的百条精品旅游线路。不少城市还发放了新一轮文旅消费券。

旅游业覆盖面广、产业链长、开放度高、带动性强，具有"一业兴、百业旺"的乘数效应。2023年以来，文旅消费稳开高走强势复苏，并带动餐饮、住宿、交通等服务消费持续扩大，成为消费恢复的重要支撑。"十一"假期旅游热度有增无减，展现出我国居民消费的巨大潜力，将有效提振下半年消费市场。但大流量也将带来大考验，对此不可掉以轻心。

考题一，业态要新、品质要高，旅游供给如何更好满足消费者需求？

随着生活水平的提高和旅游观念的转变，消费者对旅游新形式、新体验、新表达的需求日益强烈，"城市漫步""跟着课本去旅行""盖章式旅游"等个性化旅游受到人们青睐。研究显示，当前旅行消费呈现几个新特点：打卡目的地从"热门主流"转变为"小众独特"，出游动机从"游山玩水"转变为"自在松弛"，旅游计划从"周密详实"转变为"未知惊喜"，出游体验从"到此一游"转变为"深度在地"。这也意味着，只要触发了消费者的兴趣点，一些中小城市也可能变身"网红"。面对文旅消费升级的新趋势，各地要大力推进旅游业供给侧结构性改革，创新消费场景，培育新业态新模式。跳出狭隘的"门票经济"思维，充分挖掘整合本地文旅资源，延伸旅游产业链，推动从景点旅游向全域旅游转变。

考题二，服务要优、管理要好，消费环境能不能让游客舒心、安心？

出门旅行，没抢到票的人发愁，抢到票的人也发愁。旅游涉及吃、住、行、游、购、娱等多个环节，消费者在此过程中或许会遇到各种问题。短时间内的集中消费带来的供求关系变化，使得问题可能更加突出。比如，酒店价格"逢假必涨"，甚至有的酒店恶意毁约；跟团游被诱导购物、强制购物，"不买不让走，买少还挨骂"；餐饮购物价格虚高、缺斤短两，服务质量参差不齐。再比如，有的景区超出接待能力售票，人满为患影响体验；有的景区"套娃式"收费，摆渡车变"宰客车"……这样的现象，一到旅游旺季屡有发生。文旅行业正处在复苏阶段，消费信心经不起折腾，城市形象经不起损耗。面对潮涌而至的假期客流，如何提升接待能力和服务水平，考验着城市管理能力。近期，多地发文规范假日期间旅游市场价格秩序，对此要紧抓落实，进一步强化经营主体责任意识，严厉打击旅游市场乱象和突出问题，保障消费者合法权益。

更大的考题在黄金周之外。假期总会结束，如何将假日经济的效应延续至平日？一方面，要全面落实带薪休假制度，鼓励错峰休假、弹性作息，让消费者以更低成本获得更好体验，也能够帮助熨平旅游淡旺季峰谷，避免大起大落。另一方面，要坚持通过旅游业态、服务方式、消费模式等创新，使旅游实现空间和时间上的多样性，让消费者与旅游目的地不仅"喜相逢"，还能"长相望""再回首"。

(《经济日报》2023-9-23)

（三）旅游动机的影响因素

旅游动机是推动人们进行旅游活动的内在动力，是引发旅游行为的重要因素。旅游动机的影响因素多种多样，下面将探讨一些主要的影响因素。

1. 个人因素

（1）兴趣和好奇心：人们往往出于对未知事物的好奇心和探索欲望，选择外出旅游。他们希望亲自体验不同的文化、风俗和美食，以满足自己的好奇心和兴趣。

（2）休息和放松：旅游是一种休闲活动，许多人选择旅游是为了从繁忙的工作和生活中脱离出来，放松身心。他们寻求一个安静的环境，以减轻压力和疲劳。

（3）学习和成长：旅游也是一种学习经历，人们通过参观博物馆、历史遗迹等，了解不同民族的历史和文化，从而拓宽视野，增长知识。

（4）追求冒险和刺激：某些人喜欢冒险和寻求刺激，他们选择旅游是为了满足这一需求，比如参加极限运动、探险等。

（5）家庭和社交：许多人选择旅游是为了与家人或朋友共度时光。他们希望与亲友一起分享快乐、建立更深厚的感情。

2. 外部因素

（1）旅游产品和服务：旅游产品的质量和价格对人们的旅游动机产生直接影响。比如，旅游景点的吸引力、酒店的舒适度、餐饮的质量等都会影响人们是否选择某个旅游目的地。

（2）旅游宣传和促销活动：旅游业的宣传和促销活动也会激发人们的旅游动机。这些活动包括广告、推广活动、优惠券、特价机票等。

（3）旅游政策和社会环境：政府的旅游政策和社会的经济、文化背景也会影响人们的旅游动机。比如，政府对某个地区的宣传推广活动可能会吸引更多旅游者，社会的经济压力也可能影响人们选择国内游或出国游。

（4）旅游目的地的形象和知名度：旅游目的地的形象和知名度也是影响旅游者旅游动机的因素之一。一个具有良好形象和知名度的旅游目的地往往能吸引更多旅游者。

（5）交通便利性和可达性：旅游目的地的交通便利性和可达性也是影响旅游者旅游动机的因素之一。如果一个旅游目的地交通不便或难以到达，可能会导致旅游者失去兴趣。

综上所述，旅游动机的影响因素是多方面的，包括个人因素和外部因素。理解这些因素有助于更好地了解旅游者的需求和市场状况，从而为旅游业的发展提供更有针对性的建议和服务。

三、旅游动机的理论

（一）帕洛格旅游动机理论

美国心理学家斯坦利·E. 帕洛格（Stanley E. Plog）提出了旅游动机模型，这是旅游学术界使用较多的模型之一。他的理论出发点是旅游者，也就是从人的角度展开研究。具体来说，帕洛格将人格分为截然相反的两端，一端代表着以自我为中心，代表的是保守型的旅游消费者；另一端是多中心型，代表的是具有创新和冒险精神的消费者。两端之间是连续的。他认为，这两类消费者总体来说呈现正态分布，大部分人属于两者之间。帕洛格的旅游动机模型是基于人口统计学的一种分类方法，虽然提供了分类依据和数据，非常直观，但是对于日常生活中的旅游部门、酒店、旅行社等来说，难以运用。旅游管理者可以从这一模型中初步理解消费者的心理模式。

根据帕洛格的理论，对于一个新开发的旅游目的地来说，最初能吸引来的旅游者主要是冒险型的旅游消费者，因为此时选择去该地旅游很大程度上意味着冒险，而这类旅游消费者刻意寻求的恰恰是冒险－探索类旅游活动。随着时间的推移，当该旅游目的地的发展步入成熟期时，所吸引来的旅游者会转为偏向于依赖型的旅游消费者。

帕洛格的理论一经提出，很快便得到旅游学术界和实业界的普遍认可。特别是在 20 世纪 80 年代，帕洛格的这一理论广为人们推崇。进入 20 世纪 90 年代后，帕洛格的研究成果曾遭到一些人的批评，认为这一研究结论只适用于美国，对于很多其他国家来说并不适用。对此，帕洛格予以反驳，认为这些批评者之所以得出这一结论，主要是因为他们在调研中并没有复制帕洛格原本使用的方法。无论如何，一个事实是，帕洛格提出的心理类型理论在旅游研究领域一直有很大的影响力，并且这一影响力可能会持续存在。

（二）最佳觉醒理论

英国心理学家丹尼尔·伯莱因（Daniel Berlyne）提出的最佳觉醒理论（Optimal Arousal Theory），也称为最适刺激理论。在旅游动机的研究中这一理论也很常用。这一动机理论的基本要点包括以下三点。

（1）人生需要有刺激。

（2）所需要的刺激有其最适程度。

（3）如果超出这一最适程度，或者达不到这一最适程度，则会诱发一个人旨在摆脱刺激或寻求刺激的行为。

这一动机理论的基本原理是，一个人在生活中总是会寻求最适程度的刺激。如果一个人因日常的工作和生活过于平淡而感到乏味无聊，便会通过参与某些活动去寻求刺激。反之，如果一个人因日常生活过于忙碌而感到压力大，则会力求摆脱刺激而到一个平静宽松的环境中寻求解脱。外出旅游度假是一个人实现最适程度刺激的理想手段。

国际旅游学术界普遍认为，人们外出旅游动机的产生从根本上讲是出于逃避紧张或摆脱压力的需要。这主要是因为，根据这一理论，造成紧张和身心压力的原因要么是惯常工作和生活中的刺激过度，要么是惯常的工作和生活令人感到乏味。由前一种情况所造成的紧张会驱使人们去寻求在自己惯常生活环境中无法获得的平静与安宁；由后一种情况所造成的紧张则会驱使人们去寻求在自己惯常生活环境中无法获得的兴奋和刺激。由此可知，虽然消遣型旅游动机的产生从总体上讲是出于摆脱紧张的需要，实际上却是出于由此派生出来的两种需要：一种是为了逃避过度紧张或刺激，从而获得解脱和放松的需要；另一种是为了摆脱惯常生活中的乏味无聊，从而寻求猎奇和刺激的需要。

当然，以上都是针对消遣型旅游者的出游动机而言的。至于以商务旅行者为代表的差旅型外出访问活动的行为动机，人们一般认为主要与满足个人追求地位与声望的需要有关。

（三）麦金托什旅游动机理论

美国学者罗伯特·麦金托什将旅游动机分为四类：具体健康的动机、文化动机、交际动机、地位与声望的动机。

（1）生理与健康方面的需求。比如，与日常生活休戚相关的休息、运动、消遣和娱乐及与身体健康相关的各种动机。这类需求更侧重于人的生理和心理实际需求。

（2）社会文化方面的需求。比如，了解和欣赏某地的历史、文学、艺术、考古、民俗、建筑、饮食、宗教、信仰等。这是一种知识方面的需求。

（3）人际交往的需求。比如，暂时摆脱工作的烦琐和压力，出门远足和探访亲友；或者出门结识新的朋友。这是一种人际情感沟通方面的需求。

（4）寻求地位与名誉的需求。比如，会议旅游、会展旅游等，旅游者可以通过这类实践寻找施展才华和能力的空间，获得一定的社会地位和名望。

（四）丹恩旅游动机理论

美国学者丹恩把旅游动机视为"推—拉"机制，形成旅游动机研究中广泛运用的推拉动机理论（Push And Pull Theory）。推力是从旅游者角度出发的，指的是内心的、主观的动力，即旅游者需要什么，想做什么；拉力则指旅游目的地的因素，即社会环境、旅游市场等产生的拉力，它表示能为旅游消费者提供什么。后来，克朗普顿（Crompoton）进一步完善了丹恩的推拉旅游动机理论，提出了七种推动型动机和两种拉动型动机。旅游动机可以分为离开、探索、放松、声望、回归、密友来往和社会交往，推动力又有新奇和教育两种。这一理论的特点在于从旅游的个人需求结构和社会功能做文章，把旅游的需求结构要素体现出来。旅游营销者可以将这一理论用于产品精准设计之中。

（五）美国运通公司的旅游消费者分类理论

1989年，美国运通公司委托盖洛普公司开展调研，着重分析旅游消费者在旅游实践中的倾向性行为，将旅游消费者划分为五类。

1. 冒险型旅游者

这类旅游者的特点是：有很强的独立性和自信心，喜欢尝试新奇的活动，喜欢体验不同的文化。总体上讲，这类旅游消费者的受教育程度比较高，经济条件比其他群体富裕，外出旅游度假在其生活中占有重要地位。这类旅游消费者多为男性，比其他类型的旅游消费者年轻，其中44%的人处于18～34岁这一年龄段。

2. 忧虑型旅游者

这类旅游者的特点是：对到他乡旅游多有顾虑，对自己应对问题的能力缺乏信心，一般惧怕乘飞机旅行。总体来讲，这类旅游消费者的受教育程度比较低，经济条件不如其他各类旅游消费者。在各类旅游消费者群体中，这类人群外出旅游的次数最少，多为国内旅游。这类旅游消费者多为女性，年龄偏大，近半数在50岁以上。

3. 梦想型旅游者

这种类型的旅游者对于外出旅游往往抱有很多浪漫的幻想，非常重视外出旅游度假对其人生的意义。这类旅游消费者在前往某地旅游或度假之前，多会阅读资料、向有经验者请教以了解该目的地的情况。在旅游过程中，这类旅游者大多追求娱乐、放松，而不是参与冒险。这类旅游消费者的家庭收入和受教育程度多居中等水平，消费者多为50岁以上的女性。这类旅游者在陌生之地旅游期间大多凭借地图和旅行指南自行开展活动。

4. 节俭型旅游者

对于这种类型的旅游者来说，外出旅游度假是其休息放松的常规途径，而不是为自己的人生增添阅历。这种类型的旅游者注重追求实惠，即便自己具备足够的支付能力，也认为不值得多花钱去使用那些不必要的特别设施和特别服务。这种类型的旅游者以男性居多。与其他类型的旅游者相比，这类旅游者的年龄稍大，收入水平中等，受教育程度稍低。

5. 放纵型旅游者

这种类型的旅游者一般都比较富有，并且愿意多花钱享用高档的旅游接待设施和特别服务，因此在外出旅游时大多选择豪华饭店。在出游次数方面，这类旅游者仅次于冒险型旅游者。在这类旅游者中，男性和女性所占的比例大致相等。

该项研究的主要意义在于，旅游营销者可借助上述这些分类来判断各类旅游者可能的出游格局及其对出游目的地的选择。

任务三　旅游消费者的购买行为

旅游者选择购买和使用旅游产品的方式是所有旅游市场营销人员共同面对的问题。一个旅游企业要在激烈的市场竞争中取胜并求得发展，就必须生产和销售旅游者喜欢购买的产品，满足旅游者的需求，同时获得相应的利润。旅游企业理解和把握旅游者的消费心理和购买行为，更好地选择产品的种类、价格、销售渠道及促销策略，对实现旅游企业的经营目标有十分重要的意义。

一、旅游消费者的购买行为概述

（一）旅游消费者购买行为的概念

旅游者个体在进行旅游决策和购买、消费、评估、处理旅游产品时的行为表现被称为旅游者购买行为。有学者认为，旅游者购买行为是旅游者个人特点、社会影响因素及环境因素的函数。其中，旅游者个人特点包括个人特性和心理特性。个人特性包括年龄、职业、经济状况、生活方式、自我观念和个性等。心理特性包括动机、感觉、学习过程、信念和态度等。社会及环境影响因素包括参考群体、家庭、社会阶层及文化因素等。

（二）旅游消费者的购买行为的类型

1. 旅游消费者购买行为的确定程度不同

（1）确定型。此类旅游消费者在购买产品前，已经有明确的购买目标和具体要求。针对此类旅游消费者，旅游企业应该在旅游产品的品质、服务与价格等方面保持一定的水准，增加客户的忠诚度。

（2）半确定型。此类旅游消费者对产品有大致的购买意向，但具体的目标和要求不明确，他们需要对同类产品进行比较后才能作出决策。针对此类消费者，旅游企业应该设计推广方案，增加和消费者的沟通方式，增进旅游者对产品的认识和信心，帮助其坚定购买决心。

（3）不确定型。此类旅游消费者对旅游企业来讲多属于新购买者，没有明确的购买目的，缺乏购买经验，购买心理不稳定，往往是随意购买或奉命购买，消费行为不确定。针对不确定型消费者，旅游企业需要研究其潜在需求，主动做好宣传，引导消费者的需求。

2. 旅游消费者参与程度和品牌的差异程度不同

（1）复杂型。当旅游消费者初次购买价格昂贵、购买次数较少、有风险和个性的商品时，属于高度介入购买。他们会通过广泛搜集有关信息，认真研究比较，产生对某一品牌的态度，慎重作出购买决策。针对此类旅游消费者，旅游企业可以制作介绍本产品特色的多种形式的广告来吸引他们的注意。

（2）减少失衡感型。当旅游消费者高度介入某产品的购买，但无法比较各品牌的差异时，对所购产品会产生失衡感。旅游消费者购买一些品牌差异不大的产品时，更关注购买品牌价格、时间、渠道的便利性。针对此类旅游消费者，旅游企业可以通过营销渠道和价格的选择，向旅游消费者提供有利的信息，展示产品特色，帮助消除失衡感。

（3）寻求多样化型。若旅游消费者购买商品品牌之间的差异较大，且可选择的品牌较多，他们通常忠诚度较低，会变换品牌购买。此类旅游消费者往往兴趣易变，兴奋性较强，想象力和联想力丰富，审美感觉也比较灵敏。针对此类旅游消费者，旅游企业可通过一些促销手段或方法，鼓励消费者先试用新产品，通过情感体验产生对产品的偏好。

（4）习惯型。有时一些消费者购买某一产品时，并非偏爱，而是出于习惯，他们靠多次购买和多次使用形成的习惯选定某一品牌。他们用惯了某种产品，对该产品非常熟悉、信任，有着深刻的印象，从而产生了一种特殊的感情。针对这些消费者，旅游企业应注重强调本产品和其他产品之间的差异性，加深旅游消费者对产品的熟悉程度和认可程度。

（三）旅游消费者的购买行为的重要作用

现代市场营销理论有一个导向是消费者导向，它指的是如何满足消费者需求，使消费者满意。因此，现代旅游企业要了解学习旅游消费者购买行为的重要作用。

第一，从旅游从业者角度来看，把握旅游消费者的消费心理和动机是至关重要的。在从事旅游业务实践中，旅游经营者特别是旅游目的地的经营者需要从长计议，组织研究旅游消费者的消费偏好，开展周密严谨的消费者调查。

第二，从旅游目的地品牌建设和营销的角度来看，研究旅游消费者心理和动机可以为当地提供合适的旅游市场信息。在全球化的"互联网＋"时代，旅游市场受到多种因素影响，不可控和不可预见的因素增多。在这种情况下，旅游经营者要把握好旅游主体，特别是旅游消费者的定位、心理和需求，组织专门的人力、物力做专题调研，掌握一手资料，这样才能应对瞬息万变的市场。

第三，从企业经营战略层面来看，可以加强企业的活力。目前，很多旅游企业仍然采用传统的营销方式，但应变能力较差。如果能加强旅游消费者行为研究，则可形成自主研发能力，将自身生产能力、管理能力提升到一个更高的层次，使得企业竞争力增强，在旅游市场竞争中处于优势地位。

第四，从国家旅游发展战略层面来看，可以为旅游政策的研究和制定提供内容基础。基于"互联网＋"和数据挖掘技术的推广，旅游消费者行为数据搜集、分析和研究将更为便捷，这些研究成果可运用到宏观的旅游发展战略，也可以用于旅游政策的制定，为旅游市场的可持续发展提供保障。

从单纯住宿向"住宿＋"升级

课堂思考

作为旅游消费者，你的购买行为与他人有何不同呢？小组讨论结束后，由授课教师随机挑选学生分享。

二、旅游消费者购买行为模型

学术界对旅游消费者行为的研究，是不断深入的过程。迄今为止，西方学者已经构建了不少旅游消费者行为模型。建立旅游消费者行为模型的目的，就是将现实生活中旅游消费者复杂的行为过程加以简化，以便把握旅游消费系统中的关键因素（如消费者的态度、环境因素、购买行为等），以及影响旅游消费者行为的各种因素之间的关系。最有代表性的研究模型有以密德尔敦（Middleton）为代表的"刺激—反应"模型和以美国心理学家吉尔伯特（Gilbert）为代表的"需要—动机—行为"模型。

（一）"刺激—反应"模式

行为主义心理学家认为，人的消费行为是外部刺激的结果。行为是刺激的反应，当行为的结果能满足人们的需要时，行为就倾向于重复；反之，行为则趋向于消退。

最初，行为主义心理学家认为人的内部心理活动是可掌握的，是一个"黑箱"，由此提出人的购买行为的"刺激—反应"模式。后来，心理学家对这一模式进行了修正，把消费个体的因素也吸引到模式中，并对个体决策及影响决策的各种因素进行了研究，形成了现在的"刺激—反应"模式。

图 3-1 概括了企业在营销过程中的各种广告、个人推销和公共关系等影响旅游消费者购买行为的刺激因素。而朋友、家庭等相关群体也以自身对产品和服务的评价来影响旅游消费者的购买决策。旅游消费者通过学习、知觉等，对所接受到的信息进行吸收、加工。经过加工的外部刺激因素与旅游消费者个体的态度等心理因素及人口统计、经济、社会等因素共同影响到旅游需要及动机，并最终促成购买行为的产生。旅游消费者购买后的满意程度直接形成购买消费经验，购买消费经验将影响下一次的购买行为。

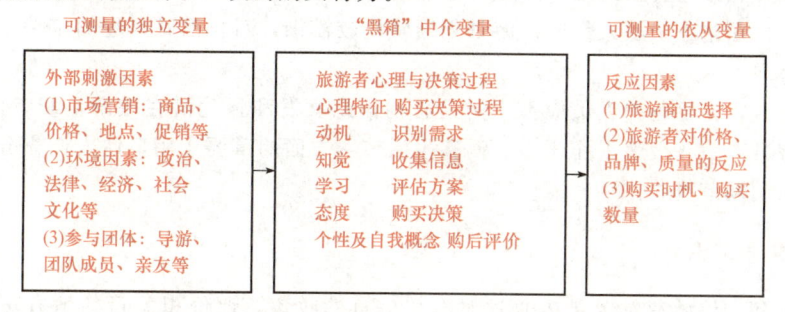

可测量的独立变量	"黑箱"中介变量	可测量的依从变量
外部刺激因素 (1)市场营销：商品、价格、地点、促销等 (2)环境因素：政治、法律、经济、社会文化等 (3)参与团体：导游、团队成员、亲友等	旅游者心理与决策过程 心理特征　购买决策过程 动机　　　识别需求 知觉　　　收集信息 学习　　　评估方案 态度　　　购买决策 个性及自我概念　购后评价	反应因素 (1)旅游商品选择 (2)旅游者对价格、品牌、质量的反应 (3)购买时机、购买数量

图 3-1　旅游消费决策行为的"刺激—反应"模式

（二）"需要—动机—行为"模式

旅游消费者的需要、动机及其购买行为构成了旅游购买活动的循环模式。当旅游消费者产生旅游需要而未得到满足时，就会引起一定程度的心理紧张。当出现满足需要的目标时，需要就会转化为动机，动机促使旅游消费者进行旅游消费行为。当旅游消费者的需要通过旅游活动得到满足时，心理紧张感就会消失。购买及消费又会影响到新的需要的产生，一个新的循环又开始了，如此循环就形成了旅游消费行为的"需要—动机—行为"模式，如图 3-2 所示。

从旅游动机到旅游消费行为的产生，旅游消费者会在这个过程中主动搜集相关信息；同时，接收来自旅游营销者的信息，以便在进行消费决策时使用它们。同时，旅游消费行为的产生还受到营销活动的影响。旅游消费者的心理活动也会影响外界信息的输入与加工，最终影响旅游消费行为。旅游消费行为反过来会对旅游消费者旅游需要的产生和行为决策产生作用，影响着下一次旅游消费行为。

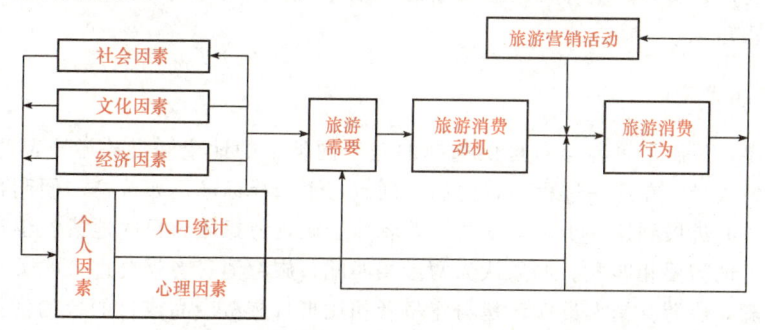

图 3-2　"需要—动机—行为"模式循环

三、旅游消费者的购买过程

一般来讲，旅游消费者对旅游产品的购买过程大同小异。整个购买过程大体上可划分为六个步骤。

（一）意识到需要

消费者在考虑外出旅游之前，首先须唤起自己的潜在动机，即打算外出旅游以缓解身心紧张。即使有了外出旅游的意愿，某些抑制性因素也可能会同时存在，如缺少可用于外出旅游的闲暇时间，或者有其他类型的度假方式可供考虑，等等。这些抑制性因素的存在有可能导致出游计划的拖延。在这一步骤人们的出游计划通常比较模糊，对自己感兴趣的旅游目的地或旅游产品的了解有限。

在这一步骤，旅游营销人员应善于借助有利信息激发和强化潜在旅游消费者的旅游需要。例如，强调旅游产品在缓解工作压力、调整生活节奏方面的重要作用，使人们充分意识到有必要通过旅游活动调节身心。

（二）收集有关信息

在这一步骤，旅游消费者希望通过对有关信息的收集，评价相关目的地有可能提供的利益。可满足旅游者自己需要的旅游目的地很多，因而信息收集工作有可能会涉及若干同类的旅游目的地。

针对这一情况，旅游营销人员应努力掌握旅游目标市场获取旅游产品信息的渠道、信息媒介使用习惯等情况，从而做到旅游宣传信息精准投放，以便旅游目标市场迅速获取有关旅游产品的信息，提高旅游产品可见度，提升旅游产品被选中的概率。

（三）形成态度

旅游消费者对于自己拟购买的旅游产品或拟选择的旅游目的地持何种态度，既取决于收集到的信息，也取决于该项购买属于高风险性的购买还是低风险性的购买。通过咨询他人、核对信息、参考先前的经验，旅游消费者要么强化自己对该项购买的原有态度，要么改变对该项购买的态度。

在此步骤，旅游营销人员要注重与目标市场的持续信息沟通，对旅游消费者的咨询给予耐心、翔实的回复，必要时提供有关旅游产品的详细介绍，改变旅游消费者对旅游产品的态度，降低购买风险感知。

（四）评价和比较

在这一步骤，旅游消费者会对可供选择的若干同类目的地或同类旅游产品进行详细的比较，作出倾向性选择。在这一过程中，他们会确定若干选择标准，如价格、便利程度、他人的推荐意见等。只有进展到这一步骤，旅游消费者才会认真考虑旅游目的地或旅游产品所提供的利益是否与自己的需要相匹配。如果认为两者相匹配，旅游消费者就会进入购买步骤。

在这一步骤，旅游营销人员应清楚与竞争者相比自身旅游产品或目的地的优势所在，并在宣传信息中着重强调，凸显自身旅游产品或目的地不可替代的理由。

（五）实施购买

在这一步骤，旅游消费者会购买所选旅游产品。以购买某包价旅游产品为例，旅游消费者在旅行社办理预订，支付所需缴纳的款项。此后，旅游消费者会根据旅行社的要求，在发团之前的规定期限内对预订进行确认。

旅游营销人员应根据旅游消费者的支付习惯，建立合适的支付渠道，维护好支付渠道的安全性，必要时针对不同支付方式给予适当的优惠激励，促成最终购买行为的发生。

（六）消费后的感受

一般来讲，如果这次旅游或度假的经历令人满意，旅游消费者很可能愿意再次购买该旅游产品。如果旅游消费者不考虑继续购买该旅游产品，一般可能有两种情况。一种情况是，该次旅游或度假的实际体验与消费者的预期不符。另一种情况是，虽然该次旅游或度假的实际体验与消费者的预期基本相符，但消费者认为其他同类产品更具吸引力。不论是哪一种原因，都会使消费者对日后继续购买该旅游产品产生顾虑。对于旅游消费者的这种感受或顾虑，有些研究称为"认知冲突"（Cognitive Dissonance）。

由于事关满意度和忠诚度，旅游营销人员不可忽视旅游购买（或消费）后行为，应做好售后服务，对旅游消费者的抱怨给予积极回应，还要注意收集和分析消费者的意见，以便改进旅游服务质量。

课堂思考

请结合自身实际，采用所学的旅游消费者的购买过程，对某一旅游产品的购买过程进行阐述。

实战演练

一、问答演练

（1）旅游需求的特点有哪些？
（2）简述旅游需求产生的客观条件。
（3）旅游需求的影响因素有哪些？
（4）旅游动机的影响因素有哪些？
（5）简述旅游消费者的购买行为的重要作用。
（6）简述旅游消费者购买行为模型。
（7）简述旅游消费者的购买过程。

二、项目演练

（一）项目演练目的

通过本次实训，了解和掌握旅游消费者购买行为的特点和规律，提高对旅游消费者购买行为的认知和分析能力，为旅游企业的经营活动提供有效的参考。

（二）项目演练背景

近年来，随着经济的发展和收入的提高，旅游消费逐渐成为人们日常消费的重要组成部分。旅游消费者的购买行为也呈现出多样化、个性化的特点。理解和研究旅游消费者的购买行为对于旅游企业的经营和发展具有重要意义。

（三）项目演练内容

1. 旅游消费者购买行为特点研究

通过文献资料和实地调查，了解当前旅游消费者购买行为的特点，如个性化和多元化需求、情感化购买、网络购买等。分析和总结这些特点对旅游企业经营活动的影响。

2. 旅游消费者购买动机研究

通过调查问卷和个别访谈等方式，了解旅游消费者购买动机，如休闲度假、观光游览、文化体验、人际交往等。分析不同购买动机对旅游消费者选择旅游产品和服务的影响。

3. 旅游消费者购买决策过程研究

通过观察和访谈等方法，了解旅游消费者的购买决策过程，包括信息搜集、比较选择、购买决定和评价反馈等阶段。分析各阶段中旅游消费者的行为特征及影响决策的因素。

4. 旅游消费者购买行为影响因素研究

通过实验和调查问卷等方式，研究影响旅游消费者购买行为的因素，如个人因素（收入、年龄、性别、教育程度等）、心理因素（态度、价值观、偏好等）、社会因素（家庭、社会阶层、文化背景等）等。分析这些因素如何相互作用，影响旅游消费者的购买行为。

5. 制定针对旅游消费者购买行为的营销策略

根据上述研究结果，结合旅游企业的实际情况，制定针对旅游消费者购买行为的营销策略，如产品策略、价格策略、渠道策略、促销策略等。评估这些策略的可行性和有效性。

（四）项目演练要求

（1）每组需提交一份研究报告，报告应包括研究目的、研究方法、研究结果和结论等部分。

（2）在研究过程中，需做好观察记录和数据收集工作，确保数据的真实性和可靠性。

（3）报告中应对研究结果进行详细的讨论和分析，并提出有针对性的建议和策略。

（4）研究报告的格式应清晰，逻辑要严谨，易于阅读和理解。

项目三　分析旅游消费者行为

归纳总结

完成本项目的学习后，对项目中任务的完成情况进行自我评价，并对在本项目中所学到的知识进行归纳总结。

项目四　实施旅游市场营销调研

学习目标

▶知识目标

1. 了解市场营销调研的含义及内容。
2. 了解大数据分析的过程。
3. 了解旅游大数据的概念。
4. 熟悉市场营销调研的类型。
5. 熟悉大数据对旅游行业的影响。
6. 熟悉旅游大数据分析的应用场景。
7. 掌握市场营销调研的作用。
8. 掌握市场营销调研的界定。
9. 掌握旅游市场调研的程序。
10. 掌握旅游市场调研的方法。

▶素养目标

培养实施旅游市场营销调研的意识。

▶思维导图

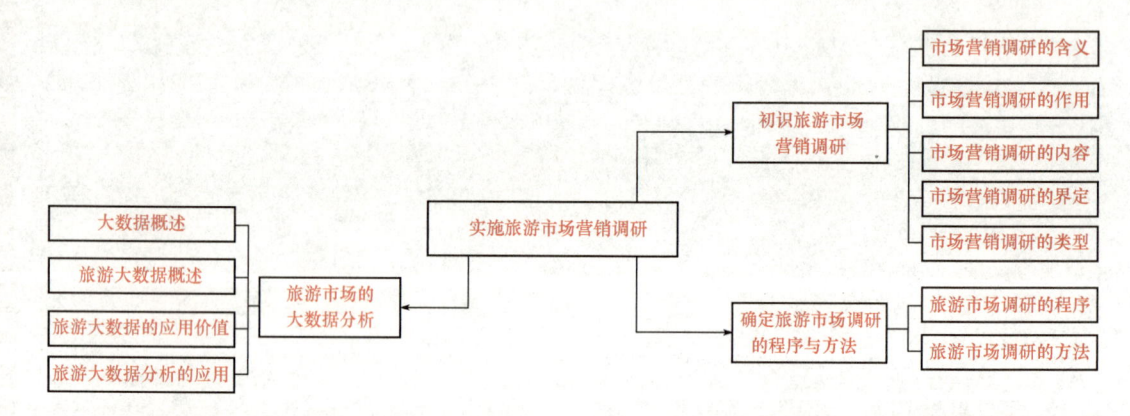

```
                                            ┌─ 市场营销调研的含义
                              ┌─ 初识旅游市场 ─┼─ 市场营销调研的作用
                              │   营销调研     ├─ 市场营销调研的内容
┌─ 大数据概述 ─┐               │                ├─ 市场营销调研的界定
├─ 旅游大数据概述 ─┤ 旅游市场的    │                └─ 市场营销调研的类型
├─ 旅游大数据的应用价值 ─┤─ 大数据分析 ─ 实施旅游市场营销调研 ─┤
└─ 旅游大数据分析的应用 ─┘               │
                              └─ 确定旅游市场调研 ─┬─ 旅游市场调研的程序
                                  的程序与方法     └─ 旅游市场调研的方法
```

案例导入

出境游热度攀升 多国热盼中国游客

2023年8月10日，在俄罗斯的莫斯科，身着传统服装的俄罗斯表演者在谢列梅捷沃亚历山大·普希金国际机场的入境区欢迎中国游客。自2023年8月1日起，中俄重启团队游免签协议。根据该协议，允许5～50人的有组织旅行团免签证旅行长达15天。

根据联合国世界旅游组织的数据，2023年第一季度，全球国际游客到达人数已恢复至2019年以前80%的水平。2023年9月4日，联合国世界旅游组织官员洛雷娜·维拉尔表示，当前全球旅游业正在逐步回暖复苏。

过去三年，全球旅游业遭遇严重冲击。据中国旅游研究院数据显示，2020—2023年全国入境游客人数减少约3.7亿人次，损失国际旅游收入约3 620.6亿美元，折合人民币约2.41万亿元。

中国调整出入境政策助力全球旅游业复苏

2023年以来，为服务国内高质量发展和高水平对外开放，中国持续放宽出入境政策，面向海外开放旅游市场，在促进全球旅游业恢复中迈出重要一步。

自2023年2月以来，中国分批试点恢复中国公民出境团队旅游，截至2023年9月，中国试点出境团队游国家和地区已增至138个，包括美国、英国、韩国、澳大利亚等热门旅游目的地，为民众赴境外旅游观光创造了便利条件。"我们期待再次欢迎中国团赴美旅游。"美国商务部长雷蒙多曾特别表示，"让美国恢复成为中国团队旅游目的地的举措，是美国旅游业的一个重大胜利，也是促进对我们双边关系至关重要的人际交流的重要一步。"

对于海外入境者，自2023年1月起，中国有关部门和中国驻外使领馆便恢复审发多次签证、口岸签证和过境免签政策，并于2023年3月15日起，全面恢复旅游签证、区域性免签及疫情前的多次签证入境功能，允许外国人持APEC商务旅行卡虚拟卡入境，恢复对新加坡、文莱单方面免签政策。2023年8月以来，中国还对符合条件的商务、旅游、探亲等人员，采取阶段性免采指纹措施。此外，2023年以来，中国还同哈萨克斯坦、马达加斯加等多个国家签署了免签协定，各类中外互免签证协定的数量已经达到155个。

外交部发言人汪文斌2023年9月1日透露，各界对上述措施反响积极，中国驻外使领馆签证签发量快速回升，入境外国人的数量稳步增长。下一步，外交部还将持续优化签证政策，积极创造有利条件，为畅通中外人员往来提供更多便利。

中国政策面的放宽带来了中国出境游的全面复苏，中国旅游研究院公布的《2023年上半年出境旅游大数据报告》显示，经测算，2023年上半年出境游目的地共计接待内地（大陆）游客4 037万人次，其中93.95%的游客集中在亚洲。报告预计2023年中国国内旅游人数约为45.5亿人次，实现国内旅游收入约4万亿元，同比增长约95%，恢复至2019年水平的71%。新西兰是中国2023年2月首批20个恢复出境团队游的目的地之一。2023年3月3日，由60余名中国游客组成的旅行团从我国广州飞抵新西兰最大城市奥克兰。奥克兰机场首席执行官卡莉·胡里汉加努伊表示，中国游客重返新西兰的速度超过其他国家。

多国政府为中国游客推出利好政策

伴随中国旅游市场的回暖，多国都热盼中国游客到访，并推出多种利好措施吸引中国游客，为本国旅游业发展注入更多活力。

在泰国，新任总理赛塔·他威信也同样期待外国游客能够帮助泰国在第四季度提振经济，"我们真诚希望旅游业在即将到来的旺季期间成为泰国最快、最大的收入来源。"

中国一直是泰国旅游业的重要客源地。2019 年，泰国全年接待约 4 000 万外国游客，中国游客占三分之一。据泰国国家旅游局统计，2023 年有 530 万至 700 万中国游客赴泰旅游。实行免签政策，将进一步释放中国游客入境泰国旅游的潜能，加速泰国旅游业的复苏。

此外，许多国家还特别面向中国积极增设两国间的往来航班。美国交通部称，自 2023 年 9 月 1 日起，把每周往返美国的中国客运航班数量由 12 班增至 18 班，从 10 月 29 日起增至 24 班。澳大利亚旅游局工作人员也在接受采访时提到澳方正积极与中国国内各大航司合作，以实现中澳之间更好的航空互联，提高航班运力、增加班次，为中国赴澳游客提供更多便捷。

全球旅游市场热盼中国游客到来

中国出入境游的有序恢复，也提振了国际资本市场的信心。

在中国公布第三批恢复出境团队游有关国家和地区名单后，2023 年 8 月 10—14 日，日本、韩国等国家的零售业和旅游股票均有上涨。其中，日本经营的免税店 Laox Holdings 的股价上涨 20%，面向赴日游客的旅行社 Hanatour Japan 的股价上涨 16%，东京股市中与入境游客相关联的企业的股价也出现了涨幅。另外，韩国最大的上市旅游企业哈拿多乐旅行社的股价也累计涨超 7%。俄罗斯《专家》周刊网站上报道，中国放宽对一些大国的团队旅游限制，是全球旅游业的大事，近几个月来持续下跌的奢侈品公司股价也开始飞涨。

与此同时，各国旅游产业链条中的各方也自发为中国游客的到来做准备。许多国家的酒店、机场、景区都在积极招募会讲中文的员工来提升服务质量，许多国家的机场、街道、商店里也都增设了中文指示牌，并支持中国手机应用支付。据报道，在里约热内卢、圣保罗、巴西利亚等巴西城市的许多酒店，还为中国游客专门准备了电热水壶，开通中文电视频道，并向中国游客提供中文报纸。沙特阿拉伯则根据中国游客的需求和兴趣推出量身定制的体验套餐。部分酒店集团还推出了"欢迎中国""家庭亲子出游"的促销活动，在最优惠房价基础上提供最高达 30% 的折扣。

除此之外，马来西亚、巴西、韩国等国还与中国的相关社交平台、文旅企业或政府部门合作，面向中国受众举行当地旅游项目的推广活动。2023 年还是中国和西班牙的"文化旅游年"，以及中国和巴基斯坦的"旅游交流年"，这些都将促进中国游客走向世界，以中国力量推动全球旅游业回暖，持续为世界经济复苏赋能。

（《中国青年报》2023-9-7）

【提出问题】
分析案例中的数据，你认为出境游趋势如何？案例中的数据调研有何价值？

项目四　实施旅游市场营销调研

任务一　初识旅游市场营销调研

习近平总书记指出，调查研究是谋事之基、成事之道。没有调查就没有发言权，更没有决策权。旅游管理部门政策制定，旅游企业问题研究和营销推进工作，必须进行全面深入的调查研究。

一、市场营销调研的含义

市场营销调研是一种系统性的方法，用于收集、分析和解读有关特定市场或消费者群体的数据，以及了解其行为、需求、购买习惯和趋势。它旨在帮助企业制定更明智的营销策略，改进产品或服务，以及制定更有效的销售和推广计划。

市场营销调研首先涉及确定研究目标和问题，然后进行数据收集，如通过问卷调查、访谈、观察或在线调研等方式。收集的数据包括消费者的年龄、性别、地理位置、收入、购买习惯，以及他们对产品或服务的看法和反馈等。

在分析数据时，研究人员可以使用各种统计方法和工具，如描述性统计、推论统计、因素分析、聚类分析等，以揭示数据中的模式和趋势。此外，研究人员还可以利用消费者行为学、心理学等其他学科的知识来理解和解释数据。

市场营销调研的结果可以用于制定更有效的市场策略，如目标市场的确定、产品改进、定价策略调整、促销活动的设计等。另外，它还可以帮助企业了解市场趋势和竞争对手，以便在市场变化中保持领先地位。

二、市场营销调研的作用

在营销过程的每个阶段，营销人员都需要信息——关于客户、竞争者、中间商及其他环境方面的信息，而营销调研是取得这些信息的一个重要途径。进入信息时代后，由于市场环境变幻莫测，企业对信息的需要在数量和质量上都空前增加，营销调研的意义也日渐重要。

（一）营销调研能够为科学、合理的营销决策提供依据

任何企业都像是游离在市场环境中的"细胞"，不断地通过市场上的产品交换汲取生存的"养分"。企业只有尽最大可能使自己的经营活动与市场需求相一致、相吻合，才能获得最大的生存和发展空间。任何企业所面对的市场都不是一成不变的。通过经常性的营销调研活动，探知市场的变化状况，无疑能够使企业的营销活动更符合市场需求、更有针对性，从而取得更好的效果。

（二）营销调研能够增强企业应付市场波动的能力

市场波动是市场经济的一种常态，由众多因素造成。市场波动给企业的正常生产经营活动造成很大的不确定性。企业只有以市场波动及其趋势为依据，根据市场需求，有针对性地组织生产和经营，才能增强企业自身的实力，增强在多变的市场中应付突发性市场波动的能力。

· 83 ·

（三）营销调研能促进企业改善经营管理，获取竞争优势

哪里有市场活动，哪里有商品交换，哪里就有市场竞争规律在发挥作用。企业要凭借合法手段，力压众多竞争对手，在市场竞争中获取竞争优势，首先要有一定的经济实力，这是竞争的基础。同时，参与竞争的企业通过营销调研，做到知己知彼，不仅可以及时了解本企业在竞争中所处的形势，还能够对比自己与竞争对手在经营管理方面的差距。这有助于企业改善经营管理，获取更多的竞争优势。

（四）营销调研有助于企业提高市场预测和营销决策的有效性、准确性

市场预测是企业以市场的过去和现状为基础，对市场未来的不确定事件所作出的推测和预见。营销决策是企业在营销调研和市场预测的基础上，在各种可供选择的方案中根据需要和可能，选择合理方案。由此来看，重要的营销决策以市场预测为前提，市场预测的前提是必须有一个完整的营销信息系统。系统的信息源主要是企业的营销调研活动。因此，营销调研在企业的整个市场预测和经营决策过程中，无疑起到了基础性的作用。

另外，市场范围的扩大、消费者收入的增加和需求选择性的加强、市场营销环境的变化愈来愈快等因素也使营销调研的意义日益明显。

三、市场营销调研的内容

营销调研的内容是十分广泛的，归纳起来主要有以下五个方面。

（一）消费者需求调研

消费者的需求应该是企业一切活动的中心和出发点。调查消费者或用户的需求，就成了市场调查的重点内容，主要包括服务对象的人口总数或用户规模、人口结构或用户类型、购买力水平及购买规律、消费结构及变化趋势、购买动机及购买行为、购买习惯及潜在需求、对产品的改进意见及服务要求等。

（二）生产者调研

生产者调研主要侧重于与本行业有关的社会商品资源及其构成情况，有关企业的生产规模和技术进步情况，产品的质量、数量、品种、规格的发展情况，原料、材料、零备件的供应变化趋势等情况，并且从中推测出对市场需求和企业经营的影响。

（三）销售调研

销售调研主要是调查了解商品销售渠道的过去与现状包括商品的价值运动和实体运动途经的各个环节，以及推销机构和人员的基本情况、销售渠道的利用情况、促销手段的运用及其存在的问题等。

（四）新产品调研

新产品调研主要是为企业开发新产品和开拓新市场搜集有关情报，内容包括社会上的新技术、新工艺、新材料的发展情况；新产品与新包装的发展动态或上市情况；某些产品所处的市场生命周期阶段情况；消费者对本企业新老产品的评价，以及对其改进的意见等。

(五) 竞争调研

竞争调研是为了使企业在市场竞争中处于有利的地位而搜集有关情报，主要内容包括同行业或相近行业的各企业的经济实力、技术和管理方面的进步情况；竞争性产品销售和市场占有情况、竞争者的主要竞争；竞争性产品的品质、性能、用途、包装、价格、交货期限，以及其他附加利益等，还可以对先进入市场的企业一些经济技术指标、人员培训法、重要人才进出情况、新产品的开发计划等情报，加以对比、借鉴或参考。

旅游市场释放出哪些新信号？

思政融合

大兴务实之风

习近平总书记在内蒙古考察时强调："要抓实以学正风，坚持目标导向和问题导向相结合、学查改相贯通，对标党风要求找差距、对表党性要求查根源、对照党纪要求明举措，增强检视整改实效。"实干精神是马克思主义政党先进性的重要体现，中国共产党人既胸怀远大理想，又注重实干。抓实以学正风，首先就要大兴务实之风。

习近平总书记强调："以这次主题教育为契机，将调查研究发扬光大。"抓好调查研究是大兴务实之风的重要内容。实干的前提是把情况摸清、把问题找准。不了解情况的盲干、蛮干，不仅无法干出成绩，还会贻误事业发展。只有扑下身子、沉到一线，深入开展调查研究，才能把对策提实、把工作做实。实践证明，调查研究是转变工作作风、密切联系群众、提高履职本领、强化责任担当的有效途径。

我们党历来高度重视调查研究、善于进行调查研究。新时代，以习近平同志为主要代表的中国共产党人把调查研究与实践探索紧密结合起来，推动党和国家事业取得历史性成就、发生历史性变革。党的二十大报告就是在调查研究基础上形成的纲领性文献。习近平总书记在成都、沈阳、北京主持召开5场党的二十大报告起草和党章修改工作征求意见座谈会，党中央发出《关于对党的二十大报告议题征求意见的通知》，部署54个单位承担重点课题调研任务，围绕26个专题形成80份共计132.7万字的调研报告……党的二十大报告展现出注重调查研究、广泛听取民意的务实品格，充分彰显新时代中国共产党人的务实之风。

大兴务实之风、抓好调查研究，关键在于一个"实"字。调查研究应坚持实事求是，坚持结论产生在调查研究之后，做到有一说一、有二说二，既报喜又报忧，不能带着事先定的调子下去。调查研究的根本目的是实实在在解决问题。衡量调查研究搞得好不好，关键要看调查研究的实效，看调查研究成果的运用，看能不能通过调查研究把问题解决好。要多到困难多、群众意见集中、工作打不开局面的地方和单位调查研究，在运用党的创新理论研究新情况、解决新问题的过程中，推动工作迈上新台阶、作风实现新转变。

干事担事，是干部的职责所在，也是价值所在。大兴务实之风，就要干事担事。习近平总书记指出："我们党百年奋斗的伟大成就都是党团结带领全国各族人民拼出来、干出来的，要把党的二十大描绘的宏伟蓝图变成现实，仍然要靠拼、要靠干。"古往今来，通达美好梦想的坦途只有一条，那就是一往无前去实干；成就壮丽事业的捷径只有一种，那就是久久为功去力行。全面建设社会主义现代化国家，是一项伟大而艰巨的事业，前途光明，任重道远。当前，我国发展进入战略机遇和风险挑战并存、不确定难预料因素增多的时期。面对风险大、挑战多、任务重的局面，更需要大兴务实之风，实事求是、埋头苦干，扎扎实实地推进各项工作。

大兴务实之风，就要在察实情、出实招、求实效上下功夫，把工作抓实、基础打实、步子迈实，在力戒形式主义、官僚主义上取得明显实质性进展。党员干部要鼓足干事创业的精气神，恪尽职守、担当作为，迎难而上、敢于斗争，努力把调查研究成果转化为推进工作、战胜困难的实际成效。各级党组织要着力消除妨碍干部担当作为的各种因素，完善担当作为激励和保护机制，积极营造有利于干事创业的良好环境，敢于为担当者担当、为负责者负责、为干事者撑腰，善于发现、培养、使用敢担当善作为的干部，让愿担当、敢担当、善担当蔚然成风，让党员干部在抓落实上取得新实效。

（《人民日报》2023-8-24）

四、市场营销调研的界定

营销调研是指针对企业或组织所面临的特定营销问题，规定解决这些问题所需的信息，设计收集信息的方法，实施并管理数据收集过程，分析数据并传递和沟通分析结果的系统化的活动过程。营销调研属于一种信息获得的活动，是整体营销信息系统中的一部分。与常规的情报收集工作相比，营销调研活动有着以下显著的区别。

（一）目的和出发点不同

常规的情报收集工作，无论是内部信息收集或者是外部信息收集，都不针对具体的营销问题，不针对特定的营销决策。营销调研的发起通常是由于企业营销管理中出现的特定的决策参考需要，或者是分析某个特定问题的程度、成因等，具有明确的目的性。每次营销调研活动都有着相对独立的目的。例如，可能是为了判别产品包装调整带来的影响；可能是广告代言人更换对形象的改变作用；可能是评估市场中的品牌识别度等。

（二）系统和完整性的差异

常规的情报收集工作没有明确的指向性，在收集信息的过程中具有探索性、偶然性特征。常规的情报收集工作没有明显的起点和终点，而是持续不断地开展。营销调研活动以识别特定的问题为起点，以解决问题的建议和对策为终点，体现的是一次完整的问题解决的过程。整个营销调研过程要根据目标，进行科学的计划，更具有科学研究的特征。

五、市场营销调研的类型

旅游营销调研的研究工作对营销调研的分类有不同的划分方法，其中比较常见的是按照营销问题的性质、调研的目的、资料的来源、资料搜集的方法划分，主要有两种分类方法。

（一）根据调研目的划分

1. 探索性调研

探索性调研属于初步资料的调查，一般适用于情况较复杂，难以确定内容与性质的调研。营销者为了了解问题的性质，确定调研的方向与范围，会展开初步资料的搜集，通过这种调研，可以了解情况，发现问题，从而得到关于调研项目的某些假定或新设想，以供进一步调查研究。比如，某旅游景区销量下降，究竟是服务质量的原因、设施设备的原因还是其他方面的原因，营销者无法确定，难以给出对策，就需要通过探索性调研找到销量下降的根本原因，如果确实是因为服务质量所致，那就需要进一步针对服务质量进行深入调研。

2. 描述性调研

与探索性调研相比，描述性调研的目的更加明确，研究的问题更加具体。这主要包括两个层次的内容，首先是对市场上存在的客观情况如实描述和反映，描述市场的人口统计特征如旅游消费者的年龄、性别、职业、收入水平、教育程度等情况；其次是对目标市场的旅游消费行为进行描述，如什么时间、什么地点、以什么方式进行购买等，从中找出各种因素的内在联系，即回答"是什么"的问题。

3. 因果性调研

因果性调研是探究市场上出现的各种现象或问题之间的因果关系，即某一变量的变化将会给其他的变量带来哪些相应的变化。如某旅游目的地的旅游政策、促销力度、产品质量、产品价格等因素的变化将导致客源市场需求出现何种变化，因果性调研需要找出这些关系中的"原因""结果"，主要因素、次要因素，各因素的影响力度。需要注意的是，在开展因果关系调研时，营销人员要保持客观、理性，因为一种现象的出现（如产品销量增加），有可能不是某一个原因造成的，而是多因素共同作用的结果，每种因素的重要程度，都需要认真分析加以甄别。

（二）根据资料来源划分

1. 二手资料调研

二手资料调研也称为案头调研，是指调研人员针对某一特定的主题，对已有的资料进行搜集、整理的调研活动。二手资料调研主要有如下优点：收集快速，节约时间，使用方便，信息量大，成本较低（与实地调研相比）。

二手资料的获取来源很广，既可以从企业内部的资料中获取，也可以从企业外部的资料中获取。企业内部资料包括营销数据、产品购买频率、市场占有率、文件记录等；企业外部资料包括所有公开发表的可供参考使用的信息资料，如政府部门、研究机构发布的统计报告，行业协会的调查报告，学术研究成果，报刊资料摘录等。

旅游营销人员调研常用的信息源包括：①中华人民共和国文化和旅游部发布的统计数据；②各省、市旅游行政管理部门官网发布的统计数据；③国家统计局，各省、市统计局官网发布的统计数据；④旅游行业的知名报刊如《中国旅游报》《旅游学刊》《旅游科学》《旅游管理》等发布的信息。

由于二手资料多是此前出于其他主题或研究目的搜集、整理、形成的资料，因此针对新的调研主题已有的二手资料必然存在局限性,有必要通过一手资料调研来补充新的信息资料。

2. 一手资料调研

一手资料调研也称为原始调研,是指专门为了某一调研主题搜集、整理、分析资料的调研活动。一手资料调研搜集的资料的可靠性和实效性都很高,但是耗时较长、成本较高。因此,一手资料调研通常是在二手资料调研的基础上,针对现有数据、资料的不足之处,有针对性地实施的调研活动。

> **课堂思考**
>
> 在学习生涯中,你是否参加过调研活动?简要概述你曾经的调研活动,同时,谈谈与市场营销调研的区别。

任务二 确定旅游市场调研的程序与方法

一、旅游市场调研的程序

(一)识别问题,确定调研目的和目标

在营销调研过程中,首要的工作任务便是确定调研项目的目的和调研活动范围,从而就调研项目旨在解决的问题形成比较具体的调研目标。这些目标在形式上往往表现为需要在调研过程中加以测量和检验的某个或某些假设。在调研过程中,调研人员需要对假设进行测试,并将其作为调研工作的基点。

(二)制定调研计划

此时的工作是制定调研项目的工作计划。这一工作涉及的内容主要包括以下五点。
(1)调研项目的时间进度安排。
(2)所需的经费预算。
(3)目前已有二手资料的情况。需要进一步收集的二手资料和一手资料。
(4)收集一手资料时拟采用的调查方法。
(5)调研项目是由旅游组织或企业自己开展,还是委托外部机构代理。

(三)检索信息源

此时的工作是检索可利用的信息源。虽然在调研过程中划作第三步骤,但在实践中这一步骤的工作与第二步骤的工作几乎同时开展。这一步骤的工作任务是检索和评价各种现有的可用信息源,包括企业内部的信息源及外部的信息源。这项工作的开展有助于判断是否有必要进一步收集一手资料。

(四)收集资料

此时的工作是着手收集调研资料。调研人员首先需要决定收集资料的类型。此时的工作实

施起来往往有一定的难度。原因在于：第一，除了收集二手资料，调研人员还需要判断是否有必要收集一手资料；第二，在有必要收集一手资料的情况下，由于经费预算的制约，调研人员还须判断哪类资料的收集对于该项调研最重要。接下来的工作便是考虑采用何种方法收集一手资料。商业性调查公司的做法通常是先做小规模的调查试验，对拟采用的各种调查方法进行测试，然后根据测试结果确定正式实施第一手调研时使用的方法。

（五）分析调研资料

此时的工作是分析调研资料，即根据所选用的分析方法对获得的各项调研资料进行定性分析或定量分析。

为便于后期分析调查资料，调研人员在设计调查问卷时需事先预计这些调查内容需要做哪些方面的分析，否则，很可能给调查资料的分析工作造成麻烦。也正因为如此，对于设计出来的调查问卷，调研人员一般应进行测试。

（六）解释调研结果

此时的工作是解释调研中的发现，并将调研结果整理成文字报告。营销调研的根本目的在于为营销决策工作提供信息，因此，调研报告的撰写形式必须方便决策者使用这些调研结果，就有关问题作出决策。这意味着调研报告要简明扼要，要点突出。做不到这一点，调研报告很可能会被束之高阁。

二、旅游市场调研的方法

（一）文案调研法

旅游市场营销调研工作需要收集两大类资料，即一手资料和二手资料，文案法调研就是通过收集各种二手资料，筛选出与市场调研问题有关的情报，所以也称间接调研法或资料分析法。这种方法的主要优点是快捷、成本较低。二手资料的来源主要有：旅游企业内部积累的各种资料，如旅游报刊及一些内部文件；国家机关公布的国民经济发展计划、统计资料、政策法规等，以及一些内部资料；旅游行业协会和其他旅游组织提供的资料，或旅游研究机构、旅游专业情报机构和咨询机构提供的市场情报和研究结果；旅游企业之间交流的有关资料；国内外公开出版物，如报纸、杂志、书籍上刊登的新闻报道、评论及调查报告。对资料进行处理，整理出对调研问题有价值的信息是非常重要的步骤，一般采用以下方法。

1. 文献筛选法

根据旅游市场营销调研的目的有针对性地查找有关资料，经过分析筛选出与旅游企业市场营销相关的信息。例如，某国外旅游企业要收集近几年我国各地区旅游者出境游的情况，就可以通过中华人民共和国文化和旅游部官方网站进行旅游统计数据的查询，也可以使用《中国旅游统计年鉴》查出不同地区、不同城市旅游者出境旅游情况。文献筛选法具有查找方便、传播广泛的特点，是旅游企业获取信息的最主要来源。

2. 报刊剪辑法

调研人员从各种报刊中分析和收集旅游营销信息，以及时发现市场机会，争取和占领市场。信息社会突出的特点是信息量大、信息更新速度快，因此从日常的新闻报道中很容易发现有价值的信息。

3. 情报联络法

旅游企业在国内外某些地区设立情报联络网，进行商业情报资料收集工作。一般由旅游企业派遣专门的调研人员在主要营销区域设立情报资料收集站，获取有关旅游市场供求趋势、旅游者购买行为、旅游产品价格等方面的信息。

> **案例导入**
>
> ## 互联网信息搜索方法
>
> 1. 网上搜索法
>
> 网上搜索所利用的工具是搜索引擎，网上搜索通常作为收集第二手资料的手段，但是利用搜索引擎强大的搜索功能也可以获得大量第一手资料。利用网上搜索可以收集到市场调研所需要的大部分第二手资料，如大型调查咨询公司的公开性调查报告，大型企业、商业组织、学术团体、著名报刊等发布的调查资料，政府机构发布的调查统计信息等。
>
> 2. 网站跟踪法
>
> 网上每天都在出现大量的市场信息，即使功能最强大的搜索引擎，也不可能将所有信息都检索出来，而且很多有价值的信息并不是随便可以检索得到的，有些网站的信息只对会员才开放，有些搜索引擎的数据库更新比较缓慢，也减弱了信息的时效性。作为市场调研人员的日常资料收集工作，这就需要对一些提供信息的网站进行定期跟踪，对有价值的信息及时收集记录。
>
> 3. 加入邮件列表
>
> 如果觉得每天跟踪访问大量的网站占用时间太多，可以利用一些网站提供的邮件列表服务来收集资料。一些网站为了维持与用户的关系，常常将一些有价值的信息以新闻邮件、电子刊物等形式免费向用户发送，通常只要进行简单的登记便可加入邮件列表，而定期处理收到的邮件列表信息也是一种行之有效的资料收集方法。
>
> 4. 对网站访问者的抽样调查
>
> 利用一些访问者跟踪软件，按照一定的抽样原则对某些访问者进行调查，类似于传统方式中的拦截调查。例如，在某一天或几天中某个时段，在网站主页上设置一个弹出窗口，其中包含调查问卷设计内容，或者在网站主要页面的显著位置放置在线调查表，请求访问者参与调查。也可以对满足一定条件的访问者进行调查，比如来自哪些IP地址，或者一天中的第几位访问者。
>
> 5. 固定样本调查
>
> 同传统调查中的固定样本连续调查法一样，用合理的抽样技术选定固定样本用户。当然，这些用户必须是可以经常上网的用户，对固定样本用户给予必要的培训，说明调查目的，提出一定的要求，由各样本用户按照要求将所要调查的内容记录下来，定期提交给市场调研项目的负责人。

（二）观察调研法

1. 观察法的使用条件

观察法源于自然科学的研究，是有目的地系统记录被研究对象发展变化、行为模式或过程的数据搜集方法。观察法通常不需要与被调查对象进行直接的语言交流，也不需要提问和回答。使用观察法收集数据信息的情境通常满足以下三个条件。

第一，所需要的信息能够被观察或者能够从被观察的行为当中推断出来。诸如，家庭旅游者市场的目的地偏好，可以直接从大量家庭旅游者的实际旅游到访目的地观察出来。

第二，所观察的行为必须有较高的重复发生频率，否则很难被观察到。

第三，所观察的行为必须是在较短时间内发生的。例如，相比目的地偏好来说，旅游者的决策过程、决策过程的影响因素等就难以直接被观察到，因为决策过程可能发生在相当长且分散的时间段落中。

值得强调的是，现在许多大型企业集团，尤其是在线运营商，通过分析其用户的流量数据、消费记录和消费数据得到许多有意义的结果，这实际上也是运用了观察法。

2. 观察法的种类

根据观察者参与程度、借助的工具，以及被观察者是否了解自己被观察等方面的不同，观察法也有不同的类型。

根据实施观察的主体的不同，可以分为人员观察和机器观察。在某些特定的情境下，机器观察比人员观察更加精确，也更加便利。例如，某旅游景区在考虑是否应该设计一条旅游专用道路时，需要观察特定路段的车流情况。这时候，使用交通流量装置比人员观察要更加精确且节约成本。

根据观察的对象与所需要信息之间的关系，观察法可以分为直接观察和间接观察。在直接观察难以实施时，观察其他的方面，间接地获得所需要的信息就是间接观察。例如，当某个特色餐厅希望了解客户对于菜单中的菜肴的满意程度时，他们可能认为点单率并不足以说明问题，反而会去观察餐桌上的"残留率"。这可以使他们避免直接询问客人带来的尴尬，或者得到言不由衷的答案。

观察法还可以被划分成自然观察和经过设计的观察。自然观察是被观察者在不知情的自然状态下被观察，观察者不参与客户的行动过程。例如，酒店为了了解竞争对手服务与自己服务之间的差距，会邀请一些调查者作为"神秘客户"去酒店住宿。经过设计的观察则是让被观察者了解他们是被观察的，但是即便他们被观察，也会表现出正常的行为。例如，某些企业对家庭长期的媒体使用情况进行跟踪，他们需要获得调查者的同意，但是并不影响他们的真实行为表现。

3. 观察法的局限

观察法将被观察者放置于真实情境中，得到的资料信息往往是被访者的真实行为反应，在某些行为研究中比其他方法更加准确而且便捷。但是，观察的数据收集效果高度地依赖于实施观察的人或者设备，并且观察法通常对于人的内心活动、信息处理过程（如动机、认知、态度等）这样的深层次的活动无能为力，对于相互交织在一起的因素之间的关系的解释也无能为力。此外，观察法的实施在某些时候会遇到营销调研的伦理问题，即人们通常所说的"侵犯隐私"。

> **案例导入**
>
> **观察调查法的程序**
>
> 　　第一步，明确调查目的及调查对象，做好调查准备工作。观察调查的准备工作包括制定调查计划，设计记录表格、卡片等工具，调试录音、录像等设备。
>
> 　　第二步，进行正式调查，收集资料。接近或接触调查对象要凭有效证件或证明并征得有关单位和个人同意，开始调查后要尽快收集所需资料，调查结尾工作也要做好，换而言之，自始至终都要注意沟通合作。
>
> 　　第三步，分析整理调查资料，总结报告调查结果。

（三）访问调研法

访问法是指通过询问的方式向被调查者了解市场资料的一种方法。访问既可以在备有正式问卷的情况下进行，也可以在没有问卷的情况下进行。

1. 面谈调研

面谈调研是调研人员直接访问被调研对象，向被调研对象询问有关问题，以获取信息资料。通常，调研人员根据事先拟好的问卷或调研提纲上的问题顺序，依次进行提问；有时，亦可采用自由交谈的方式进行。使用面谈法进行调研，既可以与一个人面谈，也可以与几个人集体面谈，分别称为个人访问和集体访问。

采用这种方法，调研人员能直接与被调研对象见面，听取其意见，观察其反应，因此，这种方法的灵活性较大，没有什么固定的格式，既可以一般地谈，也可以深入详细地谈，所涉及的问题范围可以很广，也可以较窄。同时，使用这种方式得到的问卷或调研表回收率较高且质量易于控制，但缺点是调研成本比较高，调研结果受调研人员业务水平和被调研者回答问题真实与否的影响很大。

2. 邮寄调研

邮寄调研是将事先设计好的问卷或调研表通过邮件的形式寄给被调研对象，由他们填好以后按规定的时间邮寄回来。使用邮寄调研法的最大优点是选择调研范围不受任何的限制，即可以在很广的范围选取样本；被调研者有比较充裕的时间来考虑答复的问题，使问题回答得更为准确；不受调研人员在现场的影响，得到的信息资料较为客观、真实。其缺点是邮件回收率很低，各地区寄回来的比例也不一样，因此，影响调研的代表性。也就是说，调研人员无法判断寄回来信件的人与不寄回来信件的人态度到底有什么区别。如果简单地用邮寄回来信件人的意见代表全体被调研者的意见，就会存在很大风险。

3. 电话调研

电话调研是由调研人员根据抽样的要求及预先拟定的内容，通过电话访问的形式向被调研对象访问而获取信息资料的方法。电话访问法的优点在于：可以短时期内调研较多的对象，成本也比较低，并能以统一的格式进行访问，所得信息资料便于统计处理。其缺点是拒答率高，不适合进行深度访谈，不利于收集全面和完整的资料，无法判断信息的准确性和有效性。

4. 留置调研

留置调研就是由调研人员将事先设计好的问卷或调研表当面交给被调研对象,并说明回答问题的要求,留给被调研对象自行填写,然后,由调研人员在规定的时间收回。这种访问的方式,其优缺点介于面谈法和邮寄访问法之间。其优点是,调研问卷回收率高,被调研者可以当面了解填写问卷的要求,避免由于误解调研内容而产生的误差。同时,还可以采用留置调研法,被调研者的意见可以不受调研人员意见的影响,填写问卷的时间较充裕,便于思考回忆。其主要缺点是调研地域范围有限,调研费用较高,也不利于对调研人员的活动进行有效监督。

> **实证案例**
>
> 当前最常用的问卷调研类型见表 4-1。
>
> **表 4-1 旅游调研中常用的问卷调研类型**
>
> | 类型 | 主要特点 |
> | --- | --- |
> | 入户访谈 | 在被访者家中进行访问 |
> | 街头拦截 | 在景点景区、酒店或特定的被访者集中的区域进行访谈 |
> | 电话访谈 | 通过专门的电话设备(具有抽样、记录功能)对被访者进行访谈 |
> | 邮寄问卷调查 | 将问卷通过邮寄的方式寄送给选定的被访者,附上填写说明,小礼品或回寄的邮资 |
> | 因特网调查 | 通过网络媒介来发放问卷,问卷可以链接在特定的网站、论坛,或者通过电子邮件发送。为了提高填写率,也常常和有奖调查联合使用。许多调研公司或专业的调研机构会采用固定样本调查,即选择一定的样本,与其沟通调研的时机,在较长的一段时间内配合调研活动,参与者通常都能获得一定的报酬。被调查者通常多次参与调查,所进行的调查结果通常可以用作对比(如家庭出游率的调查) |

(四)实验调研法

实验法是指在市场调查中,通过实验对比来取得市场情况第一手资料的调查方法。它是由市场调查人员在给定的条件下,对市场经济活动的某些内容及其变化加以实际验证,以此衡量其影响效果的方法。

实验法是从自然科学中的实验求证理论移植到市场调查中来的,但是对市场上的各种发展因素进行实验,不可能像自然科学中的试验一样准确。这是因为市场上的实验对象要受到多种不可控因素的影响。例如,在实验期间,新的替代产品上市、竞争对手营销策略的改变、消费者的迁移等任何因素的变化,都会不同程度地反映到市场上来,从而影响实验的效果。尽管如此,通过实验法取得的市场情况第一手资料,对预测未来市场的发展还是有很大帮助的。例如,为了提高商品包装的经济效果,可以运用实验法,在选择的特定地区和时间内进行小规模试验性改革,试探性了解市场反应,然后根据实验的初步结果考虑是否需要大规模推广,或者决定推广的规模。这样做有利于提高工作的预见性，减少盲目性。同时，通过实验对比，还可以比较清楚地了解事物发展的因果联系，这是访问法和观察法不易做到的。因此，在条件允许时，采用实验法进行市场调研还是大有益处的。

采用实验法进行市场调研，可以分析、观察某些市场现象的因果关系及其相互影响的程度。另外，通过实验取得的数据比较客观，具有一定的可信度。实践中影响经济现象的因素有很多，由于不可控制的实验因素，在一定程度上影响实验效果。实验法只适用于当前市场现象的影响分析，对历史情况和未来变化则影响较小，这就使得实验法的应用受到一定的局限。尽管如此，在实践中实验调研法的应用范围还是比较广泛的。一般来讲，提高商品品质、改换商品包装、调整商品价格、推出新产品、变动广告形式内容、变动商品陈列等，都可以采用实验法测试其效果。

案例导入

咖啡店老板的实验

日本三叶咖啡店有一次请，30名消费者喝咖啡。他们先后端出4杯浓度完全相同，而咖啡杯颜色不同的咖啡，请这30人试饮。结果是：当用咖啡色杯子喝时，有2/3的人评论"咖啡太浓了"；用青色杯子喝时，所有的人异口同声地说："咖啡太淡了"；当用黄色杯子喝时，大家都说："这次咖啡浓度正合适，好极了"；而最后端上用红色杯子盛的咖啡时，几乎所有人都认为"太浓了"。根据这一调查结果，三叶咖啡店里的杯子，一律改用红色，该店借助于颜色，既可省料、省成本，又能使大多数客户感到满意。

年轻化客群成为文旅市场新动力

任务三 旅游市场的大数据分析

一、大数据概述

（一）大数据内涵

随着"云"时代的来临，大数据也吸引了越来越多人的关注。大数据是指无法在一定时间范围内用常规软件工具进行捕捉、管理和处理的数据集合，它是需要使用新处理模式才能具有更强的决策力、洞察发现力和流程优化能力的，且具有海量、高增长率和多样化特点的信息资产。大数据主要有以下几个特点。

（1）数据体量巨大。大数据的数据体量从TB（太字节）级别跃升到PB（拍字节）级别。

（2）数据类型繁多。大数据的数据类型包括各种网络日志、视频、图片、地理位置信息等。

（3）数据价值密度低。以视频为例，在连续不间断监控过程中，可能其中有用的数据仅为一两秒。

(4) 数据处理速度快。这一点也和传统的数据挖掘技术有着本质的不同。

综上所述，大数据的特征归纳为四个"V"，即体量大（Volume）、类型多（Variety）、价值密度低（Value）、速度快（Velocity）。物联网、云计算、移动互联网、车联网、手机、平板电脑、个人电脑，以及遍布全球各个角落的各种各样的传感器，无一不是数据来源或者数据的承载方式。

大数据技术作为人们做决策的重要依据，在社会治理和企业管理中起到不容忽视的作用。美国、欧盟都已经将大数据的研究和使用列入国家和地区发展的战略。谷歌、微软、亚马逊等国际大企业也把大数据技术视为生命线及企业未来发展的关键筹码。大数据技术的作用体现在：企业通过海量数据分析，总结经验、发现规律、预测趋势，帮助企业找到发展路径，辅助企业决策，提升企业运作效率。

（二）大数据分析过程

数据分析是指用适当的统计分析方法对收集来的大量数据进行分析，对它们加以汇总、理解并消化，以求最大化地开发数据的功能、发挥数据的作用。数据分析的三大作用包括现状分析、原因分析、预测分析。数据分析的过程如下。

1. 理解数据分析的目的，确定分析思路

数据分析要有明确的目的，且数据分析目的要满足具体性、可测量、可实现等要求。数据分析的目的可大致分为四个层次：描述性数据分析、诊断性数据分析、预测性数据分析、指令性数据分析。描述性数据分析简要概括"发生了什么"，通过描述性统计指标反映数据的波动情况和变化趋势，并且通过描述性数据分析可以观察数据中是否出现了异常情况。诊断性数据分析是在描述性数据分析的基础上更深入一步，即"怎么发生的"。诊断性数据分析可发现事件的起因与结果。预测性数据分析是综合描述性数据分析和诊断性数据分析的结果，进一步发现数据的走向，预测接下来可能发生的情况，即"可能发生什么"。指令性数据分析是在前三个层次的基础上提出解决方案的过程，即"应该做什么"。

2. 数据收集

根据数据分析的目的，收集所需的相关数据。数据收集的来源很多，包括数据库、互联网及调研数据等。在数据收集过程中，要保证数据是客观有效的。

3. 数据预处理

数据预处理是指对收集到的数据进行降噪、加工处理，使之成为适用数据分析的数据。在数据预处理过程中，要识别关键数据，识别与数据分析主题相关的数据，去除无效数据（如空值及受其他噪声影响的数据）。

4. 数据分析

根据数据分析的目的，选择相应的数据分析方法，通过对应的数据分析工具对预处理后的数据进行数据分析，提取数据中有价值的信息，得出数据分析结果。

5. 数据可视化

将数据分析的结果通过图形或者表格的形式呈现出来，就可以清楚地展示数据分析结果，也有助于人们可以快速发现其中的问题。

二、旅游大数据概述

(一) 旅游大数据的概念

从广义上讲，旅游大数据是指旅游行业的从业者及消费者所产生的数据，包括景区、酒店、旅行社、导游、旅游者、旅游企业等所产生的数据，以及影响旅游行业的其他领域所产生的数据，如宏观经济数据、交通数据、社会舆论数据等。其中，最为重要也是应用价值最大的则是消费者即旅游者的数据，具体原因如下。

1. 旅游者量基数大

2023年以来，受宏观政策利好、经济发展向好等多重因素影响，春节、清明、"五一"及端午假期，旅游市场韧性十足、持续增长，"期中考试"成绩单亮眼。据文化和旅游部发布的2023年上半年国内旅游数据情况：国内旅游总人次23.84亿，比2022年同期增加9.29亿，同比增长63.9%；国内旅游收入（旅游总花费）2.3万亿元，比2022年增加1.12万亿元，增长95.9%。

2. 旅游者属性信息数据大

每一位旅游者都对应多个属性信息，包括年龄、性别、常住地、职业、兴趣偏好等，如此产生的旅游者属性信息是旅游者人数数据量的很多倍。

3. 旅游者日常行为信息数据大

在日常生活中，每一位旅游者无时无刻不在产生信息，如通过搜索引擎搜索个人需求、通过购物平台上网购物、通过网络软件进行社交，所有的日常行为，时刻被互联网存储和记录。

4. 旅游者旅游行为数据大

一次完整的旅游过程包括吃、住、行、游、购、娱六大要素，旅游者可能通过某旅游平台订购酒店和机票，通过另一平台购买门票，通过某搜索引擎搜索资讯，通过地图进行导航和定位等，而所有旅游行为产生的数据都会被存储和记录。

出境旅游呈现有序复苏的良好态势

(二) 大数据对旅游行业的影响

随着大数据应用的不断深入，旅游大数据得到了旅游业的高度重视。在旅游业中引入大数据，可以更加贴近消费者，深刻理解消费者需求，高效分析信息并作出预判。大数据对旅游业的影响主要有以下几点。

1. 有助于行业精确定位

旅游品牌是旅游服务的前提和保证，基于市场数据分析和调研是进行品牌定位的第一步。在旅游行业中充分挖掘品牌价值，需要构建大数据战略，拓宽旅游行业调研数据的广度和深度。在调研中，应从海量数据中充分了解旅游行业的市场构成、细分市场特征、消费者需求和竞争者状况等众多因素；并在科学、系统的数据收集、管理、分析的基础上，提出更多解决问题的方案和建议，以保证旅游品牌市场定位的独特性。

2. 提高服务质量

利用旅游行业数据库进行大数据分析和建模，并依托行业数据推演，进而可以有效地了解旅游政府部门和景区的公共服务体系的完善度，真正提高旅游公共服务满意度。

例如，通过大数据技术整合分散、海量的旅游信息，筛选出有效信息，以更友好的方式呈现出来，方便旅游者安排行程。

3. 改善经营管理

通过对数据的挖掘和分析，有效指导旅游部门和景区的管理工作，根据旅游者的特征和偏好，提供适合的旅游产品和服务，并利用大数据进行产业运行状况分析，进行有效的监测，对产业实施有效的管理，推动旅游产业的建设。

例如，通过对大量数据的分析和挖掘，酒店可以更加精准地根据旅游者的特征和偏好推荐有吸引力的旅游产品和服务；旅游景区可以更好地进行客流疏导和调控；旅行社也可以更方便地整合信息资源而开发出更有针对性和个性化的旅游产品等。

4. 改变营销策略

旅游企业利用通过各种旅游数据可以了解用户画像数据、掌握旅游者的行为和偏好，真正地做到"投其所好"，并最终实现推广资源效率和效果最大化。

例如，大数据时代中的旅游可以采用离线商务模式，将线下商店的消息快速地推送给互联网用户。

此外，在新媒体营销中还可以利用微博、微信和公众号等方便转发和分享的优势，积累游客的评价，从而实现精准营销。

三、旅游大数据的应用价值

随着互联网、移动互联网、物联网的发展，数据蕴含的价值也在增加。针对数据价值的利用，可以简单地分为以下三个层次。

（1）数据查询。从海量的数据中快速定位到目标信息。

（2）数据统计。从海量的数据中根据不同的维度和颗粒度快速地生成统计信息。

（3）数据挖掘。从海量的数据中发现规律和关联关系来辅助决策。

三个层次层层递进，其实也是对数据利用的不断细化和深入。旅游市场规模的扩大也吸引了大量旅游相关主体参与享受红利，旅游企业之间的竞争日益激烈。传统旅游实体的经营方式，由于过度依赖自身的资源而忽略消费者本身的旅游需求，经营具有盲目性、经验性。在移动互联网时代大背景下，旅游者获得信息的手段和效率远远优于以往，旅游企业、景区之间需要在新战线上提高自身品牌影响力，从而吸引更多游客前来增强游客的购买性、提升游客的旅游体验，这也成为新常态背景下的旅游行业。

四、旅游大数据分析的应用

（一）大数据分析在旅游景区中的应用

首先，可以建立一个旅游景区的数据统计网站，包含景区人数、车辆数量、天气情况及景区承载量等多项数据。景区管理者可以将提前预订旅游者和散客的现场入园数据及时上传到网上，旅游者可以根据人数的统计结合景区的承载量来判断在一段时间内是否适合进入该景区。同时，统计停车位占用情况也可以帮助旅游者选择去景点的方式，是自驾游还是乘坐公共交通。

其次，通过对这些数据进行分析还可以适当地引导旅游者的出行，如将旅游者引导至不太拥挤的景区。通过大数据的分析和预测，不仅可以给旅游者愉快的旅游体验，而且能减缓景区的压力，避免造成一些不必要的旅游纠纷，还可以适当均衡热门和冷门景区。数据的公开透明是大趋势，旅游者和景区都应该充分地利用大数据打造一个适合的旅游方式。

（二）大数据分析在旅行社中的应用

大数据的产生对旅行社的经营来说，机会与威胁并存。机会体现在以下几方面：通过大数据，可以知道旅游者喜欢什么样的产品，进而开发适销对路的产品；通过大数据的分析，旅行社可以了解旅游者主要来自哪些地区，从而有针对性地进行营销和制定旅游者所喜欢的线路；通过大数据的公开透明化，可以优化资源，最大限度地降低旅行社的经营成本，实现利润的最大化。

同时，大数据信息的公开化和透明化也给旅行社的经营带来了一些威胁：一方面，旅行社之间的竞争更加激烈；另一方面，旅游者自己掌握了相关信息之后选择自助游也是一种大趋势，这势必给旅行社的经营造成一定的压力。因此，旅行社只有不断提高自身的服务水平，开发有特色的旅游新产品才能适应环境的变化。

（三）大数据分析在酒店中的应用

1. 大数据有助于酒店进行精确的品牌定位

成功的市场定位，能够使企业的品牌快速成长，而基于大数据的市场分析和调研是企业进行品牌定位的第一步。酒店企业要想在竞争激烈的市场中分得一杯羹，需要架构大数据战略，拓宽酒店行业调研数据的广度和深度，从大数据中了解酒店行业市场构成、细分市场特征、消费者需求和竞争者状况等众多因素，在科学系统地进行数据收集、管理和分析的基础上，找到更好的品牌定位方案，保证企业品牌在市场上的定位独具特色，提高企业品牌市场定位的行业接受度。

2. 大数据成为酒店行业市场营销的利器

由于搜索引擎、社交网络及智能移动设备的广泛使用，互联网上的信息总量正以极快的速度增长。这些信息涵盖行业资讯、产品使用体验、商品浏览记录、商品成交记录、产品价格动态等，通过聚类可以形成酒店行业大数据，其背后隐藏的是酒店行业的市场需求、竞争情报，蕴含巨大的商业价值。

在酒店行业市场营销工作中，一是通过获取数据并加以统计分析充分了解市场信息，掌握竞争者的商情和动态，明确企业产品的市场地位，以达到"知己知彼，百战不殆"的目的；二是积累和挖掘客户数据，有助于企业分析客户的消费行为和价值取向，以便更好地为客户服务和发展忠诚客户。

3. 大数据支撑酒店行业的收益管理

收益管理作为实现收益最大化的一门理论学科，近年来受到酒店行业人士的普遍关注和推广运用。收益管理意在把合适的产品或服务，在合适的时间，以合适的价格，通过合适的销售渠道，出售给合适的客户，最终实现企业收益最大化。要达到收益管理的目标，需求预测、细分市场和敏感度分析是其中三项重要的工作环节，而这三个环节推进的基础就是大数据。

4. 大数据有助于酒店行业需求开发

随着论坛、博客、微博、微信、电商平台、点评网等媒介在计算机端和移动端的发展，公众分享信息变得非常便捷和自由，而公众分享的这些信息中蕴藏了巨大的酒店行业需求开发价值，引起了企业管理者的重视。

（四）大数据分析在旅游交通中的应用

1. 应用大数据解决交通拥堵问题

现在的许多移动设备都能接收 GPS（全球定位系统，Global Positioning System）的信号，能够规划路线，并实时显示路况信息，旅游者可以根据自己的实际情况选择最不拥挤的道路，以尽快到达目的地。

2. 应用大数据处理恶劣天气的道路情况

使用气象信息站和交通高速数据的信息，可以对恶劣天气进行监测，并监测道路受其影响的程度，以及之后修复需要耗费的时间，从而提高处理道路状况的效率，确保旅游者在旅行过程中的生命财产安全和整个旅行计划的顺利完成。

3. 应用数据评估路况

旅游客车的司机和自驾游的司机通过大数据分析路况，评估关键路段行驶的可靠性，从而确定在哪条道路上行驶。

（五）大数据分析在旅游行政部门中的应用

旅游行政部门作为旅游业的管理部门，对游客旅游过程中产生的数据、旅游企业经营活动中产生的数据及各旅游景区管理中产生的数据进行深入的挖掘和分析，为旅游行业制定相关政策，促进行业转型升级。

实战演练

一、问答演练

（1）市场营销调研的作用有哪些？
（2）市场营销调研的内容有哪些？
（3）旅游市场的组成要素有哪些？
（4）简述市场营销调研的界定。
（5）市场营销调研的类型如何划分？
（6）简述旅游市场调研的程序。
（7）旅游市场调研的方法有哪些？
（8）旅游大数据的应用价值是什么？简述其应用场景。

二、项目演练

（一）项目演练目的

通过实训，了解和掌握旅游市场调研的基本方法和技能，掌握问卷调查的设计、实施和分析技能，为旅游企业的经营和发展提供有效的市场调研数据支持和决策参考。

（二）项目演练背景

旅游市场调研是了解旅游市场需求、行业动态和竞争状况的重要手段。通过采用问卷调研的方法，可以有针对性地收集和分析目标市场的数据和信息，为旅游企业的市场定位、产品开发、营销策略等提供科学依据。

（三）项目演练内容

1. 确定调研目的与问题

（1）明确旅游市场调研的目的和意义，如了解旅游者的旅游偏好、消费习惯、满意度等。

（2）确定需要了解的具体问题和指标，如旅游者的年龄、性别、收入、职业等。

2. 设计问卷调研方案

（1）根据调研目的和问题，设计问卷调研方案，包括问卷的题型、内容、结构等。

（2）确定调研样本的数量、范围和抽样方法。

3. 实施问卷调研

（1）制作电子或纸质问卷，进行试调研，以发现潜在的问题和缺陷。

（2）选择合适的渠道和方式进行正式的问卷调查，如通过网络平台、电子邮件、社交媒体等。

4. 数据整理与分析

（1）对收集到的数据进行整理、筛选和编码，确保数据的质量和可用性。

（2）采用统计分析方法对数据进行深入分析，如描述性统计、因子分析、聚类分析等。

5. 撰写调研报告

（1）将调研结果以图表、图像等可视化形式展示，提高结果的直观性和可读性。

（2）撰写详尽的调研报告，包括调研目的、问题、方法与过程、数据分析结果以及结论与建议等。

（四）项目演练要求

（1）每组需提交一份完整的调研报告，内容应包括调研目的、问题、方法与过程、数据分析结果以及结论与建议等部分。

（2）在设计问卷调研方案时，需充分考虑目标市场的特点、需求和实际情况，确保问卷的针对性和有效性。

（3）在实施问卷调研时，需选择合适的渠道和方式进行调研，并确保调研数据的真实性和可靠性。

（4）在数据分析时，需充分挖掘数据中的潜在信息和规律，提出有价值的结论和建议。

（5）报告中应对调研方法、数据分析方法、结果进行详细的解释和分析，保证报告的逻辑性和易理解性。

（6）报告的格式应清晰明了，图表设计合理，易于阅读和理解。

归纳总结

完成本项目的学习后,对项目中任务的完成情况进行自我评价,并对在本项目中所学到的知识进行归纳总结。

项目五　确定旅游目标市场与新媒体营销定位

学习目标

▶ **知识目标**

1. 了解旅游市场细分的概念、意义及原则。
2. 了解旅游目标市场的概念、覆盖模式。
3. 了解旅游市场定位的概念及原则。
4. 了解新媒体营销用户画像的定义及作用。
5. 了解新媒体内容营销的定义。
6. 熟悉旅游市场细分的标准。
7. 熟悉新媒体内容营销的形式及原则。
8. 掌握旅游市场细分的步骤。
9. 掌握旅游目标市场的选择步骤及策略。
10. 掌握旅游市场定位的步骤及策略。
11. 掌握新媒体营销用户画像的构建步骤。
12. 掌握新媒体内容营销的步骤。

▶ **素养目标**

培养确定旅游目标市场及正确进行新媒体营销定位的意识。

项目五　确定旅游目标市场与新媒体营销定位

▶ 思维导图

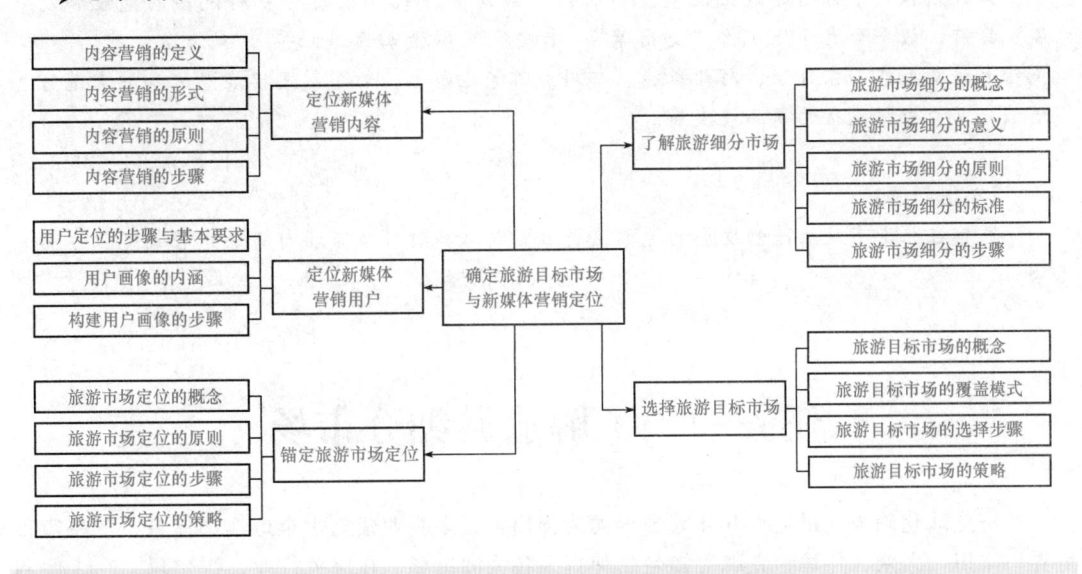

```
内容营销的定义 ┐
内容营销的形式 ├─ 定位新媒体营销内容 ┐
内容营销的原则 │                      │
内容营销的步骤 ┘                      │
                                      │         ┌─ 旅游市场细分的概念
用户定位的步骤与基本要求 ┐            ├── 了解旅游细分市场 ─┼─ 旅游市场细分的意义
用户画像的内涵           ├─ 定位新媒体营销用户 ─ 确定旅游目标市场与新媒体营销定位 ─┼─ 旅游市场细分的原则
构建用户画像的步骤       ┘            │         ├─ 旅游市场细分的标准
                                      │         └─ 旅游市场细分的步骤
旅游市场定位的概念 ┐                  │
旅游市场定位的原则 ├─ 锚定旅游市场定位 │         ┌─ 旅游目标市场的概念
旅游市场定位的步骤 │                  └── 选择旅游目标市场 ─┼─ 旅游目标市场的覆盖模式
旅游市场定位的策略 ┘                            ├─ 旅游目标市场的选择步骤
                                                └─ 旅游目标市场的策略
```

🔗 案例导入

民宿成为乡村旅游新引擎

2023年，中央一号文件提出"实施乡村休闲旅游精品工程，推动乡村民宿提质升级"的要求。这是乡村民宿连续两年被写进中央一号文件，乡村民宿被定位为"乡村新产品新业态"。

伴随旅游市场的回暖，乡村民宿也热起来。2023年2月，某民宿预订平台上的乡村民宿数量已超过50万间（套），乡村民宿的预订量也增长至四成以上。

很多乡村民宿已从单一的住宿向乡村旅游综合体转型。民宿与当地农业、生态、文创、餐饮娱乐等资源融合，已逐步成为乡村经济发展的新引擎。

乡村民宿反哺乡村，带动了当地发展。湖南省张家界市某民宿以15间房子的体量，每年可解决所在村12名村民的就业问题，年收入50万元。

旅游市场持续回暖，游客面临更多出游选择。乡村民宿要想脱颖而出，就必须切实提升质量，打造精品，满足游客对高品质出游体验的需求，助力游客实现从观光到度假体验的转变。

乡村民宿的提质升级应发挥本地优势，融入当地文化，打造特色IP，丰富旅游内容，串起当地景区，实现聚集效应。河南省新密市某度假区以中医康养为主，结合山间瑜伽、山地骑行、国风体验、露营等项目，民宿则以房车、帐篷为特色，突出文化休闲体验。

民宿是一种感受型的旅游产品，为游客提供的不仅是住宿，还拓展了更多消费场景。"民宿＋文创""民宿＋美食""民宿＋滑雪""民宿＋康养"等业态已成为新生力量。

以前北京郊区民宿多是经营半年、休息半年的状态，但现在完全不同，因为有了乡村民宿产业链的融合发展，与滑雪、文创、康养、农场一日游等相结合，有体验感的民宿非常受游客欢迎。

103

某民宿预订平台通过线上流量支持、线下赋能等方式积极参与乡村民宿的建设和发展。目前，该平台有1 200位"美宿家"，这些民宿体验家通过社交媒体分享住宿体验；民宿大讲堂也在山东日照、河北承德、四川成都等地举办，为乡村民宿经营者和管家进行培训，助力乡村民宿的高品质发展。

（人民网，2023-2-22）

【提出问题】

民宿在旅游市场上蓬勃发展的原因是什么？请从旅游目标市场与新媒体营销定位方面分析。

任务一　了解旅游细分市场

经济全球化趋势在最近十几年表现得尤为突出，很多企业建立了全球连锁体系，产品遍布世界。丰田、大众、拜耳、壳牌等知名品牌打入各大洲市场。在服务行业，沃尔玛、7-11便利店也为人们所熟知。最近的互联网5G技术和人工智能的发展也助推了这一进程。面对这一趋势，市场主体的反应是迅速的，例如，喜达屋首席执行官及其团队曾经亲自在上海扎点工作，并观察和研究我国消费人群，认为未来出国旅游的中国人会增加。人们所熟悉的麦当劳和肯德基也是如此，在进入我国市场前也做了大量研究工作，以适应地区市场。在中国加入世界贸易组织（World Trade Organization，WTO）后，旅游市场也逐步加入了这一进程，活力、机遇与挑战并存。面对全球化快速发展的大趋势，如何有效地对偌大的市场进行细分，以便更合理地开展市场营销，是现今各个旅游企业都需要思考的问题。

一、旅游市场细分的概念

市场细分的概念被认为是战略营销的基石，也是现代营销学对企业经营的贡献之一。美国学者温德尔·史密斯（Wendell Smith）在1956年提出，市场细分是营销主体根据消费者的需求特征和消费特征方面的差异，将整体市场划分为若干个具有类似需求特征的消费群体（或子市场）。细分而成的独立的消费群体也就是细分市场。

市场细分这一概念的依据是消费者需求在客观上存在的差异性和同质性的辩证关系。一方面，消费者之间的需求差异是绝对的。由于区域、自然环境、历史文化、社会环境及个人和心理特征的不同，消费者在需求上不会完全一致，他们有着不同的利益追求、不同的偏好、不同的购买习惯，也因此对产品的品种、数量、价格、式样、规格、色彩乃至购买时间和地点的要求都会有所不同。另一方面，群体当中消费者的需求也存在相似性和共性。在同一地理条件、社会环境和文化背景下，拥有类似职业、家庭生命周期等特征的消费人群会形成具有较大共性的人生观、价值观的亚文化群，他们在需求指向、购买模式等方面的一致性也客观存在。当某些群体内部的共性多于个性时，这些消费者被视作更为紧密的消费特征共同体，能够被聚集在一起。总之，消费需求的绝对差异决定了市场细分的必要性，而其相对同质性则使市场细分有了实现的可能性。

在市场细分概念被提出之前，企业习惯从自身营销组合要素的角度（如产品、价格等进行区分）对自己的业务进行划分，这与现代市场营销观念中以消费需求为依据的市场细分有本质的差别。正如美国管理学家彼得·德鲁克所言："一个企业并不是由该企业的名称、地位或公司章程来定义的，而是由客户购买产品或服务所获得的满意程度来定义，'什么是企业'这个问题只能从客户和市场的角度来回答"。

二、旅游市场细分的意义

旅游市场细分是旅游营销的重要组成部分，对于旅游行业具有重要意义。

（一）理解客户需求

市场细分可以帮助企业更好地理解不同类型客户的需求。旅游企业通过将市场划分为不同的细分市场，可以明确各部分市场的特定需求，从而针对性地提供旅游产品和服务。

（二）制定合理的营销策略

在明确各细分市场的需求后，旅游企业可以根据不同市场的特点制定更具针对性的营销策略。例如，针对年轻人的旅游营销策略将更多地强调体验和冒险，而针对老年人的旅游营销策略则将更注重舒适和安全。

（三）提高资源利用效率

通过市场细分，旅游企业可以将有限的资源集中在最能产生效益的细分市场上，从而提高资源利用效率。此外，针对不同市场的具体情况，可以调整资源的投入比例，以实现最大化的收益。

（四）提升行业竞争力

市场细分有助于旅游企业发现并利用市场机会，从而提高自身的竞争力。例如，某些细分市场可能未被充分开发或者竞争对手尚未重视，旅游企业可以针对这些市场提供特色服务或创新产品，以此获得竞争优势。

（五）建立品牌形象

通过专注于特定的细分市场，旅游企业可以更好地建立品牌形象。例如，一些专注于生态旅游的企业可以通过强调其对环境保护的承诺和行动，树立自己在该领域的专业形象。

（六）预测市场变化

通过观察不同细分市场的需求变化和行为模式，旅游企业可以预测市场未来的发展趋势。这有助于企业提前做好准备，应对潜在的挑战和机遇。

（七）优化产品设计

市场细分可以帮助旅游企业更好地了解客户对产品的期望和改进方向。通过收集和分析各细分市场对旅游产品和服务的反馈，企业可以针对性地优化产品设计，从而提高客户满意度。

(八) 降低市场风险

通过市场细分，旅游企业可以更准确地评估不同市场的风险和回报。这有助于企业在选择目标市场时更加谨慎，避免进入不熟悉或高风险的市场，降低市场风险。

(九) 促进合作与联盟

在某些情况下，旅游企业可能需要在特定细分市场上寻求合作与联盟。通过与其他企业或机构建立合作关系，可以共享资源、拓展市场、降低成本，并提高企业在市场中的竞争力。

(十) 推动旅游行业创新与发展

市场细分鼓励旅游企业在产品和服务方面进行创新，以满足不断变化的市场需求。这种创新不仅有助于提高企业的竞争力，还可以推动整个旅游行业的创新与发展。

总之，旅游市场细分是旅游企业提高竞争力、实现可持续发展的关键。通过深入了解市场需求、制定有针对性的营销策略、优化产品设计等手段，旅游企业可以在激烈的市场竞争中取得优势，实现自身的发展目标，并推动整个旅游行业繁荣发展。

案例导入

消费升级呼唤"专家型导游"

近期，陕西西安导游"芥末"讲解"我们为什么要看兵马俑"的视频在网上火了。对于"芥末"来说，"专家型导游"不仅是网友给她的评价，更是她入行以来对自己的期待。

通过多种渠道学习专业知识，每天都在看大量的书籍、纪录片及历史资料，让"芥末"成为导游群体中"颜色不一样的烟火"；懂得换位思考，善于站在游客的角度来答疑解惑，让"芥末"的讲解既具有历史的厚重感，又不失灵动与活泼。借助于互联网，这名"专家型导游"迅速出圈。

在不少人的印象中，导游是一种没有多少含金量的工作；千篇一律的解说、乏善可陈的知识，在陈词滥调里打转的导游，难以满足游客对历史的兴趣和对中华优秀传统文化的热爱，难以满足消费者更高层次的精神文化诉求。

"专家型导游"之所以受到青睐，就在于他们不仅是"传声筒"，而是在解说过程中融入了自身的思考与感悟，对中华优秀传统文化进行了创造性转化、创造性发展。

"兵马俑都是单眼皮吗？""兵马俑是如何制作的？""兵马俑又是如何修复的？"这些既有丰富、深厚的历史知识，又风趣、诙谐的个性化表达，让"专家型导游"成为导游群体中的"香饽饽"。对于游客而言，通过聆听"专家型导游"的讲解能够实现寓教于乐，汲取精神滋养，并在无形中增强文化认同和文化自信。

随着精神文化需求的快速增长，许多游客不再满足于走马观花、一知半解的"到此一游"，这就使能够提供专业的历史文化讲解服务的"专家型导游"供不应求。尤其是对那些自由行游客和亲子家庭来说，他们迫切希望解决自己看不懂、常规导游又讲不透的问题。

"专家型导游"不仅能够为游客提供更高品质、更个性化的解说服务，也可以为自身提供价值实现的通道。看似不起眼的导游工作并非没有成长空间，"专家型导游"不仅通过努力学习和坚持思考丰盈了自身的精神世界，也在市场中得到了更多的回报与激励。

随着旅游业的转型和消费升级，文化旅游、研学旅游等细分市场逐步成熟，愿意为知识买单的消费者越来越多，"沉浸式""体验式"旅游方兴未艾。导游不能停留在线路向导、食宿安排等"辅助型导游"阶段，而是要成为具备专业知识、能给游客提供良好的文化体验和专业服务的"专家型导游"。

在社会分工越来越专业化、精细化的今天，干一行爱一行、钻一行精一行，才能难以被替代。让游客看到许多历史书上、影视剧中看不到的细节的"专家型导游"，既能赢得游客的认同与赞赏，也会促进导游群体的结构优化，有助于营造良好的行业生态。期待导游行业涌现出更多的"专家型导游"。

（《中国旅游报》2023-9-5）

三、旅游市场细分的原则

为使市场细分工作能够真正有效地开展，旅游营销者在对消费者市场进行细分时有必要遵循一定的原则。一般认为所划分出来的旅游细分市场必须具有以下特点。

（一）可识别性

可识别性是指所划分出来的消费者人群必须具有某些清晰可辨的共同特点，更为重要的是，该人群中所有成员对某一旅游产品或服务有相同的利益追求。假定某一人群中的所有成员都对某一旅游产品感兴趣，然而他们的兴趣是出自不同的需要或不同的利益追求，则不宜将其划为同一个细分市场。

（二）可测性

对于所划分出来的任何一个细分市场，旅游营销者都应能够测量和评估其人群规模和购买潜力。否则，细分市场的划分将毫无意义，因为营销者只能猜测人群规模和消费潜力，而无法知道进行何种程度的营销投入才算合理，甚至无法知道是否值得投入。

（三）规模性

规模性通常是指所划分出来的细分市场必须有足够大的规模。衡量规模是否足够大的标准是企业是否值得投入资源针对这一人群开展营销。换而言之，该细分市场必须能够为企业带来足够大或令人满意的投资回报，即所能实现的收益必须超过所投入的费用。观察旅游业的营销实践发现，有些消费者人群规模似乎不大，却能够给经营者带来令人满意的经济回报，因而也被划分出来，成为特定的细分市场。

（四）可影响性

可影响性在我国市场营销研究文献中也称为可及性、可达性或可接触性。市场细分工作的实质在于能够选定和影响某些特定的消费者人群。对于所识别出来的消费者人群，旅游营销者必须能够通过营销传播和销售活动有效地施加影响，否则，面向该细分市场的营销策划工作将变得毫无把握。以国际旅游市场开发为例，虽然某一国家或地区是理想的客源市场，但是如果旅游目的地营销者无力以自己所期望的程度准确地对该国或该地区的旅游消费者施加影响，或者由于某些缘故而无法对其施加影响，那么不宜将该国或该地区划作具有现实意义的细分市场。

（五）持久性

有些消费者人群属于短期或中期市场，也就是说，这些细分市场的存在期不足五年；有些消费者人群则属于短暂流行的时尚市场，如追星族、溜冰迷；还有一些消费者人群的形成是某些不可复发性事件带来的结果，属于昙花一现的市场。尽管少数企业利用这类时尚市场获利不菲，但大部分企业都难如愿。因此，谨慎的营销者应确保自己划分出来的每一个细分市场都具备长期潜力。

（六）内聚性

内聚性是指所划分出来的细分市场在人群特征上必须能够清楚地识别，出于测量的目的，还必须相对独立于其他的细分市场或消费者人群。简而言之，所划分出来的细分市场必须是一个离散的群体，旅游营销者能够针对这一特定群体的需要或利益追求进行产品定位。以空巢者为例，这一群体之所以能够作为一个细分市场，是因为其人群特征能够清楚地识别，而且能够构成一个离散的群体。旅游营销者能够将这一人群从中老年群体中分离出来进行测量，并基于这一人群的需要或利益追求定位有关的产品。

（七）可行性

受某些实际情况的制约，特别是自身资源或营销能力的限制，旅游经营者可能无力面向某些消费者人群开展经营。这意味着所划分出来的细分市场必须具有可行性或现实性，否则，市场细分工作将会流于形式，变得毫无意义。

四、旅游市场细分的标准

旅游市场细分的标准主要是能够引起旅游者需求变化的因素，包括地理因素、心理因素、行为因素、人口因素。每个旅游者的年龄、职业、文化程度、购买习惯等都有差异，这些差异导致旅游者需求不同，任何一个差异因素都可以作为市场细分的依据。从总体上说，旅游市场的细分可以按照以下方式进行。

（一）按地理因素细分

所谓按地理因素细分，就是按照旅游者所在的地理位置细分旅游市场，以便能够从地域的角度来研究各细分旅游市场的特征。处于不同地理位置的旅游者对旅游产品的需求和偏好是不同的。因此，区域、国家、地区、城市、乡村、不同的气候带等，都可以作为地理细分的标准。例如，世界旅游组织（World Tourism Organization，UNWTO）将国际旅游市场划分为六大区域，即欧洲区、美洲区、东亚及太平洋区、南亚区、中东区、非洲区。按国家、地区划分是旅游业最常用的一个细分标准。通常按国界将旅游市场细分为国内旅游市场和国际旅游市场，这也是旅游目的地国家细分旅游市场最常用的形式。将旅游者按国别划分，有利于旅游地或旅游企业了解主要客源国市场情况，从而针对特定客源国市场的需求特性，制定相应的市场营销策略，进而提高市场营销效果。气候的不同也会影响旅游产品的消费，影响旅游者的流向。根据气候带可以把旅游市场细分为热带旅游区、亚热带旅游区、温带旅游区、寒带旅游区等。根据人口密度可以细分为都市、郊区、乡村旅游市场等。

（二）按人口因素细分

年龄、性别、家庭生命周期、职业、教育程度等，成为旅游市场细分中的人口统计变量，其群体特征更容易被识别，相应的年龄群体有相似的心理动机。例如，老年人更倾向于康养旅游，年轻人则偏好文化旅游和具有探索性的旅游项目。

1. 受教育程度

受教育程度是最近受关注较多的变量，随着高等教育的深入发展，越来越多的年轻人获得了一定的学历教育和学位，随之而来的是知识水平的提高和旅游需求的增加，对他们而言，通过旅游扩展视野是不错的选择。

2. 性别、家庭生命周期

性别、家庭生命周期则是传统的变量。男性与女性在旅游产品选择实践上的差别较大，男性更喜欢具有挑战性的，或者具有科技含量的旅游项目；较多的女性旅游者比较重视产品的体验与品质。随着全球化程度的深入，因性别界限产生的旅游选择差异日渐模糊。

3. 职业

职业对旅游者的影响更多地体现在旅游开支和旅游路线的选择上。通常情况下，拥有一定经济实力的中产阶层更喜欢设计旅游开支表，也更倾向于提高旅游品质。最近十几年的经验表明，学生群体和自由职业者也开始自主设计自己的旅游项目，这对旅游市场而言，多了很多可能性。

（三）按心理因素细分

在这种类型的市场细分研究中，最初的研究重点在于寻找消费者的人格特点与产品选择之间的关系，但是在二者之间建立联系很困难。这类研究转向通过心理类型调查或生活方式分析寻找消费者市场细分的主要心理依据。

在开展这类心理类型研究时，调研人员通过提出一组有关信念的陈述，要求参与调查的消费者结合自己的行为、兴趣偏好或个人观点等，对这些陈述表示赞同与否，据以分析其心理类型。这种心理类型分析通常都是结合特定产品进行的，以确定该特定产品的使用者或潜在使用者的心理类型或人格特点。在此基础上，营销者结合这些产品使用者或潜在使用者在人口统计方面的特征，划分出不同的心理类型市场。

一般来讲，这种类型的市场细分方法所涉及的细分标准包括：生活方式、人格类型、态度、兴趣、观念、动机等。价值观与生活方式（Values and Lifestyle Survey，VALS）研究便是尝试运用这种市场细分法的一个典型案例。

（四）按行为因素细分

行为因素细分通常是与消费者购买行为表现相关的一些因素，包括使用程度、追求的利益和消费者对品牌的忠诚度等。行为因素是众多因素细分中，与产品或服务本身的关联最为密切的一种。

使用程度或者使用量是行为因素细分中最基本的要素之一。许多行业，都努力地想要区分出重度使用者、一般使用者和轻度使用者。旅游行业中的航空公司、汽车租赁公司、酒店等都通过调研或自己的客户关系管理系统来区分哪些乘客是最频繁使用飞机的、哪些乘客是最频繁使用汽车作为交通工具的、哪些是酒店和度假村的常客等。重度使用者一般数量并不多，却在整体消费中占据较大份额，往往得到企业更多的关注。

"消费者看重什么样的属性、追求什么样的利益"也是营销者经常要问的问题。这个问题的答案也被用于市场细分。例如，购买旅游纪念品的消费者，有些追求新奇、有些追求保存价值、有些注重携带方便；酒店的消费者有些追求成本经济、有些追求区位便利，有些追求舒适，也有些追求个性体验，这就导致酒店在价格、选址、装潢和主题设计等方面形成了分化。

旅游市场还可以按消费者对品牌的忠诚度来进行细分。所谓的品牌忠诚度是指消费者对某种品牌的偏好和经常使用的程度。市场中的消费者可以分成四种类型：坚定忠诚者——这类消费者始终坚定不移地只购买一种品牌的商品，即使遇到该品牌商品缺货，他们宁肯等待或到别处寻找；不坚定的忠诚者——这类消费者忠诚于两三种品牌，时而互相替代；转移型的忠诚者——这类消费者会从偏好一种品牌产品转换到偏爱另一种品牌的产品；非忠诚者——这类消费者对任何品牌都无忠诚感，他们有什么品牌就买什么品牌，或者想尝试各种品牌。一般来说，酒店、旅行社市场中忠诚者的比例高于景点景区，因为在后者的消费中，寻求多样化的动机更加强烈一些。

五、旅游市场细分的步骤

著名的美国市场营销专家麦卡锡提出了市场细分的七个步骤，很好地总结了细分市场工作的具体步骤。

（一）选定旅游产品的市场范围

选定旅游产品的市场范围也就是确定旅游企业进入什么行业，生产什么产品。比如，一家旅行社想要开拓乡村旅游市场，若从旅游者的角度来考虑，一些城市消费者厌倦了喧闹拥堵的城市环境后，可能会非常向往乡间清净、简单的生活；但是如果从乡村旅游产品本身的特性来考虑，旅行社可能会认为乡村旅游产品单一，利润有限，没有开发的必要。因此，旅游企业在选择市场范围时，一定要以客户的需求为标准，而不是从产品本身的特性为标准。

（二）明确潜在旅游者的基本需求

明确潜在消费者的需求是一个非常重要的因素。旅游企业应该通过调查，充分了解潜在旅游者的基本需求。比如以乡村旅游为例，这些潜在的城市旅游者的基本需求可能包括空气清新、环境舒适、干净卫生、安全便捷，了解了这些基本需求之后，旅游企业再迎合旅游者的这些需求设计和开发旅游产品。

（三）了解不同旅游者的需求

旅游者的需求是多种多样的，不同层次的旅游者群对于同一产品诉诸的需求也是不一样的，也就是说在了解到的这些需求中，不同旅游者强调的重点可能不一样。比如，同样一座民宿，客房的舒适性、卫生程度等条件可能是所有旅游者都会关心的问题，但是对于其他的基本需求，有的旅游者会强调安静，有的会强调出行方便，有的强调经济实惠等。

（四）选取重要的差异需求作为细分标准

在选择市场细分标准的时候，可以选取重要的差异需求作为细分标准，即抽掉消费者的共同需求，而把特殊需求作为市场细分的标准，这样才能够具体深入地了解消费者的需求，直入消费者的内心，满足消费者的需要。

（五）根据所选标准细分市场

根据潜在旅游者在需求上的差异性，将旅游者划分为不同的群体或者子市场，做到具体的市场细分。比如说旅行社按照旅游者的结伴方式将市场划分为亲子群体、朋友群体和单人群体，并根据此标准对他们采取不同的营销策略，这样就能更加直接地定位到旅游者的某种需求上。

（六）分析各个细分市场的旅游者购买行为

企业的目的是盈利，因此，能够带来较大收益的市场细分才是一个最佳的选择，这就要求，进一步细分市场的需求和购买行为，并找到原因。以便在这个基础上决定是否可以合并这些细分市场或者对细分市场做进一步的细分。

（七）评估各个细分市场的规模

在仔细调查的基础上，评估各个细分市场的旅游者数量、购买频率、平均每次购买的数量等，并对细分市场上的旅游产品的竞争状态和发展趋势开展进一步的分析和调查。由于这些因素影响着旅游消费者的购买力，也就间接地影响到了旅游企业的利润。

视频：用心做好市场细分延伸旅游消费场景

任务二　选择旅游目标市场

一、旅游目标市场的概念

旅游目标市场是指旅游目的地和旅游企业依据市场细分的实际情况，选出有针对性的消费者群体，为其提供旅游服务。这一类群体，可以称为旅游目标市场。旅游目的地和旅游企业围绕细分市场展开营销，因此选择合适的目标市场是市场细分的结果。

二、旅游目标市场的覆盖模式

旅游目标市场的覆盖模式是指旅游企业根据自身资源和能力，选择一定数量的细分市场作为其目标市场，并针对这些目标市场制定营销策略和方案，以满足其需求和促进企业发展。以下是一些常见的旅游目标市场覆盖模式。

（一）集中市场模式

在集中市场模式下，旅游企业将所有的资源、能力和注意力集中在某一个或某几个细分市场上，以深度挖掘这些市场的潜力，提高市场份额和销售额。这种模式可以充分发挥企业的资源和能力优势，提高市场占有率和品牌影响力，但也存在市场风险和不确定性。

（二）单一市场模式

在单一市场模式下，旅游企业只选择某一个细分市场作为目标市场，并针对该市场制定营销策略和方案，以满足该市场的需求和促进企业发展。这种模式可以充分了解目标市场的需求和特点，提高产品和服务的质量和针对性，但也存在市场容量和风险的限制。

（三）差异化市场模式

在差异化市场模式下，旅游企业将市场划分为多个不同的细分市场，针对每个细分市场独特的需求和特点，制定相应的营销策略和方案，以满足不同市场的需求和促进企业发展。这种模式可以充分利用企业的资源和能力优势，扩大市场份额和提高销售额，但也存在开发成本和风险的增加。

（四）定制化市场模式

在定制化市场模式下，旅游企业根据每个旅游者的需求和特点，为其量身定制旅游产品和服务，以满足其个性化的需求。这种模式可以提高游客满意度和忠诚度，但也存在开发成本和难度的增加。

（五）混合市场模式

在混合市场模式下，旅游企业选择多个细分市场作为目标市场，针对不同市场制定相应的营销策略和方案，也会根据旅游者的需求和特点为其量身定制旅游产品和服务。这种模式可以兼顾不同市场的需求和企业资源能力的发挥。

综上所述，不同的旅游目标市场覆盖模式各有优缺点，旅游企业应该根据自身实际情况和市场环境选择最合适的目标市场覆盖模式，以促进企业的发展和长远发展。

三、旅游目标市场的选择步骤

选择目标市场就是旅游企业确定到底要进入多少细分市场，以及确定要进入的各个细分市场的重要程度。因此，对旅游企业而言，选择目标市场必须在市场细分的基础上，对各个细分市场进行充分评估，确定各个细分市场的优先等级和先后顺序。对那些值得企业作为市场营销发展方向的细分市场，企业要根据是否有足够的能力、是否有足够的竞争优势来进行选择。旅游企业一般按以下步骤选择目标市场。

（一）评估市场容量

值得旅游企业作为市场营销发展方向的细分市场必须具有足够的市场容量。首先，要对各细分市场的销售量及其发展趋势进行评估，收集各类细分市场历年的销售情况，包括接待旅游者数量、旅游者组成情况、旅游天数等。接下来，根据对各细分市场的统计数据预测未来的需求量及发展趋势，进而确定有潜力的细分市场及潜力小甚至会萎缩的细分市场。旅游企业一般会将有潜力的细分市场作为目标市场。旅游企业不仅要考虑各细分市场的情况，还要对自身的销售情况进行统计分析，了解各类细分市场的销售额及销售额的构成情况，包括接待旅游者的数量和天数、客房利用率、该细分市场接待数占总接待数的比例等，一般把目前业务量最高的细分市场作为短期的目标市场。

（二）评估盈利能力

旅游企业应该选择能给自己带来较大利润的细分市场作为目标市场。能给企业带来较大利润的细分市场一般需求量比较大，比如接待旅游者数量较多、房间的利用天数较多等。但是有些细分市场需求量很大、价格偏低、经营费用高，企业得不到理想的利润。因此，在选择目标市场时，还要考虑各类细分市场能够获得的利润、其平均价格及销售数量，分析各类细分市场所需要的经营费用等，从而确定能获取较大利润的细分市场。

（三）评估季节影响

旅游活动具有很强的季节性，各个细分市场在不同的季节，需求量具有较大差异。绝大多数旅游企业不会一年四季都处于旺季，也不会一年四季都是平季或淡季。当处于旺季时，需求量就会很大，不需要特意地市场宣传和推广工作，旅游企业的接待能力可以得到较充分的利用；相对来说，平季的需求量比旺季要小一些，但也可以达到一定规模；但淡季的需求量就会很小。如冬季出行一般为冰雪游、避寒游。冬季南北气候的差异造成了旅游市场南下避寒、北上赏雪的现象：北方主推冰雪和温泉，其中冰雪运动、冰雪艺术展、冰雪观赏、各式温泉等相关主题产品层出不穷；而南方的避寒游走俏。因此，旅游企业要分析了解各个细分市场的旺季、平季、淡季，把能充分利用旅游企业接待能力的细分市场作为市场营销发展方向。

（四）分析营销能力

某一细分市场的销售潜力巨大，并不一定意味着该细分市场就是企业应当选择的目标市场。旅游营销者还需考虑企业是否有实力开发和提供该细分市场所需要的产品或服务，以及是否有足够的营销能力对该细分市场施加影响。如果这些问题的答案是否定的，那么不论该细分市场的销售潜力多么诱人，营销者都应放弃将其选为企业的目标市场。即使这些问题的答案是肯定的，也不一定意味着能够将该细分市场选为企业的目标市场，因为营销者还需要考虑和分析竞争状况。

（五）分析竞争对手

在某一细分市场的销售潜力可观，并且该细分市场没有被竞争对手垄断、仍有很大竞争空间的情况下，企业应将该细分市场选作自己的目标市场。如果该细分市场在很大程度上已经为竞争对手所垄断，旅游营销者就需要考虑，与竞争对手相比，面向该细分市场经营是否更有利于发挥本企业的优势。如果自己比竞争者更具优势，有足够的实力与之竞争，那么企业可将该细分市场选作自己的目标市场。反之，即使该细分市场的销售潜力很诱人，也不宜将其选为目标市场。

总之，旅游营销者应综合上述因素进行全面分析和权衡，选择最适合企业经营的细分市场作为目标市场。所谓最适合企业经营，意味着企业不仅能够比竞争者更有效地服务于该细分市场，而且能够从中获得令人满意的盈利。

四、旅游目标市场的策略

旅游经营者在选择目标市场时，应该根据不同的市场覆盖模式选择相应的目标市场营销策略予以配合。旅游经营者可以使用的目标市场策略一般有三种：无差异性市场策略、差异性市场策略和集中性市场策略。

（一）无差异性市场策略

所谓无差异市场营销策略，是当企业看到市场中客户需求的共性大于差异性时，倾向于将整个市场视为同质的市场，将整个市场都作为自己的目标。因此，企业设计一种产品，采用统一的价格、品牌和广泛的销售渠道来吸引和服务于尽可能多的消费者。无差异营销战略在制造业中能够寻找到一些典型的例子（如可口可乐），但是在旅游业中并不常见。原因在于旅游市场的需求差异性是比较明显的。最接近无差异营销的是传统的名胜古迹型的旅游景点，它们以同样的面貌迎接着各种不同类型的旅游者。

无差异市场营销策略通过统一的设计、生产、宣传和销售为企业降低了开发和生产费用，节约了市场开拓和促销的经费，从而体现出在成本节约方面的巨大优势。然而，对于市场的同质性的假设，使得企业对市场需求的了解停留在普通的表层，单一的产品也意味着企业不可能很好地满足不同的需要，显得单调而缺乏变化。

在旅游业发展的最初阶段，由于消费者的旅游需求尚处于启蒙阶段、旅游经验不丰富、旅游的个性需求还未充分体现，许多旅行社曾经一度采用无差异营销的办法，大力发展大众化的团队旅游。然而如今，旅行社的产品已经出现了一条多重面貌的线路。这足以说明无差异营销在当下的局限性。

（二）差异性市场策略

差异性目标市场策略，即旅游企业把整个市场划分为若干细分市场，从中选择两个以上细分市场作为自己的目标市场，并有针对性地进行营销组合以适应旅游者不同的需求，凭借产品与市场的差异，获取最大收益。例如，将旅游市场细分为观光、度假、会议等不同的市场，针对旅游者不同的需求，设计各种旅游线路，提供不同的旅游产品。

这种策略的优点在于，能更好地满足各类旅游者的不同需求，市场覆盖面宽；有利于提高旅游产品的竞争力；有利于取得连带优势，树立企业形象；有利于抓住更多的市场机会，增加企业的销售量；同时经营数个细分市场，有利于分散市场风险。这种策略的缺点在于，旅游产品种类多，需要多种销售渠道，广告、推销等费用相应增加，导致经营费用提高；由于经营比较分散，在某一种产品上很难形成规模效益，影响企业的经营效率和优势的集中发挥。

（三）集中性市场策略

集中性市场策略是指旅游企业在市场细分的基础上，将资源集中适用于某个最有潜力且能适应的细分市场，用特定的营销细分来满足某个单一的目标市场，并将旅游企业的人力、物力、财力集中于这一目标市场。这种市场策略可以使旅游企业在较小的市场中占有较大市场份额，一般适用于资源并不多的中小型企业及竞争激烈的市场。

这种市场策略的优点是，有助于旅游企业集中力量在特定市场上占优势，也可以称为是取得"集中兵力打歼灭战"的效果，同时也有利于资源有限的中小型企业形成自己的特色，能在特定市场上与大型企业展开有力的市场竞争。这种市场策略的缺点是一旦旅游市场上的需求发生变化，旅游企业会处于被动局面，在一定程度上具有较高的风险。

> **课堂思考**
>
> 同学们分组为一个具体的旅游目的地或旅游企业制定一份目标市场选择策略。每个小组将策略分享给全班同学,并接受其他小组的提问和评价。

任务三　锚定旅游市场定位

旅游市场细分和旅游目标市场的选择是让旅游企业更准确地招揽旅游者,而旅游市场定位则是让旅游企业在旅游者心目中形成特殊的偏好。旅游企业选择和确定了目标市场之后,就必须在目标市场上为自己的产品确定一个位置,树立鲜明的品牌形象。

一、旅游市场定位的概念

旅游市场定位是指旅游企业根据目标市场上的竞争者和企业自身的情况,通过一定的信息传播途径,从各方面为本企业的旅游产品和服务创造一定的条件,进而树立旅游产品在目标市场及旅游者心目中的形象。旅游企业所提供的旅游产品具有一定的特色,以求在目标客户心目中形成一种特殊偏好,与竞争者的旅游产品有所区别。

二、旅游市场定位的原则

有效的旅游市场定位需要符合以下三大原则。
(1) 真实性原则,定位必须立足于企业或产品特征,不能凭空虚构。
(2) 识别性原则,定位必须区别于其他企业,特别是竞争对手。
(3) 魅力性原则,定位必须符合目标市场所看重的某种或某些利益。

三、旅游市场定位的步骤

旅游市场定位是一个关键的战略过程,帮助旅游企业找到并占领目标市场,提升品牌形象和竞争优势。旅游市场定位的步骤具体如下。

(一) 明确目标市场

首先,旅游企业需要明确目标市场。这包括确定目标市场的地理区域,如国家、城市或特定地区。此外,还需要确定目标市场的消费者群体,如年龄、性别、职业、收入水平和旅游习惯等。

(二) 分析市场需求

确定目标市场后,需要深入了解目标市场需求和消费者行为。这可以通过市场调查(包括问卷调查、深度访谈)和其他研究方法来实现。旅游企业需要了解消费者对旅游产品和服务的需求、购买习惯、偏好的旅游目的地和旅游方式等。

(三)确定竞争优势

了解市场需求后,旅游企业需要确定自身的竞争优势。可以是独特的产品或服务,特色旅游线路、豪华酒店或独特的旅游体验;也可以是企业的能力,如优秀的客户服务、高效的旅游安排或良好的品牌形象。

(四)制定市场定位策略

基于目标市场和竞争优势的分析,旅游企业需要制定市场定位策略,包括开发新的旅游产品或服务,改进现有的产品或服务以满足目标市场需求,或者通过营销传播来提升品牌形象。

(五)实施市场定位策略

在制定市场定位策略后,旅游企业需要积极实施这些策略,包括通过各种渠道,如线上和线下旅行社、广告媒体和口碑传播等,向目标市场推广企业的产品和服务。此外,旅游企业还需要通过客户服务和售后支持提高消费者满意度和忠诚度。

(六)评估和调整市场定位

旅游企业需要评估市场定位策略的有效性,可以通过监控销售数据,收集消费者反馈和市场趋势来实现。如果发现市场定位策略未能达到预期效果,或者目标市场需求发生变化,需要及时调整策略以适应市场变化。

旅游市场定位的基本步骤是一个持续的过程,需要不断地收集和分析市场数据,调整和优化市场定位策略。在快速变化的旅游市场中,只有不断创新和适应变化,旅游企业才能在竞争中保持优势并取得成功。

思政融合

北京大兴:拓展"文旅+"边界,推进文旅深度融合

在北京大兴国际机场打卡网红景点,感受由建筑、文创、美食、传统文化带来的独特魅力;在享有"京南吐鲁番"美誉的采育镇了解红酒文化、泡菜制作知识,体验农家乐、果蔬采摘、亲子露营等多种休闲娱乐方式……近年来,在文旅融合的背景下,北京市大兴区依靠自身丰富的交通、农业、商业、文化和旅游资源,拓展"文旅+"边界,为大众提供丰富的文旅产品和服务,逐渐走出了一条独具特色的文旅发展之路。

在机场感受城市文化底蕴

位于北京市大兴区与河北省廊坊市交界处的北京大兴国际机场,自通航以来,凭借独特的建筑风格、优美的设计曲线、浓厚的文化氛围吸引了众多游客打卡参观。为更好展现大兴机场的"四型机场"建设理念和景观魅力,使广大旅客享受更加安全、有序的观光服务,2020年6月1日,北京大兴国际机场推出发现"兴"世界项目,在航站楼公共区为旅客提供机场免费参观游览服务。

"项目的推出进一步完善了人文机场的服务功能，展现了北京大兴国际机场独特的建筑魅力与浓厚的民族文化底蕴。"北京大兴国际机场发现"兴"世界项目负责人说，项目以市场需求为出发点，邀请游客体验"大机场内的小旅行"，通过不断挖掘区域文旅资源，创新开发研学项目，定制旅游产品，持续为旅客打造丰富优质的活动体验，助力京津冀协同发展。

记者在机场内看到，讲解员引导旅客游览航站楼公共区域内的网红景点，包括"一线一城""蒲公英""蕖葭""花间集——桃花""汉字兴象""国门印象"等公共景观设施。很多旅客会在这些景点拍照留念。该负责人介绍，截至2023年7月，发现"兴"世界项目运营以来，共计接待中小学生、企事业单位人员、旅游团体、出行旅客1.4万余人次，受到广大旅客一致好评。

在挖掘文旅资源、为大众提供丰富文化体验之外，北京大兴国际机场还以沉浸、互动等模式为演出、展览提供新舞台、新空间。2023年5月10日，一场主题为"高山流水"的古琴音乐会在北京大兴国际机场举办，为来往旅客献上了一场视听盛宴。该音乐会在候机楼内演出，让很多旅客感到新奇，惊叹于这里的艺术气氛。

小葡萄，大产业

地处大兴区东南部的采育镇，培植出玫瑰香、夏黑、香妃、金手指等上百个葡萄品种，有"中国葡萄之乡"之称。每年一进入8月，这里便成为北京市民周末的热门打卡地。自2001年起，采育镇每年8月18日举办葡萄节，至2023年7月已成功举办22届，葡萄产业已成为该镇的主导产业与特色产业。每年葡萄文化节持续至10月，在此期间举行的文明旅游宣传、文旅作品集锦、泡菜体验等主题文旅活动，既丰富了北京市民的旅游文化生活，又打造了采育文旅发展、乡村振兴的"金名片"。

北京某葡萄酒有限公司与采育镇万亩葡萄园融为一体，以葡萄种植及葡萄酒酿造文化为核心，将生产加工和旅游度假相结合，逐步将农耕文化、采摘科普融入人们的旅游休闲体验。该公司负责人说："葡萄酒产业对乡村振兴的助力是全方位的。种植酿酒葡萄可以振兴乡村经济、美化农村生态环境。下一步，我们要讲好葡萄酒故事，赋予葡萄酒更有持久力和生命力的深厚价值，为葡萄酒产业融合发展蓄积能量、增加动能。"

现代农业走向休闲旅游观光模式

把农业种植变为生活大课堂，这是大兴区某家庭农场提出的现代农业新概念，即把简单的传统农耕扩展为多元时尚的亲子休闲体验，同时也将农业种植作为文化常识逐渐渗透在日常生活之中。

该农场从事番茄、黄瓜等蔬果生产。在"拒绝污染，倡导有机"的核心理念下，农场实施"生态种植"管理，将传统耕种方式与现代设备设施相结合，利用自然资源高效创新节能环保，避免生产环境污染，保护自然生态环境。

在农场负责人看来，随着居民消费结构升级，农业的市场需求已由"吃得饱"向"吃得好""吃得健康"等方向转变。传统农业需要向现代农业转型，一方面，需要进一步提高农业供给质量；另一方面，需要拉动观光农业、休闲农业、生态农业发展，实现生态、文化教育等功能的开发。

"在倡导有机农业种植的同时，我们设计了3岁至16岁孩子可以尝试的农事体验，把种植过程变为游戏体验，让孩子们对农业常识的了解不只停留在课本上。"该负责人表示，他们还围绕亲子活动，在农场设置了多种农耕栽培实践，以及除草、拉秧、喂鹅、养鸡等活动，让孩子体验农业中的乐趣。

党的二十大报告指出，要"坚持以文塑旅、以旅彰文，推进文化和旅游深度融合发展"。这为文旅行业发展指明了方向。通过文旅融合创新赋能，如今大兴区在产城融合、乡村振兴战略指引下正在走出一条"文旅＋"的现代新市镇发展之路。

（《中国文化报》2023-7-3）

四、旅游市场定位的策略

市场定位的具体策略是多种多样的，总体上可以从消费者、企业自身和竞争者三个视角寻找合适的方法。常用的市场定位策略有以下六种。

（一）根据产品特色进行定位

根据产品特色进行定位是指这些特色恰好可以给目标市场带来独特的客户价值。例如，便捷的地理位置、独特的文化内涵、有特色的装潢设计、新颖的服务方式等。例如，禧玥酒店作为华住酒店集团旗下的高档商务酒店品牌，定位为繁忙差旅中一段度假式的住宿体验；河南省洛阳市栾川县基于自身突出的生态资源优势，定位于"奇境栾川，自然不同"；安徽巢湖经济开发区三瓜公社按照"冬瓜民俗村""西瓜美食村""南瓜电商村"三大主题定位，对民居进行重新定位设计，构建起"线下实地体验、线上平台销售，企业示范引领、农户全面参与，基地种植、景点示范"的产业发展模式，围绕民俗、文化、旅游、餐饮、休闲等多个领域，综合现代农特产品的生产、开发、线上线下交易、物流等环节，探索出一条信息化时代的"互联网＋三农"之路。

（二）根据价格—质量之间的关联进行定位

根据价格—质量之间的关联进行定位主要是从豪华、性价比高、经济实惠等角度挖掘定位。例如，开元酒店集团对于旗下开元名都酒店的定位是"将东方文化与国际标准完美融合的超豪华酒店"。

（三）根据产品的用途或功能差异进行定位

根据产品的用途或功能差异进行定位是指给客户带来的消费预期或核心利益。例如，河南省洛阳市新安县基于给旅游者带来的预期定位于"来得新安，自然心安"。开元酒店集团旗下的曼居酒店定位于"曼，享人生"，致力于为新中产消费者提供高品质的"曼"享旅居体验，让旅游者在入住中发现日常之美，"曼"享生活之趣，在快节奏的工作之余恢复自己的最佳状态，做一个真正的"曼"游者。

（四）根据产品的使用者进行定位

根据产品的使用者进行定位是在定位申明中明确指出具体的目标市场或是与其产品有某种

联系的有影响力的名人，如曲阜——孔子故乡。

（五）根据产品的类别进行定位

根据产品的类别进行定位是在定位申明中明确指出属于何种类型产品。例如，乡村民宿不是强调酒店，而是定位于乡村微度假区；温泉酒店定位于温泉疗养中心。

（六）根据竞争者进行定位

根据竞争者进行定位通常有比附定位、高级俱乐部等操作方法，如定位为"小三峡""北方九寨沟""东方威尼斯"等。

总之，定位方法是多样的，但不管采用什么类型定位方法，市场定位结果必须是成功地创立以客户为基础的独特价值主张，给客户一个令人信服的消费理由。

精准定位乡村旅游，让大山里的美景带来财富

任务四　定位新媒体营销用户

一、用户定位的步骤与基本要求

（一）用户定位的步骤

旅游企业营销人员在进行用户定位时，可以按以下步骤进行操作。

1. 初步确定目标用户

旅游企业在进入新产品或服务的立项阶段时，要初步确定目标用户，可以先罗列产品或服务的特性、适合人群，然后分析用户画像——这款产品或服务主要适用的场合、目标用户、身份标签（如是上班族、学生或是家庭成员）。有了这些判断，企业基本上就确定了目标用户。

2. 分析购买力，进一步区分目标用户

企业要把产品或服务卖给具有消费能力的人，因此企业进行营销的目标用户是既具有对产品或服务的需求，又具有消费能力的用户群体。企业可以借助大数据对用户进行分析，了解用户的消费层次，锁定具有消费能力的人群，选择合适的新媒体平台策划营销活动。在大数据时代，电子支付已经成为用户购买行为的支付常态，这些平台累积的数据能够帮助企业更加精准地定位目标用户群体。

3. 通过大数据捕捉动态信息，精准定位目标用户

通过以上两步，企业已经将用户定位缩小到很小的范围，但不是所有目标用户都会在任意时间进行购买。企业要借助大数据分析用户的消费历史和关注焦点。这个时候，对于社交平台的数据捕捉就显得尤为重要——在某段时间内，用户非常关注某一产品或服务的性能、特点、评价，说明对相关产品或服务存在很强的需求，此时企业就可以确定此用户属于精准的目标用户。

对于用户的特征分析必须是通过大数据得出的，企业不能通过用户的某一次购买行为或搜索行为就判断该用户是某种偏好人群，而应根据用户多次的行为特征、消费占比、大部分人群占比等综合信息等进行判断。

（二）用户定位的基本要求

任何企业都是通过向产业链下游提供产品（服务）获取社会认同及股东收益的，统称这些购买企业产品的行为单元为用户。多数时候，企业无法将自己的产品功能丰富至可以服务于对同类产品有需求的所有用户的境界，无法在整个同业市场中实现价值传递。于是，企业针对自身的能力向特定的用户提供有特定内涵的产品价值，这些特定的用户就是目标客户群体。营销的根本目的就是要向特定的目标客户群体进行产品推广销售，以期实现企业收益。因此，对旅游企业进行用户定位是旅游营销的第一步。

旅游新媒体营销的用户定位主要涉及以下几方面。

1. 了解用户

在开展营销计划前，要先了解用户的基本属性，包括但不限于性别、年龄、职业、收入等，以及他们的旅游偏好、消费习惯。这样才能更好地制定针对这些用户的营销策略，激发他们的购买欲望。

2. 用户行为分析

用户行为是定位的关键，要研究用户在旅游决策过程中的行为和心理，比如怎样搜索旅游信息，如何作出购买决策，以及在旅游过程中怎样才能产生消费行为等。

3. 构建用户画像

通过了解和分析每个用户的特性和行为，可以构建一个用户画像，这个画像能够展示具有相同特征的一群目标用户的共同数据信息。运营人员可以通过这种画像的方式为这些具有共同特征的用户贴上一个标签，实现数据的分类统计。

4. 确定目标市场

根据用户属性和行为分析的结果，确定旅游产品的目标市场，找到符合企业产品和品牌定位的用户群体。

5. 制定营销策略

根据目标市场的特性和用户行为，制定具体的营销策略，包括产品定位、价格策略、推广渠道、客户服务等。

6. 持续优化

需要持续收集和分析市场数据和用户反馈，调整和优化营销策略，以适应市场变化和用户需求的变化。

通过以上这些步骤，可以更好地对旅游新媒体营销的用户进行定位，从而更有效地推广旅游产品和服务。

二、用户画像的内涵

（一）用户画像的定义

用户画像可以简单理解为海量数据的标签。根据用户的目标、行为和观点的差异，企业可将用户分为不同的类型，然后在每种类型中抽取典型特征，赋予名字、照片、一些人口统计学要素、场景等描述，从而形成一个人物原型，即用户画像。

用户画像是根据用户特征、业务场景和用户行为等信息，构建的一个标签化的用户模型。

简而言之，用户画像就是将典型用户信息标签化。用户画像主要有人口属性、心理现象、行为特征、兴趣偏好、社交属性五个维度。

1. **人口属性**

人口属性是用户定位的基础信息，是构成用户画像的基本框架。人口属性包括人的自然属性和社会属性：性别、年龄、身高、体重、职业、地域、受教育程度、婚姻、血型等。自然属性具有先天性，一经形成大多会一直保持稳定不变的状态，如性别、血型；社会属性则是后天形成的，通常处于相对稳定的状态，如职业、婚姻等。

2. **心理现象**

心理现象包括心理和个性两大类别。企业研究用户的心理现象，特别是需求、动机、价值观等方面，可以了解用户购买产品或服务的深层动机，了解用户对产品的功能或服务的需求，清楚地知道目标用户带有哪些价值观标签。

3. **行为特征**

用户的行为特征主要是指用户在新媒体平台上的一系列行为，如搜索、浏览、注册、评论、点赞、收藏、购买等。在不同的时间、不同的场景中，这些行为不断发生变化，它们都属于动态的信息。企业通过捕捉用户的行为数据（浏览次数、是否进行互动），可以总结用户的行为特征，给用户归类。

4. **兴趣偏好**

用户的兴趣偏好指其对浏览或收藏内容的偏好。例如，浏览的视频、文章的类型，观看的影视剧的类型，喜欢的音乐类型及歌手，旅游的偏好等。

5. **社交属性**

社交属性主要是指发生在虚拟的社交软件平台（微博、微信、论坛、社群等）上的一系列用户行为，包括基本的访问行为（搜索、注册、登录等）、社交行为（邀请、添加、"取关"好友，加入群，新建群等）、信息发布行为（添加信息、发布信息、删除信息、留言、分享信息等）。

（二）用户画像的作用

旅游新媒体营销中，用户画像的作用主要体现在以下几方面。

1. **了解用户需求**

通过用户画像，旅游企业可以了解目标用户的需求和偏好，从而有针对性地设计和推出旅游产品或服务，满足他们的需求。例如，如果目标用户是年轻人，他们可能更喜欢冒险和刺激的旅游体验，如攀岩、冲浪等，因此，可以根据这些需求设计相应的旅游产品和活动。

2. **提高营销效果**

通过用户画像，旅游企业可以精准地推送相关的旅游信息和促销活动，提高营销效果。例如，如果目标用户是喜欢文化旅游的群体，可以向他们推送与当地文化相关的旅游信息和活动，以吸引他们的兴趣和参与。

3. **提高用户体验**

通过用户画像，旅游企业可以了解目标用户的行为和习惯，从而提供更好的用户体验。例如，如果目标用户是经常旅游的群体，他们可能更希望快速预订和支付旅游产品，因此可以提供更加便捷的预订和支付流程。

4. 优化客户服务

通过用户画像，旅游企业可以了解目标用户的需求和问题，从而优化客户服务。例如，如果目标用户对旅游目的地的交通和餐饮有较高的要求，可以提供相关的信息和资源，以满足他们的需求。

5. 预测市场趋势

通过用户画像，旅游企业可以了解目标用户的需求变化和市场趋势，从而预测未来的市场变化和发展方向。例如，如果目标用户逐渐转向在线旅游预订，可以针对性地调整和优化旅游产品和服务的在线预订流程。

总之，在旅游新媒体营销中，旅游企业通过用户画像可以更好地了解目标用户的需求和特点，从而提高营销效果和用户体验，促进旅游产品和服务的发展和优化。

案例导入

游客的六种旅行特征

基于态度、预订偏好、年龄和收入，人们在社交媒体上呈现出六种旅行特征。

第一类：寻求价值的游客认为"我们想充分利用我们的假期"。他们通常带孩子旅行，收入中等，大多处于25~34岁年龄段。他们特别重视旅游网站的价值，希望以此来帮助他们找到旅游产品，如保姆服务和儿童俱乐部，并且倾向于在智能手机上进行研究。海滩假期是该组人群的最爱。

第二类："我们要享受并愿意消费"的人就是豪华旅行者。这些人是高薪人士，与伴侣一起旅行，预算充裕，在25~49岁年龄段人群中最为普遍。他们喜欢炎热而阳光明媚的目的地，城市和海滩则是他们旅行的首选。他们在预订前浏览了旅游网站的评价，90%的人说，做出最终的住宿预订决定时，评论网站上的评分很重要。

第三类：社交型旅行者是那些"我们要与他人分享并参与其中"的人。他们不独自旅行，更喜欢与朋友和家人共度时光，拥有中等到高等收入，处于25~49岁年龄段。他们还喜欢保姆服务和儿童俱乐部，因为他们经常带孩子旅行。他们深受口碑和其他旅行者推荐的影响，并且倾向于海滩度假。他们相信旅游网站可以帮助他们发现隐藏的宝藏。

第四类：独立型旅行者是那些"我想要我的方式"的人。他们喜欢独闯天涯，并独立做出旅行选择。他们想要冒险，并使用在线研究来寻找产品。文化对他们很重要，气候并不重要。他们大多是低收入或高收入者，处于25~49岁年龄段。他们最有可能在社交媒体上分享旅游网站的评论。

第五类：研究型旅行者是那些"我们希望它完美"的旅行者。他们花费大量时间来研究目的地、活动、餐厅和住宿，通常是在笔记本电脑上。他们花了一些额外的钱去买一些特别的东西。他们通常是处于25~49岁年龄段的高收入者，与伴侣一起旅行。研究型游客相信，在选择旅程的每个阶段，旅游网站都能提供确切的信息。

第六类：经常旅行的人是那些"我们希望它简单而轻松"的旅行者。他们倾向于反复去相同的地方，因此他们不需要花费很多时间进行计划或研究。旅行不仅仅是放松，还在于活动。他们大多为男性，通常会自己决定旅行，处于35~64岁年龄段，属于低收入者。

三、构建用户画像的步骤

用户画像中的标签通常是人为规定的高度精练的特征标识,如年龄段标签、地域标签等。标签呈现出两个重要特征:一是语义化,这使得用户画像模型具备实际意义,而且人也能很方便地理解每个标签含义。二是短文本,用户画像要求每个标签通常只表示一种含义,标签本身无须再做过多文本分析等预处理工作,这为利用机器提取标准化信息提供了便利。人制定标签规则,并能够通过标签快速读出其中的信息,机器方便做标签提取、聚合分析。用户标签向人们展示了一种朴素、简捷的方法用于描述用户信息。

构建用户画像是一项重要的市场研究工作,可以帮助企业深入了解目标用户群体的需求、偏好和行为,从而更好地开展市场推广和产品策划工作。

为了使整个用户画像的工作有秩序、有节奏地进行,可以将用户画像分为以下几个步骤。

(一)定义研究目标

首先需要明确研究的目标和焦点。例如,是想了解用户对产品的满意度还是探索用户的购买决策过程?明确目标有助于有针对性地进行研究。

(二)收集初步信息

通过收集现有的市场研究报告、行业数据、用户反馈等,获取一些初步的用户信息。这些信息可以是关于用户的基本信息(如年龄、性别、地域)、兴趣爱好、购买行为等。

(三)进行定性研究

定性研究通常包括深度访谈、焦点小组讨论等方法。通过与目标用户面对面的交流,可以深入了解他们的需求、偏好、态度和行为,获取更为丰富和详细的信息。

(四)进行定量研究

定量研究可以通过问卷调查、统计分析等方法,对大样本量的用户进行普遍调查,以获取具有代表性的数据。这些数据可以用于验证和支持定性研究的结论,并进行更为具体的数据分析。

(五)数据分析与整理

对采集到的研究数据进行整理和分析,将各项指标进行统计和对比,挖掘用户群体的共性和特点。常用的分析方法包括聚类分析、因素分析、关联分析等。

(六)刻画用户画像

基于数据分析的结果,综合考虑用户的人口统计学特征、心理特征、行为特征等方面,对目标用户进行综合刻画。这样可以使用人物头像、用户故事等形式,将用户画像形象化。

(七)验证和修正

将刻画出的用户画像与实际情况进行验证和比对,以确保准确性。若有必要,可以通过再次收集数据或修改研究方法进行修正和完善。

(八)应用用户画像

根据用户画像的结果,对企业的市场推广、产品设计和服务提升等方面进行调整和优化。例如,根据用户的需求和偏好,调整产品定位、改进营销策略等。

需要注意的是,构建用户画像是一个持续的过程,随着市场环境和用户需求的变化,用户画像也需要及时更新和调整。因此,企业应建立完善的市场研究机制,不断关注并理解目标用户,以保持竞争优势。

任务五 定位新媒体营销内容

一、内容营销的定义

旅游新媒体内容营销是指利用新兴的媒体技术和平台,如社交媒体、微博、微信、短视频、直播等,创造和传播有关旅游产品的信息、活动及服务,以满足不同类型和层次的旅游者需求,提高旅游产品的知名度和市场影响力。

通过有效利用这些新媒体渠道,可以将旅游信息和产品直接传递给潜在游客,与用户进行双向沟通,并且可以根据用户的需求和反馈及时调整和优化。这种营销方式的核心在于创造和传播有吸引力的旅游内容。

在实践中,旅游内容营销可以通过各种方式实现,如创造高质量的旅游博客、发布有趣的旅游短视频、推广旅游活动等,以提高旅游目的地的知名度,吸引更多的游客。同时,通过与旅游企业合作,可以将这些新媒体渠道与传统的营销方式相结合,形成一种新的营销模式和盈利模式。

文化和旅游部开展"美好乡村等你来"乡村旅游数字提升行动

二、内容营销的形式

旅游新媒体内容营销的表现形式具有多样性,以下是一些主要的类型:

(一)旅游攻略和旅游指南

这是最常见的旅游新媒体内容营销形式之一。它包括对旅游目的地、旅游产品、酒店、餐厅等的详细介绍、比较和推荐,以及旅游者的真实体验分享。这些内容可以帮助潜在旅游者更好地了解和规划他们的旅行。

(二)旅游评论和评价

旅游评论和评价是影响潜在旅游者购买决策的重要因素之一。因此,许多旅游新媒体平台会发布大量的旅游评论和评价,以帮助旅游者作出更明智的决策。

(三)旅游视频和旅游摄影

旅游视频和旅游摄影是吸引潜在旅游者的有效方式之一。这些内容可以展示旅游目的地的美丽景色、特色文化和风俗习惯,以及旅游者在旅行中的真实体验。

（四）旅游直播

通过直播平台，将旅游体验实时分享给观众。观众可以直接看到旅游目的地的实时景象，提高购买意愿。

（五）旅游新闻和旅游动态

旅游新闻和旅游动态是吸引潜在旅游者的另一种方式。这些内容可以展示旅游目的地的最新旅游资源和活动，以及相关的文化、历史和自然景观。

（六）旅游话题和旅游专题

通过创建有趣、引人入胜的话题和专题，可以吸引潜在旅游者的关注并激发他们的兴趣。例如，关于某个城市的特色餐厅、景点和文化活动等话题，可以帮助旅游者更好地了解该城市。

（七）用户生成内容（User Generated Content，UGC）

鼓励和引导用户分享他们的旅游体验和见闻。这些由用户生成的内容可以大幅提高旅游目的地的曝光度和信誉度。

这些只是旅游新媒体内容营销的一些表现形式，具体的形式还需要根据企业的实际情况和市场定位来决定。无论采用哪种形式，都需要注重内容的品质和与目标市场的有效连接，这样才能真正让新媒体内容营销有价值。

三、内容营销的原则

（一）目标明确

在开始任何内容营销策略之前，必须明确营销的目标，如增加销售、提高品牌知名度、提升客户满意度等。明确的目标可以帮助旅游企业制定相应的内容策略，并衡量其有效性。

（二）内容优质

无论在哪个平台进行内容营销，优质的内容都是吸引和留住用户的关键。这可能包括有趣、有用、有深度的旅游信息、故事、照片或视频等。要始终关注提供有价值的内容，以吸引并保持用户的关注。

（三）适应受众

了解并适应目标受众是内容营销的关键。其中，需要了解受众的喜好、需求和行为模式，以创建与之相匹配的内容，提高内容的吸引力和影响力。

（四）多渠道推广

利用多个渠道推广内容是提高其可见性和覆盖面的有效方式。这可能包括社交媒体、搜索引擎、电子邮件营销等。根据不同渠道的特点选择合适的内容形式和推广策略。

(五) 互动性

与受众进行互动是提高内容营销效果的重要方式。这可以通过评论、投票、问答等方式进行，以提高受众的参与度，并与受众建立更加紧密的联系。

(六) 数据驱动

利用数据进行内容营销策略的制定和优化是关键。数据可以提供关于用户行为、喜好和反馈的信息，从而帮助调整和优化内容策略。

(七) 持续优化

内容营销是一个持续优化的过程。定期评估内容的效果，根据反馈进行相应的调整，可以提高内容的吸引力和影响力，从而实现营销目标。

(八) 合法合规

在进行内容营销时，必须遵守相关的法律和道德规范，确保内容的合法性和合规性，以避免可能的法律风险。这包括知识产权、隐私权、公平竞争等方面的规定。

(九) 故事性

讲述有吸引力的故事是内容营销的另一个重要原则。讲述有关旅游目的地、旅游体验或旅游服务的有趣故事，可以吸引和留住用户的注意力，并提高他们对旅游产品的购买意愿。

(十) 合作与联盟

与其他旅游相关机构或意见领袖通过共同制作内容、分享资源或联合推广等方式进行合作和联盟，可以提高内容的权威性和可信度。

四、内容营销的步骤

(一) 圈定目标人群

圈定目标人群是指圈定具有重点价值的用户群。从原则上说，一个产品的目标用户范围通常比较广。在这个大范围的用户群体中，并不是每一个用户都能为产品创造价值，用户对产品的接受度、了解度都会影响最终的销售效果。企业不可能在每一位可能的用户身上投注成本，因此需要圈定核心目标用户，尽可能缩小投入范围，解析核心目标用户的消费方式、消费习惯和消费心理，挖掘他们的卖点和痛点，针对核心目标用户部署营销策略，提高推广的精准性。

(二) 找到合适的营销方式

不同的产品和品牌、不同的营销目的、不同的营销途径，通常会有各自适合的营销方式。比如，很多知识型自媒体喜欢通过出版图书、发布热门文章的方式进行推广，一些知名的达人、名人喜欢通过演讲、直播的方式进行宣传，很多网络红人喜欢通过拍视频的方式进行营销。营销方式的选择并没有固定的标准，只要该营销方式可以更恰当、更完整地对营销内容进行表达，或者该营销方式是企业比较擅长的领域，就可以针对所选择的营销方式进行专门的内容策划。

(三) 寻找适合的媒介

新媒体为内容营销提供了广阔的平台，每一个平台都有其特点和优势，可以根据具体的营销策略选择适合企业的平台或者全平台进行推广。此外，还可以借助有影响力的人力因素进行推广，如自由撰稿人、合作伙伴的推广渠道、行业意见领袖、高人气达人、忠实优质的粉丝等。

(四) 对内容进行策划和包装

好内容需要好宣传，适当地在不同时段上反复使用、包装内容，可以有效增加内容传播的宽度和广度国；同时，保持内容在核心目标用户中的曝光率。

(五) 打造内容亮点

在进行内容营销的过程中，难以保证每个内容推广的亮点，但依然要将亮点作为内容营销的重点。打造亮点的因素一般有以下几个。

1. 关键词

关键词在文章中具有重要意义。只有被用户关注和搜索的内容才能发挥价值，所以选择关键词是内容成功推送的关键。

2. 价值

内容营销应该凸显企业产品的价值，让产品能够从同类产品中被用户认识和区分。

3. 用户

用户是产品营销的目标人群。想要拥有用户，就要了解用户，充分挖掘用户的需求和痛点，设计用户需求触发点，为用户提供真正需要的信息。

4. 品牌

品牌设计能够有效提高用户对产品的辨识度、接受度和忠诚度，所以内容营销要有意识地树立和宣传品牌，设计产品风格和个性化品牌。

(六) 设计便捷的转化入口

一般来说，用户初次接受信息的时候是转化的最佳时刻，时间间隔越久，入口操作越复杂，用户的转化率就越低。

内容的发布渠道很多，每个渠道都拥有不同的入口和功能，因此，营销人员可以选择合适的渠道进行内容的营销和发布，也可以自己制作方便用户转化的二维码或导向链接。

(七) 效果的追踪和反馈

衡量内容营销的质量和效果可以遵循内容制作效率、内容传播广度、内容传播次数、内容转化率等指标。根据各项指标的实际表现对内容营销的效果进行评价和判断，再对表现不佳的指标进行优化改善，从而获取更大的营销价值。

实战演练

一、问答演练

(1) 简述旅游市场细分的步骤。
(2) 简述旅游目标市场的选择步骤和策略。
(3) 简述旅游市场定位的步骤和策略。
(4) 如何进行用户定位？
(5) 简述构建用户画像的步骤。
(6) 内容营销的原则是什么？
(7) 简述内容营销的步骤。

二、项目演练

（一）项目演练目的

通过项目演练，大家可以了解和掌握如何构建自驾游的用户画像，包括用户的需求、偏好、行为等方面的特征，为自驾游产品的设计、开发和营销提供有效的数据支持和决策参考。

（二）项目演练背景

随着私家车保有量的不断增加和人们旅游观念的日益成熟，自驾游作为一种旅游方式越来越受到广大旅游爱好者的青睐。为了更好地满足自驾游用户的需求，提高自驾游产品的市场竞争力，需要对自驾游用户进行深入的研究和分析。

（三）项目演练内容

1. 收集数据

(1) 收集相关市场数据，包括自驾游市场的总体规模、发展趋势、主要旅游目的地等。
(2) 收集用户数据，包括自驾游用户的年龄、性别、职业、收入等基本信息，以及他们的出游时间、出游频率、出游偏好、出游习惯等。
(3) 收集竞争数据，包括竞争对手的产品特点、价格策略、营销手段等，以了解市场竞争状况。

2. 确定用户画像

(1) 根据收集的数据，对自驾游用户进行细分，确定目标用户群体。
(2) 根据目标用户群体的特点和需求，确定用户画像的要素，如年龄、性别、职业、收入、出游时间、频率、偏好、习惯等。

3. 构建用户画像

(1) 根据确定的要素，对目标用户群体进行统计分析，得出每个要素的分布情况。
(2) 将每个要素的分布情况以图表、图像等可视化形式展示，形成初步的用户画像。

4. 优化用户画像

(1) 通过小组讨论、专家评审等方式，对初步的用户画像进行评估和优化。

(2) 结合市场情况和竞争对手的情况，对用户画像进行调整和完善。

5. 应用用户画像

(1) 将优化后的用户画像应用于自驾游产品的设计、开发和营销中。

(2) 通过实践检验和应用反馈，对用户画像进行调整和优化。

（四）项目演练要求

(1) 每组需提交一份完整的自驾游用户画像报告，报告应包括目标用户群体、用户画像的要素、统计分析结果、优化后的用户画像及应用情况等内容。

(2) 在收集数据时，需选择合适的数据来源和收集方法，确保数据的真实性和可靠性。

(3) 在构建用户画像时，需充分挖掘数据中的潜在信息和规律，保证用户画像的科学性和有效性。

(4) 在应用用户画像时，需结合实际情况进行具体操作，并对应用效果进行跟踪和评估。报告中应对数据分析方法、结果进行详细的解释和分析，保证报告的逻辑性和易理解性。

(5) 报告的格式应清晰明了，图表设计要合理，易于阅读和理解。

归纳总结

完成本项目的学习后，对项目中任务的完成情况进行自我评价，并对在本项目中所学到的知识进行归纳总结。

项目六　谋划旅游产品营销

学习目标

▶知识目标

1. 了解旅游产品的特征。
2. 了解旅游产品生命周期的定义、各阶段的特征。
3. 了解旅游产品价格的概念、构成、特点及类型。
4. 了解旅游产品营销策划的概念及类型。
5. 了解旅游市场营销策划方案的概念及撰写思路。
6. 熟悉旅游产品生命周期的价值与局限性。
7. 熟悉旅游产品定价的影响因素。
8. 熟悉旅游产品营销策划的内容。
9. 掌握旅游产品的范畴。
10. 掌握旅游产品生命周期的主要影响因素。
11. 掌握旅游产品生命周期各阶段的营销策略。
12. 掌握旅游产品定价的程序及方法。
13. 掌握旅游市场营销策划方案的基本结构及注意事项。

▶素养目标

培养谋划旅游产品营销的意识。

思维导图

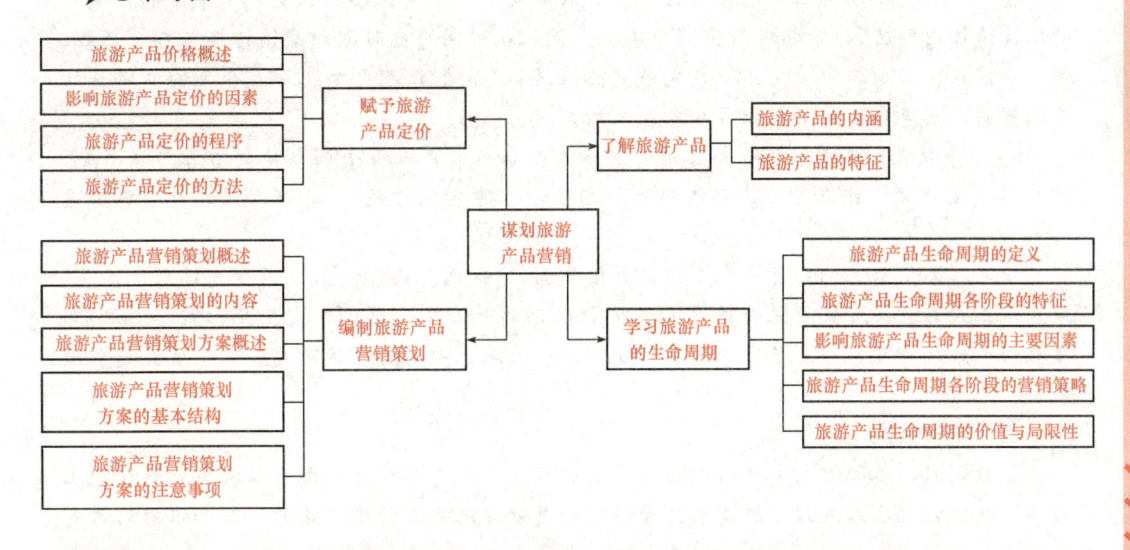

```
赋予旅游产品定价
├── 旅游产品价格概述
├── 影响旅游产品定价的因素
├── 旅游产品定价的程序
└── 旅游产品定价的方法

了解旅游产品
├── 旅游产品的内涵
└── 旅游产品的特征

谋划旅游产品营销

编制旅游产品营销策划
├── 旅游产品营销策划概述
├── 旅游产品营销策划的内容
├── 旅游产品营销策划方案概述
├── 旅游产品营销策划方案的基本结构
└── 旅游产品营销策划方案的注意事项

学习旅游产品的生命周期
├── 旅游产品生命周期的定义
├── 旅游产品生命周期各阶段的特征
├── 影响旅游产品生命周期的主要因素
├── 旅游产品生命周期各阶段的营销策略
└── 旅游产品生命周期的价值与局限性
```

案例导入

产品活动上新　红色旅游火热

2023年暑期，各地瞄准红色旅游市场，纷纷推出精品线路、主题展览等活动，吸引市民和游客进馆观展、开展红色文化研学等，红色旅游市场升温明显、人气飙升。

主题活动上新

2023年暑假，各地红色文博场馆和旅游景区依托革命文物资源，策划推出一批主题展览和精品线路，让革命遗址、纪念设施、红色故事等成为广大市民和游客感悟初心使命、回顾革命历史的好去处。

江西省文化和旅游厅推出江西·传承寻根之旅，线路以红色体验为主题，以江西南昌为起点，连接江西萍乡、吉安永新、井冈山、赣州于都和瑞金等红色故土。赣州推出薪火相传·赣州初心之旅、逍遥山水·奇遇赣州之旅等；萍乡推出寻伟人足迹，重走秋收之路三日游；井冈山基于红色文化背景与历史背景推出红色之旅，结合红色文化与绿色自然推出治愈之旅等。

在南昌新四军军部旧址陈列馆，《战地放歌——新四军文化工作专题展》新四军报纸印刷场景还原景观前，不少市民和游客驻足观看。"带孩子来接受红色教育，是我为孩子在暑假旅行中规划的重要一课。"南昌市民高路表示。

"暑假期间，陈列馆推出原创展览《战地放歌——新四军文化工作专题展》，再现了新四军开展内涵丰富的文化教育活动，促成东南地区文艺繁荣的辉煌历史。"南昌新四军军部旧址陈列馆相关负责人说。

河北博物院联合中国国家博物馆，在暑假期间举办了《人格的力量——中国共产党人的家国情怀图片展》，带领观众重温中国共产党人在不同历史时期的家国情怀与奋斗历程。河北石家庄市四十二中学生王凯看完展览感慨道："展览让我更加明白，今天的幸福生活来之不易，是革命前辈用鲜血和生命换来的。"

2023年夏天，在上海兴业路上的中共一大纪念馆前，来自全国各地的游客络绎不绝。2023年7月以来，纪念馆迎来参观热潮，已累计接待参观者超过40万人次，日均接待逾万人次。

中共一大纪念馆相关负责人介绍，暑假期间，"红色江南——长三角党史纪念地巡礼"专题展正式开放。展览聚焦新民主主义革命时期的长三角地区，依托上海、浙江、江苏、安徽四地红色资源，重点呈现中国共产党在江南大地上书写的光荣历史，不少展品是首次展出。

红色研学火热

暑假期间，参加红色主题研学旅行的青少年成为游览各红色文博场馆和旅游景区的主力军。红色旅游已然成为开展爱国主义教育和革命传统教育的生动课堂，红色旅游的教育功能更加凸显。各地纷纷推出研学课程，让青少年在游玩中感悟红色文化，传承红色基因。

"2023年暑期，来陈列馆开展研学活动的青少年超3万人次。陈列馆已开通暑期研学预约通道，可提供点单式、个性化研学服务。"南昌新四军军部旧址陈列馆相关负责人介绍，陈列馆作为全国研学旅行基地，正不断加大与各大旅行社、学校的合作力度，拓展红色研学旅游；与南昌市国防动员委员会合作开发国防宣讲课程，与江西师大附中联合开展"传承红色圣火、发扬革命精神"主题研学活动等，让青少年走出教室，在研学活动中传承铁军精神。

"和在教室上思政课不同，在红色场馆，每一件文物背后都有一个生动的故事。"福建省三明市将乐县水南中学的邱腾跃同学表示，自己被中共一大纪念馆讲解员讲述的红色故事"真理的味道"深深震撼。

2023年8月1日，由福建省三明市委宣传部和中共一大纪念馆联合主办的三明革命老区少年上海行活动举办，数十名来自三明市的优秀中小学生在追寻红色足迹中感悟信仰的力量。

中共一大纪念馆相关负责人介绍，纪念馆打造的"一大研学"红色文化教育品牌于2022年7月正式推出，旨在通过体验式、互动式、沉浸式进馆研学，进一步推动红色思政教育入脑入心，截至2023年8月已有近8万人次参与研学活动。

"纪念馆把陈列设施与教育研学相结合，实现研学自助化，融展览内容于教学之中，设置了'红色研学区'和'观众互动区'，鼓励观众积极参与，激发体验乐趣。"陕西延安革命纪念馆相关负责人表示，暑假期间，纪念馆推出多项活动，满足不同群体的参观需求。针对青少年群体，开发了数字化青少年党史教育课程《往昔岁月——小青马的革命征程》；制定了以"中共中央在延安十三年"为主线的十余节青少年党史教育课程规划，力争打造可持续发展的延安革命纪念馆数字化社教品牌；利用多媒体互动展示直罗镇战役、红色电波、马兰纸动态制作流程等场景，采用"现场＋情境＋体验式"教学模式，让青少年学有所感、学有所获。

文创产品畅销

2023年暑假，各大红色文博场馆和旅游景区在满足公众日常参观需求的基础上，立足馆藏资源，开发多种特色文创产品。到展馆，买文创，晒文创，成为很多游客的必做"功课"。

"我最喜欢'红色太行 英雄河北'主题鼠标垫和便签纸，它们的图案特别精美，画风清新，制作工艺非常精致。"来自北京的游客王佳汝说。

暑假期间，"红色热土 英雄河北"系列文创产品凭借其"高颜值、高实用性"的特点，受到各地游客的青睐。

河北省文化和旅游厅资源处负责人表示，近年来，河北省出台《河北省红色文创产品开发促进方案》，加快推进红色文化资源开发转化，丰富红色文创产品体系，进一步激发红色文创市场消费潜力，促进河北红色文创和旅游商品高标准开发、高质量发展。

"2023年暑期，陈列馆根据原创展览《战地放歌——新四军文化工作专题展》，推出文创毛笔、冰箱贴、珐琅彩书签、笔记本等周边文创产品，深受游客喜爱。"南昌新四军军部旧址陈列馆相关负责人表示，南昌新四军军部旧址陈列馆努力打造文创精品。采用陶瓷材料打造的文创产品《这里的黎明静悄悄》，以茶具为器型，再现了《沙家浜》中的"春来茶馆"场景。该产品荣获江西旅游商品博览会原创产品类铜奖、江西省文化和旅游厅"江西好礼"红色旅游文创产品遴选展示活动铜奖等奖项。

延安革命纪念馆相关负责人表示，纪念馆目前推出的文创产品主要分为《延安革命史画卷》《长征：从瑞金·延安走向胜利》等书籍类，长安通红色文创交通卡、"延安革命纪念馆"银币等工艺品类，《延安与青年》、百集系列红故事《延安·延安》短视频等影像作品类。下一步，纪念馆将积极挖掘文物背后的故事，开展红色主题讲解及展览，开展红色社教活动，编辑出版高质量学术著作，深化宣传教育活动，走出馆舍，向全社会讲好延安故事，进一步宣传弘扬延安精神。

（《中国旅游报》2023-8-16）

【提出问题】

你认为红色文旅是如何炼成的？红色文旅与你了解的其他旅游有何区别？

任务一　了解旅游产品

制定旅游市场营销策略的第一步是制定旅游产品营销策略，以期创造与众不同的客户价值，满足旅游者美好旅游生活的需求。旅游产品是创造客户价值的核心载体，与客户需求痛点直接相关。作为旅游市场营销组合四大要素之一的旅游产品策略，不仅是旅游企业赖以生存和发展的基础，也是旅游企业开始其经济活动的出发点。

旅游产品百科

一、旅游产品的内涵

（一）产品的定义

按照科特勒等人的解释，产品是指"可向市场提供，供人们注意、获得、使用或消费，有可能会满足人们的某种欲求或需要的任何东西，其中包括实物、劳务、场地、组织、咨询意见等"。通俗地讲，可向购买者市场提供，能满足人们的某种需要或者能够创造市场需求的任何东西，皆可称为产品。

（二）旅游产品的范畴

1. 从旅游者角度定义的旅游产品

从旅游者角度来看，旅游产品是指旅游者花费一定的时间、精力和费用所获得的一段旅游经历体验和感受，它是一种动态性的产品。人们的旅游需求在不断变化，旅游产品也随着旅游者需求变化而呈现相应的动态变化。从这个角度来讲，游客的旅游需求存在差异性。

2. 从旅游经营者角度定义的旅游产品

从经营者角度来看，旅游产品是指旅游经营者凭借一定的旅游资源、旅游设施和其他媒介，向旅游者提供的、以满足旅游者需求的各种物质产品和劳务的总和。从供给方面看，旅游产品最终主要表现为活劳动的消耗，即旅游服务地提供。从这个角度讲，旅游产品实质上是一种服务性产品。

3. 从旅游市场角度定义的旅游产品

单项旅游产品是指旅游者在旅游活动中所购买和消费的与住宿、餐饮、交通、游览、娱乐等有关的物质产品或服务内容。组合旅游产品又称为某一旅游线路产品，是指经营者根据旅游者需求，把食、住、行、游、购、娱等多种要素组合而成的某一产品。而整体旅游产品一般是指在旅游经济活动中，某一旅游目的地能够满足旅游者需求的全部物质产品和服务的总和，即旅游目的地产品。

在旅游活动中，团队游客大多会购买由旅行社安排的旅游线路产品或整体旅游产品；自助游客或团队中的个别游客，会根据自己的特殊需要购买一些单项旅游产品。从市场营销角度出发看，产品是"整体产品"概念。这一观念认为，产品应该是一个整体的概念，它不仅包括产品本身，而且包括了各种服务，以满足需求，为消费者提供一种整体的满足。购买者所需要获得的是一个满意的整体，而不是对某一实体的占有。因此，从这个角度来看，旅游产品是指旅游者和旅游经营者在市场上进行交换并在旅游活动中所消费的各种物质产品和服务的总和。

> **课堂思考**
>
> 以某个旅游企业为例分组讨论，说明它的产品组合、产品线、产品项目都有哪些，并在课堂上进行分享。

二、旅游产品的特征

旅游产品是由旅游资源、设施和各种服务组合起来的组合型产品。与其他产业的产品相比，旅游产品既有共性又有自身的特征，主要表现在以下几个方面。

(一) 综合性

旅游产品是一种综合性产品，它包括了旅游者旅行过程中所需的各种要素。例如，旅行路线、住宿、餐饮、交通、门票、旅游保险等，这些都需要旅游经营者或者旅游服务提供者统筹规划，才能为旅游者提供满意的旅游体验。

(二) 定制化

旅游企业应根据不同旅游者的需求和兴趣提供定制化旅游产品。不同的旅游者有不同的旅游需求和兴趣，旅游经营者或者旅游服务提供者应该根据这些不同的需求和兴趣提供个性化的旅游产品，以满足不同旅游者的需求。

(三) 体验性

旅游产品是一种体验性产品，它提供的不仅仅是旅游景点和旅游服务，更重要的是为旅游者提供一种身临其境的旅游体验。在旅游过程中，旅游者可以亲身体验当地的文化、风俗和生活方式。这种体验是旅游产品的重要组成部分。

(四) 依托性

旅游产品依托的是当地的自然、历史、文化等资源。这些资源是旅游产品的核心，是吸引旅游者的关键因素。旅游经营者或者旅游服务提供者应充分挖掘当地的资源，为旅游者提供更加丰富、更加独特的旅游体验。

(五) 季节性

旅游产品具有一定的季节性。一些旅游景点在特定季节会呈现出特别的美景或者文化氛围，因此，旅游产品的提供也应当根据不同的季节特点调整和变化，以满足旅游者在不同季节的需求。

(六) 地域性

旅游产品往往与一定的地域相关联。这使得旅游产品具有强烈的地域特色。地域的文化、历史、自然景观、风土人情等都是构成旅游产品的重要元素。旅游者通过购买旅游产品，可以跨越地理界限，深入了解不同地区的文化和生活方式。

(七) 创新性

为了提高竞争力，旅游产品需要不断地创新，包括旅游路线的优化、旅游服务的提升、旅游商品的研发等方面。通过创新，旅游产品可以满足不断变化的旅游市场需求，提高旅游企业的吸引力和竞争力。

(八) 高质量性

旅游产品的质量直接影响到旅游者的体验和满意度。因此，旅游经营者或旅游服务提供者需要保证旅游产品的质量，包括景点、住宿、餐饮、交通等多个环节的质量控制，以确保旅游者的旅行体验能够达到预期水平。

（九）可持续性

为了保护环境和实现可持续发展，旅游产品的设计和提供需要遵循可持续性的原则。这包括景区的环境保护、资源的合理利用、社区的参与和发展等方面。通过实现可持续性，可以确保旅游产品的长期发展和游客的持续吸引力。

（十）服务性

旅游产品是一种服务性产品，除了提供景点和设施，还包括各种服务，如导游讲解、旅行保险、订票服务等。这些服务可以帮助旅游者更好地了解和享受旅行目的地，提高旅行体验满意度。

案例导入

让精品旅游产品含金量更高

每一个让游客心驰神往的精品旅游产品，都有"能打"的硬核实力。以独库公路为例，一路你可以充分领略独山子大峡谷的惊心动魄，尽情感受"空中草原"那拉提芳草碧连天的无边秀色，还可以在雪山脚下的巴音布鲁克大草原观赏天鹅曼妙的舞姿，在傍晚时分融入九曲十八弯的辉煌与壮丽……560多公里的独库公路仿佛移动的天山画卷，每一段都让人惊艳。可以说，独库公路把许多优质旅游资源串成了一条闪闪发光的珠链。

较完善的基础设施是精品旅游产品的标配。近年来，独库公路沿途基础设施经过不断提升，让停车难、如厕难、加油难等问题大幅缓解，游客就餐、住宿有了更多更好的选择，服务品质与精品线路的要求更加匹配。

一条精品线路带富一方人。随着八方游客纷至沓来，独库公路巨大的带动作用日益显现，沿线的相关景区和旅游相关产业都受到拉动。就连深山中的阿克苏地区库车市阿格乡康村，也因地处独库公路"南大门"，踏上了增收致富快车道。

独库公路只是新疆诸多精品线路中的一条。随着"旅游兴疆"战略深入实施，以精品旅游带动新疆旅游高质量发展已经成为共识。新疆精品线路不断增加，带动效应日益凸显。

游客以各自偏好而各取所需，但无论是怎样的精品线路，总少不了喀纳斯、巴音布鲁克草原等扬名全国的5A级旅游景区，也不会落下喀什、吐鲁番等历史文化底蕴深厚的全域旅游示范区。可见，打造精品线路的前提必然是优质景区的建设。

让精品旅游产品含金量更高，发挥更强带动效应，需要沿线地区的联手合作，共同打造品牌。克拉玛依、阿克苏、伊犁、塔城、巴音郭楞，成立了"新疆独库公路旅游营销联盟"，共同打造、推广独库公路品牌，放大了精品线路的辐射效应，带旺了一批周边景区。

项目六　谋划旅游产品营销

与此同时，精品旅游产品必须内外兼修，不仅风景好，基础服务设施也要同步升级。近年来，不少地方纷纷推出新的精品线路，但市场反应平平。除了一些新景区的营销不到位，知名度和美誉度有限，最根本原因还是因为不少新的线路、景区基础设施没能跟上，停车场排队、加油不方便，就餐、如厕、休息、住宿条件和游客的期待相距很远。因此，游客转而选择放心的经典线路，多是内含大家耳熟能详的知名景区，沿途有较成熟的配套体系，服务比较有保障。

可见，要让精品旅游产品"金光闪闪"，归根到底还是要在提升景区、沿途的基础服务设施水准上下足功夫，让游客乘兴而来，流连忘返；玩得尽兴，钱花得开心。毕竟，只有被游客认可的"精品"，才能真正发光发热，带富一方水土。

（《新疆日报》2022-5-31）

任务二　学习旅游产品的生命周期

一、旅游产品生命周期的定义

任何产品生产出来进入市场后，不可能永远畅销，它的销售能力和获利能力并不是一成不变的，而是随着时间的推移不断发生变化，这种变化经历了产品的诞生、成长、成熟和衰退的过程，就像生物的生命历程一样，产品进入市场后的这种现象称为产品生命周期。旅游产品也不例外，也会经历成长期、成熟期，最后由于被淘汰而退出市场（图6-1）。

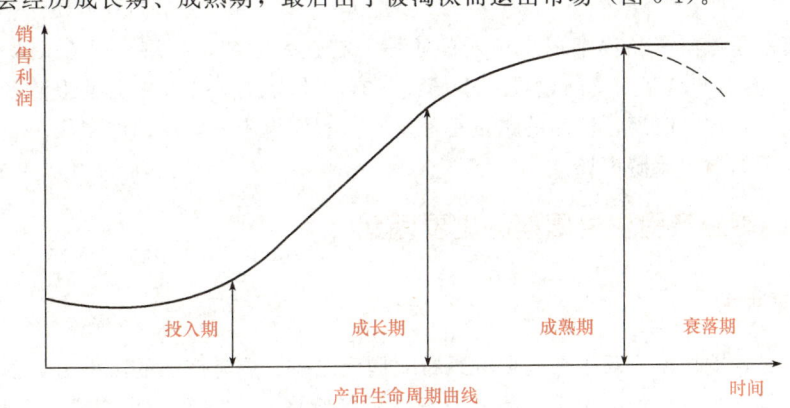

图6-1　旅游产品生命周期

二、旅游产品生命周期各阶段的特征

（一）投入期

投入期又称导入期，是指旅游产品刚投放市场的阶段。例如，新开业的酒店、新推出的旅游线路、新增加的餐饮产品或种类、新开发的旅游项目等。旅游产品刚推入市场，知名度和美誉度都较低，旅游消费者对新推出的产品还缺乏了解。在这一时期，旅游产品的性能还不是很

· 137 ·

完善，相配套的基础设施也有待进一步完善。因此需要投入一定的营销费用。由于旅游产品的成本较高、销售量又低，旅游企业利润较低甚至亏损。此外，这一阶段由于旅游产品的市场前景还不明朗，相对来说竞争者很少或者竞争者还不屑于加入。

山西：2025 年基本建成国家全域旅游示范区

（二）成长期

新的旅游产品在市场推广开来，逐渐被旅游消费者所接受，销售量呈现迅速增长的态势，进入了产品生命周期的第二个阶段——成长期。在这一时期，旅游产品的销售基本定型，有鲜明的主题；相配套的基础设施日趋完善，旅游产品的性能已基本稳定，处于正常运转状态；服务人员的服务质量大幅度提高，能够为旅游消费者提供趋于标准化和规范化的服务，产品美誉度得以提升；产品在市场上的知名度逐渐提高，使得产品销售量大幅度上升，有很好的市场基础，产品成本逐步下降，利润额得以大幅度增加。这一阶段由于同行看到了该产品有利可图，竞争者逐步加入，展开竞争。

（三）成熟期

在这一时期，市场基本呈现饱和状态，旅游产品成为品牌产品或老牌产品，在市场上有很高的市场占有率，是旅游产品的主要销售阶段。这一时期，产品销售额逐渐达到峰值并趋于缓慢增长的状态，一般年销售增长速度在 1%～5%；旅游企业的利润在这一时期也达到了最高点。在这一时期，旅游企业间的竞争也最为激烈，达到白热化程度，但后期，在竞争中实力不济者开始退出市场。

（四）衰落期

衰落期指的是旅游产品逐渐退出市场的阶段。在这一时期，旅游产品在市场上已经"超龄"、老化，旅游新产品开始不断地投入市场，现有的旅游产品已不能满足旅游者的需求，逐步被市场淘汰。在这一时期，产品的销量迅速下降，利润也明显减少；许多旅游企业在市场竞争中被淘汰，开始退出旅游市场。

三、影响旅游产品生命周期的主要因素

（一）市场需求

市场需求是影响旅游产品生命周期的最重要因素之一。旅游产品的吸引力、独特性和差异性都会影响市场的需求。如果旅游产品的市场需求持续增长，它的生命周期就会相应地延长；反之，如果市场需求下降，旅游产品的生命周期就会缩短。

（二）旅游者需求

旅游者的需求和兴趣也是影响旅游产品生命周期的重要因素。随着旅游者对旅游产品的需求不断变化，旅游经营者或者旅游服务提供者需要对旅游产品进行不断创新和改进，以满足不同旅游者的需求。如果旅游产品能够满足旅游者的需求，它的生命周期就会延长；反之，如果旅游产品无法满足旅游者的需求，它的生命周期就会缩短。

（三）旅游资源

旅游资源是旅游产品的基础，也是影响旅游产品生命周期的重要因素之一。旅游资源的数量、质量和分布都会影响旅游产品的吸引力和独特性。如果旅游资源丰富、质量高、分布广泛，可以设计出更多、更好、更丰富的旅游产品，从而延长旅游产品的生命周期；反之，如果旅游资源匮乏，旅游产品的生命周期就会缩短。

（四）政策环境

政策环境也是影响旅游产品生命周期的重要因素之一。政府的政策措施和法规对旅游业的发展和旅游产品的生命周期有重要的影响。例如，政府的旅游发展计划、税收政策、土地使用政策等都会对旅游产品的生命周期产生影响。

（五）旅游基础设施

旅游基础设施是旅游产品的重要组成部分，也是影响旅游产品生命周期的重要因素之一。如果旅游基础设施完善、服务水平高、交通便利，可以提高旅游产品的吸引力和满意度，从而延长旅游产品的生命周期；反之，如果旅游基础设施落后、服务水平低下、交通不便，就会影响旅游产品的吸引力和独特性，缩短旅游产品的生命周期。

（六）社会文化因素

社会文化因素也是影响旅游产品生命周期的重要因素之一。当地的社会文化背景、民俗风情、生活方式等都会影响旅游产品的吸引力和独特性。如果旅游产品能够充分体现当地的社会文化特色，它的生命周期就会延长；反之，如果旅游产品无法体现当地的社会文化特色，它的生命周期就会缩短。

（七）经济因素

经济因素也是影响旅游产品生命周期的重要因素之一。当地经济的发展水平、人们的收入水平、物价水平等都会影响旅游产品的需求和供给。如果经济发展迅速、人们收入水平高、物价稳定，就会提高旅游产品的需求和吸引力，从而延长旅游产品的生命周期；反之，如果经济发展滞后、人们收入水平低下、物价波动大，就会影响旅游产品的需求和供给，缩短旅游产品的生命周期。

四、旅游产品生命周期各阶段的营销策略

将产品生命周期理论应用于旅游企业的主要目的在于：尽量缩短旅游产品的投入期，加大宣传，使旅游者尽快熟悉与接受旅游产品；设法保持与延长旅游产品的成熟期，防止旅游产品过早被市场淘汰；在旅游产品进入衰退期时，尽快作出决策，是尽快退出市场，以新产品代替旧产品，还是采取促销手段，要想办法使旅游产品的生命力再发展。

（一）旅游产品投入期的营销策略

旅游产品在投入期，可以采用的旅游营销策略有四种，高价低促策略、高价高促策略、低价低促策略及低价高促策略。

1. 高价低促策略

高价格低促销策略，也叫缓慢撤取策略，旅游产品定价较高，以较少的促销费用展开推销活动，通过降低营销费用以获取较多的利润。采用这种策略的企业应该具备几个条件：旅游产品在市场上具有高度的垄断性，来自潜在竞争者的威胁不够大，旅游产品的市场容量也相对有限。例如，中青旅曾针对极地旅游爱好者推出挪威斯瓦尔巴群岛的北极12日旅游线路产品，报价11万元，就是采用这种高价低促策略。

2. 高价高促策略

高价格高促销策略，也叫迅速撤取策略，以高价格配合大张旗鼓地促销策略。采用这种策略的前提是，旅游产品的开发研制成本较高，产品的特色较为突出，旅游企业希望旅游产品投放市场后迅速建立起品牌信誉。比如，位于阿拉伯联合酋长国迪拜的帆船酒店，也叫"阿拉伯之星"，因为豪华程度远远超过五星标准而被称为世界上第一个七星级酒店；同时，其也以奢华无比著称。帆船酒店的营销策略就是典型的高价高促策略。

3. 低价低促策略

低价格低促销策略，也叫缓慢渗透策略，旅游企业确信旅游市场的需求价格弹性很高，价格降低的时候，会引起销量的大幅增加，以较低的促销费用保证企业的利润。采用这种策略的前提是，旅游市场的需求空间较大，市场上竞争较为激烈，消费者对价格比较敏感。比如热点旅游目的地的一些经典的大众旅游一日游线路产品，因为线路产品中的景区本身较为经典，是大部分游客的必游路线，不需要大量的宣传与推介，采用低价低促的策略能够吸引更多的游客，从而以量的增加来获取更多的利润。

4. 低价高促策略

低价格高促销策略，也叫迅速渗透策略，旅游产品定价较低，并配合大量的促销活动，以便快速占领市场，提高市场占有率。采用这种策略的前提是，旅游市场的需求量较大，消费者对产品的特色尚不了解，且对价格敏感，市场上来自潜在竞争者的威胁较大。比如一些因为社会热点而刚刚推出市场的新兴旅游线路产品。例如，甘肃白银的景泰黄河石林景区，因为综艺节目《爸爸去哪儿》第二季的强势推广而被很多游客知晓，而旅行社针对亲子游客群体给予一定价格优惠措施，大幅增加了该产品的销量。

（二）旅游产品成长期的营销策略

投入期的幸存者可以进入成长期。在这个阶段，许多消费者对产品已经熟悉，越来越多的消费者开始购买，从而支持销售量的快速增长。同时，由于生产量扩张和管理经验积累所带来的效应使得成本快速下降，利润得以快速增长。与此同时，竞争对手开始仿制或者发起挑战。企业对于成长期的期望通常是"快"，即销售量和市场占有率在尽可能短的时间内达到高峰。

不少旅游企业在销售开始繁荣和旺盛的时候，往往认为可以提高产品的价格或者对策略进行一些改变，以提高利润。例如，在餐厅里摆上更多的桌子以提高可接待的服务量，提高房价或减少一些额外的服务等。然而这种措施可能会使消费者与旅游企业之间的关系发生不良改变。对成长期更为恰当的认识是：这一时期应该是产品在市场中的防御和巩固期，有必要对产品和消费者进行再投资。这些投资主要运用在以下方面。

1. 产品的改进

鼓励服务人员对目标客户进行持续的关注，反馈他们的意见，从而寻求更好的手段服务于客户，包括改进工作流程、提高服务质量、增加附加产品、增加产品特色等。

2. 为成长期的目标客户制定新的宣传广告

广告的重心应该从原来的提高知名度转向树立形象并说服消费者购买方面。

3. 寻求新的可能的市场

不要被眼前的繁荣所迷惑，若使企业销售能够不断突破，应该为产品寻找新的用户。

4. 分销渠道的拓宽和激励

增加新的销售网点或预订渠道，为消费者的购买提供尽可能大的便利。给分销渠道成员合理的激励手段，以保持他们的销售动力和热情。

此外，更加有渗透力的价格对于保留企业的消费者和应对不断增大的竞争压力也是一个必要的手段。

（三）旅游产品成熟期的营销策略

旅游产品到了成长后期，销售量的增长势头必然放慢，进入了旅游产品的成熟期。成熟期又可以划分为增长成熟期、停止成熟期和下降成熟期三个阶段。在整个旅游产品生命周期中，成熟期的时间最长，企业大多数时间面临的是制定成熟期的市场营销策略。在成熟期旅游产品市场开始增长缓慢并逐步饱和，市场竞争异常激烈。旅游企业应该根据成熟期的市场特点制定旅游产品的营销目标和策略。旅游产品成熟期的营销策略可从市场开发策略、产品改革、市场营销策略的调整和促销方式的调整等四个方面来进行。

1. 市场开发策略

市场开发策略可从两点入手：一是发掘现有旅游市场的潜在消费者。旅游企业可首先分析旅游产品的现有市场覆盖情况，再研究各细分市场的销售潜力，寻找出空白的区域性细分市场，以及覆盖密度小的细分市场，再针对细分市场消费者的特点，制定出相应的营销策略。二是鼓励老消费者重新购买旅游产品。给消费者以更多的价值，让曾经旅游过的消费者产生故地重游的欲望。

2. 产品改革

旅游产品改革包括继续提高旅游产品本身的质量；适当调整产品组合，增加旅游产品的项目，让消费者从中得到新的价值；提高旅游产品服务的质量和内容。

3. 市场营销策略的调整

市场营销策略的调整是指企业通过改变旅游产品的价格、分销渠道和促销策略等方式促进旅游产品的销售。

4. 促销方式的调整

首先对广告进行调整，比如适当变动旅游产品广告的内容，或者改变所采用的广告媒体；其次是加强人员营销的力度，改进营销人员的营销方法及对营销人员的管理方式，强化营销人员的激励考核方式等；最后是适当增加营业推广措施，比如参加旅游产品展销会，实行旅游产品有奖销售等措施。

（四）旅游产品衰落期的营销策略

旅游产品进入衰退期，旅游企业要尽快作出逐步退出市场还是迅速撤离市场的决策。旅游企业能否及时、有效地调整营销策略，关系到企业的生死存亡。在这一时期，旅游企业的营销策略核心是"转",具体策略如下。

1. 持续营销策略

继续沿用以往的营销策略,对原有的目标市场持续使用相同的渠道、定价策略和促销手段,直到该产品完全退出市场。

2. 集中性营销策略

选取对企业最有利的细分市场和销售渠道,将企业的资金和资源投放于此,尽可能获得更大的利润,这样也有利于缩短其他衰退期产品退出市场的时间。

3. 榨取营销策略

企业对衰退期产品采取不放弃的态度,仍尽可能地降低生产成本和各种费用。虽然旅游产品的销售量在下降,但是通过大幅度降低成本,企业仍能获得一定的利润。

4. 放弃营销策略

旅游产品在衰退期已经无生命力,到了淘汰阶段。对于毫无希望的衰退期产品,旅游企业决策者应当机立断,尽可能缩短旅游产品的衰退期,以减少旅游企业的损失。但需要根据旅游产品在成熟期中的市场定位考虑是完全放弃还是逐步放弃。

五、旅游产品生命周期的价值与局限性

(一)主要价值

在市场营销工作中,产品生命周期作为一项诊断或分析工具具有很大的实用价值。这些实用价值主要体现在两个方面。

(1) 有助于营销者针对市场的变化提前计划未来的产品战略。这一理论要求营销者根据产品生命周期阶段的演进情况,计划和组织企业的新产品开发工作。

(2) 有助于营销者根据产品所处生命周期阶段的变化,制定和实施不同的市场营销策略。例如,根据产品生命周期理论进行分析,当产品处于投放期时,营销策略的重点应是努力提高产品的市场知名度,并促使旅游消费者尝试该产品。当产品处于成长期时,营销策略的重点应是借机渗透市场,努力扩大市场份额。当产品处于成熟期时,营销策略的重点是巩固和保持企业的市场份额。当产品进入衰退期时,营销策略的重点是努力提高产品的生产效率以降低生产成本。由于绝大多数产品最终都会走到生命周期的尽头,营销者有必要根据市场需求的变化,策划新的产品以取代旧产品。

(二)局限性

虽然产品生命周期理论作为一项分析工具有很大的实用价值,但是人们在认识这一理论时也要注意一些问题。这些问题反映的就是产品生命周期理论的某些局限性,主要包括以下三点。

(1) 很多证据显示,旅游产品生命周期的演进曲线并不像理论上描述的那样。有些旅游产品的生命周期很短,产品一经推向市场,销售量便急速上升,但不久就迅速下跌。最典型的例子莫过于节庆旅游产品。有些旅游产品的生命周期则很长,似乎停留在成熟期。例如,很多国际著名城市的观光游产品都表现出长盛不衰的特点。

(2) 在某些营销决策过程中,如果旅游营销者仅使用产品生命周期这一项分析工具,而忽

视借鉴其他的分析技术,很可能产生误导而选用不恰当的营销策略。例如,有些旅游景点或饭店企业一旦发现其产品处在成长期,就会削减营销开支,采取守株待兔的经营策略。这些旅游企业的营销经理只要认真分析一下经营环境便可能发现,企业利用某些机会能进一步延长产品的成长期。

(3) 产品生命周期理论往往使人误以为应将产品开发作为全部市场营销工作的重点。实际上,在当今经营环境中,旅游经营者应始终将了解市场需求的变化和预测消费者行为的动向作为市场营销工作的第一重点。从这个意义上讲,人们更应提倡和强调的概念似乎应当是市场生命周期,而不是产品生命周期。

思政融合

坚持以文塑旅、以旅彰文努力推动文旅高质量发展
——党的二十大报告中"推进文化和旅游深度融合发展"部署引发热烈反响

党的二十大报告提出,坚持以文塑旅、以旅彰文,推进文化和旅游深度融合发展。该报告的战略部署令文化和旅游业界倍感振奋,备受鼓舞。大家纷纷表示,党的二十大报告将文化建设摆在突出位置,对文化和旅游工作作出重要部署,充分体现了以习近平同志为核心的党中央对文化建设和旅游发展的高度重视。要坚持高质量发展,推进旅游为民、发挥旅游带动作用,大力发展大众旅游、智慧旅游、绿色旅游、文明旅游。要坚持以文塑旅、以旅彰文,推动文化和旅游在更广范围、更深层次、更高水平上深度融合。

"党的二十大报告为我们做好文旅工作指明了努力方向、注入了强大动力。"广西壮族自治区文化和旅游厅党组书记、厅长甘霖表示,广西将贯彻新发展理念、推动高质量发展,充分运用市场化手段,开发利用好全区文化和旅游资源,加强交流合作,打响"秀甲天下 壮美广西"文化和旅游品牌形象,打造"三地两带一中心"升级版,推动文化和旅游深度融合,积极创建国家全域旅游示范区,加快建设桂林世界级旅游城市,奋力打造文化旅游强区和世界旅游目的地,不断满足人民群众对美好生活的新期待。

"党的二十大报告明确,坚持以文塑旅、以旅彰文,推进文化和旅游深度融合发展,这为文旅融合发展指明了方向。"陕西省文化和旅游厅党组书记、厅长高阳表示,近年来,陕西大力推进文旅融合、"旅游+"发展,涌现出一批以大唐不夜城、袁家村、长安十二时辰等为代表的旅游新业态、新场景、新产品,文旅融合推动高质量发展的作用和成效日益突显。下一步,将建立省级文化和旅游产业融合实验区机制,统筹推进"一市一品"创建,打造一批地域特色鲜明的文旅融合示范区;创新推动"旅游+"发展,融合历史文化、自然生态、科技教育等元素,培优夜间观光、生态绿道、自驾营地、研学旅行等新业态,加快培育推动旅游业向现代化、智慧化、品质化、国际化转变;抓紧实施文旅科技创新工程、"上云用数赋智"文旅试点、文旅产业赋能乡村振兴计划等融合创新发展重点工作,发展极具陕西特色的全链条文旅融合业态,推动陕西加快建成世界级旅游目的地和国际文化旅游中心。

"党的二十大报告对进一步促进文化和旅游深度、广度融合，实现文旅良性互动、双赢发展具有重要的现实指导意义。"浙江省旅游投资集团党委委员、董事、副总经理张雄文表示，作为国有旅游企业，更要坚决贯彻好落实好党的二十大精神，坚持文化引领，做文化自信的培育者和践行者、文旅融合的促进者和示范者，围绕集团旅游、康养、人力三大主业，聚焦文旅融合、康旅融合、商旅融合，进一步找准文旅融合的切入点、发力点，以更好满足人民日益增长的美好生活需要为目标导向，不断创新项目开发运营模式，培育更多新型业态、融合产品，打造一批具有国际影响力的文旅产品，持续提升消费者的体验感、获得感和自豪感，努力在推动文化和旅游高质量发展中发挥主力军作用。

新疆那拉提旅游风景区党委副书记、管委会主任史宁说："景区将认真学习、深刻领会、坚决贯彻党的二十大精神，坚持以文塑旅、以旅彰文，促进文化和旅游深度融合、高质量发展。下一步，将坚持高点定位、对标一流，全力构建那拉提文旅融合高质量发展新格局，推进重点文旅项目建设，挖掘本土民俗文化底蕴，多点发力擦亮文旅品牌。"

作为全国重点文物保护单位，厦门胡里山炮台景区近年来在推进文旅融合发展方面持续发力。厦门胡里山炮台保护中心主任王勇说："'文化为魂，体验为王'是文旅融合的核心理念和发展思路。下一步，景区将持续深入学习贯彻党的二十大精神，坚持'保护第一、加强管理、挖掘价值、有效利用、让文物活起来'的工作方针，坚持以文塑旅、以旅彰文，增强政治责任感和历史使命感，以坚定的文化自信，把爱国情怀播种好，把海防文化传承好，为厦门文化和旅游发展增添动力。"

山东日照兴岚控股集团有限公司子公司海洲湾文化旅游有限公司副总经理辛文表示，近年来，公司始终坚持"以文塑旅、以旅彰文"，依托山、海、渔、茶等资源，大力实施"文化+""旅游+"，积极发展文化旅游、红色旅游、研学旅游、康养旅游等，推出一系列以旅游为载体、以文化为内涵的精品文化和旅游线路，其中，"峥嵘岁月，红色岚山"爱国爱党教育线路等备受游客青睐。"我们将继续积极创新探索'旅游+'，以更高的标准、更实的举措，打造更高品质的旅游生活空间，用文化塑造旅游产业生产力，为日照的美丽蝶变助力增彩。"辛文说。

"以文塑旅、以旅彰文，推进文化和旅游深度融合发展，已成为新时期文化和旅游产业相互赋能的重要手段。"北京第二外国语学院中国文化和旅游产业研究院副教授吴丽云表示，要以打造国际化品牌的方式做强旅游产业，以建设国家文化公园、世界级旅游景区、世界级旅游度假区等打造具有全球影响力的文旅品牌，提升旅游产业的全球竞争力和国际影响力；以主题内容打造做精旅游产业，围绕不同文化主题打造专项旅游产品、精品旅游线路等，推进文旅融合向纵深发展；以创意创新为手段做大旅游产业，用创意创新赋能旅游产业发展，不断拓展旅游产业边界，提升旅游产业创新供给能力，增强产业吸引力。

中国人民大学创意产业技术研究院副院长、文化品牌评测技术文化和旅游部重点实验室副主任宋洋洋表示，从实现中国式现代化角度看，坚持以文塑旅、以旅彰文，推进文化和旅游深度融合发展要与新发展理念相匹配，全面夯实创新、协调、绿色、开放、共享的发展思路，做好内容挖掘、加大文化资源转化力度，以壮大市场主体推动文旅融合创新，以科技赋能拓展文旅融合增量，以业态创新提升文旅产业竞争力，以扩大消费助推文旅产业转型升级，以区域协同构建文旅产业发展新格局。

北京体育大学体育休闲与旅游学院副院长蒋依依建议，在学习贯彻党的二十大精神时，要重视行业综合效应的发挥，深化文化和旅游融合，推动旅游成为中国传统与现代文化传承与传播的重要载体；加强体育与旅游融合，使旅游成为促进体育参与、支撑全民健身的重要载体；推动生态与旅游融合，使旅游成为促进绿水青山转换为金山银山、加强生态教育的重要载体；强化农业与旅游融合，使旅游成为帮助村民在地就业、提升乡村基础与服务设施的重要载体。

（《中国旅游报》2022-10-31）

任务三　赋予旅游产品定价

一、旅游产品价格概述

（一）旅游产品价格的概念

旅游产品价格是旅游者为满足旅游活动的需求而购买单位旅游产品所支付的货币量，它是旅游产品价值、旅游市场供求关系和货币币值三者的综合反映结果。在市场经济中，旅游者食、住、行、游、购、娱等需求必须通过交换活动，支付一定的货币量才能获得满足。旅游经营者在向旅游者提供旅游产品时，必然要求得到相应的价值补偿，于是在旅游者与旅游经营者之间围绕着旅游产品的交换而产生了一定货币量的收支，这就是旅游价格。从旅游经营者的角度看，旅游价格表现为向旅游者提供各种服务的收费标准。

户外音乐节：提升文旅消费的动力引擎

（二）旅游产品价格的构成

从旅游者的角度看，旅游价格由基本预算和自由选择两部分构成。基本预算是指旅游者在出游前对旅游产品的感性认识和粗略理解基础上所估算的旅游支出。自由选择是指旅游者在旅游过程中，通过旅游产品的亲身体验和主观预测而对基本预算的调整，它包括对基本预算总量的增减和对基本预算的结构改变，以及调整下次出游的预算。如某旅游者在某条旅游线路上旅游时，获得了非常独特的心理满足，于是在该地多停留一些日子或多增加几个旅游项目，并希望下次再来。旅游经营者如果想促使旅游者花费基本预算部分的支出，需要加强推销能力，通过好的宣传促销和较宽的销售渠道，让旅游者尽可能多地了解旅游产品，从而增加旅游者的旅游预算；如果想促使旅游者花费自由选择部分的支出，需要旅游经营者提供优质的旅游服务，对旅游者产生较强的吸引力，从而增加旅游者的自由选择。

从旅游产品经营者的角度来看，旅游产品价格通常由生产成本、销售成本、利润和税金四个要素构成，简单来说就是由成本和利润两部分构成。成本包括旅游产品生产成本和旅游产品销售成本。利润是除去成本后，新创造价值的部分，包括企业利润和缴纳的税金等。

(三) 旅游产品价格的特点

旅游产品不同于一般产品，其特殊性决定了旅游产品价格具有不同于一般产品价格的特点，主要表现在以下三个方面。

1. 综合性

旅游者对旅游产品的需要既是食、住、行、游、购、娱等多方面的物质和精神方面的满足，都要以一定的货币进行交换，旅游价格必然是旅游活动中食、住、行、游、购、娱价格的综合表现，或者是这些单个要素价格的总体显示。同时，旅游产品的供给方属于不同行业与部门，必须经过科学的协调，使之相互补充、有机搭配，旅游价格也需要协调各有关部门产品的价格综合地提供给旅游者。

2. 垄断性

旅游产品的基础是旅游资源，而旅游资源独特的个性是旅游产品开发和建设的核心，这就决定了旅游价格也具有一定的垄断性。它表现为在特定时间和特定空间范围内旅游产品的价格远远高于其价值，高于凝结于其中的社会必要劳动时间。同时，旅游产品需要接受旅游者的检验，随着旅游者的需求程度及其满足条件的改变，旅游产品的垄断价格又必须做相应的调整，从而使旅游价格具有市场性，即随着市场供求状况的变化而变化。

3. 高附加值性

旅游需求受到诸多不可预测因素的影响，因此旅游者的旅游需求及旅游动机也是千变万化的。相反地，旅游供给却又相对稳定，于是这种供求之间的矛盾所造成的相同旅游产品在不同的时间里价格差异较大。从某种程度上讲，旅游活动就是旅游者获得一次独特心理感受的过程，在不同档次的旅游环境中，相同的旅游产品给旅游者的感受差异会很大。旅游产品的档次越高，服务越好，旅游者愿意支付的旅游价格也会越高，其中便蕴含了较高的附加值。

(四) 旅游产品价格的类型

旅游产品或服务项目的价格通常有两种类型，即战略价格和战术价格。

战略价格（Strategic Price）指旅游企业就其产品或服务项目的销售预先对外公布的长期性价格。对于这种价格，旅游经营者称之为常规价格（Regular Price）或标准价格（Standard Price）。比如，住宿业公布的明码房价就属于这种战略价格。

战术价格（Tactical Price）指旅游企业根据经营需要，为刺激市场需求，在特定时期或特定时刻推出的临时性产品售价。对于这种价格，旅游经营者称之为折扣价格（Discounted Price）或促销价格（Promotional Price）。比如，旅游企业在开展销售促进活动期间推出的各种优惠价就属于这种战术价格。

二、影响旅游产品定价的因素

价格是一双看不见的手，它可以左右市场的供给和需求状况。旅游产品价格又具有很强的弹性，其变化的空间较一般产品大。但无论价格如何变化，其变化空间只能在消费者所能接受的最高心理价位和生产者所能接受的最低价格之间变动，不可能超过这个变化空间。旅游产品的价格取决于影响旅游产品定价的种种因素。影响旅游产品定价的因素很多，也非常复杂，一般包括以下几个方面。

> **课堂思考**
>
> 一瓶饮料在不同场合的价格完全不同,同一品牌的饮料你都买过什么价格的呢?你认为它为何如此定价?并在课堂上进行讨论。

(一)成本因素

旅游产品的成本是影响定价的首要因素。旅游产品的成本包括直接成本和间接成本。直接成本包括旅游景点、住宿、餐饮、交通等费用;间接成本包括管理费用、销售费用等。旅游经营者或者旅游服务提供者需要在考虑成本的基础上,制定合理的旅游产品价格。

(二)市场需求和竞争因素

市场需求和竞争因素也是影响旅游产品定价的重要因素。旅游市场需求的变化和竞争对手的定价策略都会对旅游产品的定价产生影响。旅游经营者或者旅游服务提供者需要了解市场需求和竞争状况,制定合理的价格策略,以提高市场份额和利润。

(三)旅游产品特点

旅游产品本身的特点也会影响产品定价。不同的旅游产品具有不同的独特性和差异性,如旅游景点、旅游线路、旅游服务等,这些都会影响旅游者的需求和偏好。因此,旅游经营者或者旅游服务提供者需要根据旅游产品特点进行定价,以吸引有不同需求的旅游者。

(四)地区经济发展水平

地区经济发展水平也是影响旅游产品定价的因素之一。如果地区经济发展水平较高,人们的收入水平和消费水平相应提高,就会提高旅游产品的需求和吸引力。因此,旅游经营者或者旅游服务提供者需要考虑地区经济发展水平,制定合理的价格策略。

(五)季节性因素

旅游产品具有一定的季节性,这也会对旅游产品定价产生影响。一些旅游景点在特定季节会呈现出特别的美景或者文化氛围,吸引大量旅游者前来游览。因此,在旅游旺季,旅游经营者或者旅游服务提供者可以提高旅游产品的价格;而在旅游淡季,则可以降低价格来吸引更多的旅游者。

(六)旅游者消费心理

旅游者的消费心理也是影响旅游产品定价的因素之一。旅游者的消费心理包括对价格的敏感程度、购买意愿等都会影响他们对旅游产品的选择和定价的接受程度。因此,旅游经营者或者旅游服务提供者需要了解旅游者的消费心理,制定合理的价格策略以提高旅游者的购买意愿和忠诚度。

(七)政策法规

政策法规也是影响旅游产品定价的重要因素之一。政府的税收政策、价格政策、行业法规等都会对旅游产品的定价产生影响。旅游经营者或者旅游服务提供者需要了解相关的政策法规，制定合理的价格策略以遵守法规并获取利润。

三、旅游产品定价的程序

（一）目标市场购买力分析

目标市场是旅游企业经过市场细分以后选择的作为服务对象的特定旅游者群体。作为企业开展旅游业务的收益来源，目标市场的收入水平、规模、消费倾向是企业定价的前提条件。因此，企业要在定价之初通过对目标市场进行评估，预测目标市场的容量和潜能，以及目标游客的价格承受能力，以便采取主动、灵活的价格政策，引导和培育目标市场的成长。对目标市场购买力进行评估时，要了解目标旅游者的总收入、纯收入、可自由支配收入、可能用于旅游产品购买的收入，此外还要了解目标旅游者对旅游产品的偏好、对价格的敏感性、所接受的非价格竞争方式等。目标市场的购买力评估主要采用问卷调查、面对面交谈和专家意见法等方式。

（二）目标市场定位

旅游产品的市场定位确定了旅游企业的市场形象，而旅游企业往往会通过旅游产品价格来向市场显示自己产品的市场定位。旅游企业在特定阶段有不同的营销目标，有时要通过旅游产品的价格策略实现。比如，旅游企业在开发出旅游新产品后，会通过较低的价格来激励旅游者试用，如果定价过高，会抑制旅游者试用新产品的积极性。旅游产品定价从一定程度上反映了旅游企业的营销战略和策略意图。

（三）测算产品成本

旅游产品价格变动的区间由目标旅游者的需求强度和产品成本共同决定。旅游企业应该精确测算旅游产品的成本，尤其是区别其中固定成本和变动成本对制定价格的意义。旅游企业需要研究的是成本、价格和需求数量间的动态关系，尤其是单位固定成本与需求数量的关系，测算出最佳规模时的最低成本，并从中寻找旅游产品成本发展的趋势，从而为确定最合理的产品价格提供可靠的依据。

（四）选择定价目标

旅游企业确定定价目标关系到企业生存和发展的时间、空间。旅游企业在做定价目标决策时必须考虑到自身的规模实力，考虑到市场拓展的有利因素和障碍，考虑到目标市场的转移、替换，以及企业资源配置的可能和变化等，利用旅游市场中现在和今后可能变化的最高限价和理想价格比较，在诸多的定价目标中选择符合企业实际的定价目标。

（五）确定定价方法

旅游产品价格的确定要在全面准确的调查、预测基础上，运用科学的方法，才能保证价格水平与市场需求相吻合。由于旅游市场中竞争者的存在，以及旅游消费者的不同需求、价格因素的灵活性影响，旅游企业在定价过程中还必须充分考虑竞争者和消费者的心理、市场的差异和需求差别，与企业其他营销工作相配合，运用定价策略巧妙定价。

（六）进行价格调整

通过定价方法计算出的旅游产品价格仅仅形成价格的基准，旅游企业还应综合考虑各种因素对基准价格进行适当的调整，以发挥价格在营销中的促销作用，这是价格策略艺术性的具体体现。旅游企业可以按季节、心理因素、地区差别和渠道地位对价格进行调整。

四、旅游产品定价的方法

根据定价依据的不同，旅游企业可采用的定价方法通常可分为三大类：即成本导向定价法、需求导向定价法和竞争导向定价法。

（一）成本导向定价法

旅游产品的成本是制定价格的依据，在成本的基础上，再综合考虑其他因素，确定合理的价格。常见的成本导向定价方法有以下四种。

1. 成本加成定价法

在旅游产品的单位成本基础上，加上一定的毛利，计算出单位旅游产品的价格。毛利通常包括营销费用、税金、预期利润等。

计算公式：单位产品价格＝单位产品成本×（1＋成本利润率）。

适用范围：制定旅行社产品、饭店餐饮食品的价格等。

此种定价方法的优点是简单、易行，且价格比较稳定，特别是在市场环境基本稳定的前提下，可以保证旅游企业获得正常利润。这种方法是典型的生产导向观念，只保证生产方的利益，忽视了市场需求、竞争、旅游消费者的心理等因素。旅游企业在采用该方法时比较简便易行，但是当旅游者消费数量下降的时候，产品的价格就必须要提高，以弥补固定成本，使得成本和收入保持平衡。对于大部分产品而言，价格提高意味着销售量减少，特别是对价格很敏感的旅游产品。

2. 目标收益定价法

旅游企业根据其总成本及预测出来的总销售量，确定一个目标收益率，计算旅游产品的价格。该方法在旅游企业中尤其是饭店行业中应用得比较广泛。

计算公式：单位产品价格＝（总成本＋目标利润）/预期销售量。

适用范围：饭店行业。

此种定价方法在确定总成本预计销售量时，并未明确在什么价格下的销售量，因而忽视了旅游产品价格对销售量的直接影响。旅游企业在采用此种方法定价时，应该考虑几个不同的旅游产品的价格，以测算旅游产品价格变动对销售量和利润所产生的影响，据此就能对目标收益定价法制定的旅游产品价格进行灵活适当的调整，使所制定的旅游产品价格更为科学。

3. 边际贡献定价法

边际贡献定价法又称为边际变动成本定价法，根据单位产品的变动成本制定产品的价格，制定出来的价格只要高于单位产品的变动成本，企业就可以继续生产和销售，否则就该停产停销。单位产品的预期收入高于变动成本的部分就是边际贡献，也就是补偿固定成本的费用和企业的盈利。

计算公式：单位产品价格＝单位产品变动成本＋边际贡献。

此种定价方法一般在市场上供过于求，卖方竞争激烈的情况下，旅游企业为了尽量减少损失，保住市场时使用。旅游企业采用变动成本定价法，旅游产品价格往往低于用成本加成定价法制定的价格，这样有利于增加该产品在市场上的竞争力，促进销售，从而提高旅游产品的市场占有率。

4. 盈亏平衡定价法

盈亏平衡定价法又称为保本定价法，指旅游企业根据产品的成本和估计销售量计算出产品的价格，使销售收入等于生产总成本。该方法的关键是确定盈亏平衡点，即企业收支相抵、利润为零的状态。

计算公式：单位产品的价格＝单位产品的变动成本＋固定成本总额/估计销售量。

根据该方法确定的旅游产品价格是旅游企业的保本价格，也是旅游企业对各种定价方案进行比较选择的参考标准。一般来讲，以其他方案制定出来的价格如果高于盈亏平衡价格，企业就盈利；如果低于此价格，则亏损。该方法制定出的价格一般低于成本加成定价法的价格，有利于迅速扩大市场占有量，有助于维持生产经营。

（二）需求导向计价法

需求导向计价法是以旅游者对旅游线路的价格的认识为依据来计价，具体分为认知价值计价法和需求差别计价法两种。

1. 认知价值计价法

这种方法认为，旅游线路的价格决定因素是旅游者对它的认识水平，可以运用各种宣传促销活动来影响旅游者的认识，特别是旅游者对企业品牌的认识，使旅游者形成对企业有利的价格认知。

2. 需求差别计价法

这种方法是建立在旅游者对旅游线路的价值认识、对产品需求的差异之上的计价方法。旅行社根据不同购买力、数量、种类、时间、地点等因素采取不同的价格。

（三）竞争导向定价法

竞争导向定价法是指通过对竞争对手的产品价格、生产条件、服务状况等现状进行研究，以竞争对手的价格为基础，从而确定同类产品的价格。其中常用的方法有随行就市定价法、投标定价法和率先定价法。

1. 随行就市定价法

以旅游行业的主要竞争者的价格为定价的基础，或者是以旅游行业的市场平均价格水平为基础，从而制定旅游企业的产品市场可行价格。这种方法最大的优点在于可以避免市场竞争，使企业获得稳定的市场份额。中小型企业普遍采用此种定价法。随行就市定价法既能充分利用行业的集体智慧和反映市场供求情况，又能保证适当的收益，还有利于协调同行业的步调。

2. 投标定价法

买方引导卖方通过竞争取得最低产品价格的定价方法。买方密封递价、公开招标，卖方则竞争投标。买方按照物美价廉的原则择优选取，到期公布"中标"企业。旅游企业根据对其竞争对手报价的估计确定价格，目的在于签订合同，所以它的报价应该低于竞争对手的报价。

3. 率先定价法

旅游企业率先制定出符合市场行情的旅游产品价格，并能在竞争中取得较好的经济效益。

这是一种主动竞争的定价方法，适用于实力雄厚或产品有特色的旅游企业。这种定价法最大优点在于能够在激烈竞争的市场环境中获得较大的收益，并且在市场中占据主导地位。

任务四　编制旅游产品营销策划

一、旅游产品营销策划概述

（一）旅游产品营销策划的概念

策划是一种策略、筹划、谋划、打算，是个人、企业、组织为了达到一定的目的，在充分调查市场环境及相关联的环境的基础之上，遵循一定的方法或者原则，对未来即将发生的事情进行系统、周密、科学的预测并制定科学的、可行性的方案。旅游企业的营销活动是从营销策划到营销目标实现的整个过程，是在旅游市场营销原理的正确指导下，对将开展的旅游营销活动进行创造性的谋划，并设计出营销活动方案的脑力劳动过程。

（二）旅游产品营销策划的类型

旅游营销策划覆盖了广阔的领域，可以从不同的角度划分。

1. 按策划主体划分

根据营销策划的主体，可将旅游营销策划分为针对旅游企业内部的营销策划和第三方营销策划。旅游企业内部营销策划是由旅游企业营销人员针对不同的营销目标而展开的营销策划；第三方营销策划则是由旅游企业聘请第三方策划机构来帮助企业解决营销问题。

2. 按策划客体划分

按营销策划的客体划分，可将旅游营销策划分为市场调研策划、营销战略策划、新产品开发策划、营销策略策划、品牌策划、企业形象策划、广告策划、网络营销策划等。

3. 按策划目标划分

按营销策划的目标划分，可将旅游营销策划分为营销战略策划和营销战术策划。营销战略策划内容涉及企业战略发展方向、战略发展目标、战略重点等。营销战术策划更注重企业营销活动的可操作性，是为实现企业的营销战略所进行的战术、措施、项目和程序的策划，如产品策划、价格策划、渠道策划和促销策划等。

二、旅游产品营销策划的内容

旅游产品营销策划是旅游经营者或旅游服务提供者为提高旅游产品的吸引力和销售额，通过分析市场需求、目标客户群体和竞争状况，制定具体的营销策略和实施计划的过程。

（一）市场调研与分析

旅游产品营销策划的首要步骤是进行市场调研与分析。通过收集目标市场的数据和信息，分析市场需求、目标客户群体的特征、消费行为和竞争状况，为后续的营销策略制定提供科学依据。

(二) 确定目标市场

在市场调研的基础上，确定目标市场及目标客户群体。根据目标客户的地理位置、年龄、性别、收入水平、兴趣爱好等因素，制定具体的市场定位策略，以更好地满足目标客户的需求。

(三) 产品定位与策划

根据市场需求和目标客户群体，对旅游产品进行定位和策划，具体包括旅游景点、住宿、餐饮、交通、购物、娱乐等要素的策划，以及旅游线路的设计和旅游服务的提升。同时，还要充分挖掘当地的文化内涵和特色资源，以提高旅游产品的独特性和吸引力。

(四) 制定营销策略

根据市场调研和目标市场的分析结果，制定具体的营销策略，包括产品定价、促销活动、渠道策略、合作伙伴关系等。

1. 产品定价

旅游企业根据成本、市场需求和竞争状况等因素，制定合理的价格策略，可采用成本加成法、市场定价法等定价方法，以实现利润最大化。

2. 促销活动

通过各种促销手段，提高旅游产品的知名度和吸引力，促进销售，可采用折扣、满减、赠品等方式，或者与旅游景点、文化活动等进行联合推广。

3. 渠道策略

选择合适的销售渠道，如线上平台、线下旅行社、直销等，以扩大销售范围并提高销售额。

4. 合作伙伴关系

与当地政府、景区管理机构、酒店、餐饮等合作伙伴建立良好的合作关系，实现资源共享和互利共赢。

(五) 实施营销计划

根据既定的营销策略，制定具体的实施计划，包括营销活动的组织与协调、时间安排、人员分工、预算等。在实施过程中，应密切关注市场反馈和效果评估，及时调整和优化营销策略，以达到预期的效果。

(六) 评估与总结

对营销策划的效果进行评估和总结。通过收集消费者的反馈、销售额、市场占有率等数据和信息，分析营销活动的成功和不足之处，并提出改进意见和建议。同时，还要关注市场变化和竞争状况，不断调整和优化营销策划方案，以提高旅游产品的吸引力和销售额。

综上所述，旅游产品营销策划是一个系统性的过程，需要全面考虑市场需求、目标客户群体、竞争状况和资源条件等因素。通过科学的市场调研与分析、目标市场确定、产品定位与策划、制定营销策略、实施营销计划及评估与总结等步骤，可以有效地提高旅游产品的吸引力和销售额，实现旅游经营者和旅游服务提供者的利益最大化。

三、旅游产品营销策划方案概述

（一）旅游市场营销策划方案的概念

旅游市场营销策划方案即策划书，是正确表达旅游市场营销策划内容的载体。旅游市场营销策划方案从框架体系或主体内容来看与旅游市场营销计划书是一致的，但旅游市场营销计划书一般计划性强、策划性弱。旅游市场营销策划方案既可以由旅游目的地或旅游企业相关部门编制，也可以由专业的外部机构编制。一般而言，旅游企业编制的旅游市场营销策划方案在框架体系和呈现形式方面相对简单，但只是一种与领导层沟通的书面工具。

（二）旅游市场营销策划方案的撰写思路

营销创意再好，如果策划书撰写得不好，也会影响与领导层的沟通质量，很有可能得不到采纳。旅游市场营销策划书只有获得领导层的认可，才有可能被采纳执行。因此，好的营销创意也需要引人入胜的表达方式。旅游市场营销策划方案的撰写是包含入局、观局、破局、造局、布局、结局的一个系统性过程。

入局就是如何抛出问题，激发兴趣；观局就是如何阐述背景资料，分析营销环境；破局就是如何总结痛点与机遇，寻找策划突破点；造局就是如何谋划主题，形成核心创意和关键目标；布局就是如何整体构造策略措施，做好全面布控；结局就是如何补充细节，阐述过程说明，增强可信度。

> **案例导入**
>
> **厦门新推 66 条旅游线路并策划 100 个热门打卡点**
>
> 2020 年借厦洽会（厦门国际投资贸易洽谈会）开幕之势，厦门市精心策划推出 100 个全新文旅打卡点和 66 条厦门旅游线路，并启动"康养夏秋冬·快乐厦门游"旅游线路宣传周活动，强力拉动文旅消费。
>
> 厦门市文旅局以"康养"产品为主打内容，发动厦门全市 163 家文旅企业，推出 536 款紧扣"夏季滨海之旅""秋季人文之旅"主题的热卖产品及 326 款"冬季温馨之旅"预热产品。
>
> 同时还推出全新打卡线路产品。除了利用厦门鼓浪屿、胡里山炮台等优势旅游资源，还整合山海健康步道、同安军营村、溪头下婚纱海滩等新兴热门打卡点，着重推介夏季康养休闲游、滨海亲水游、游艇帆船游、婚庆旅拍游、研学旅行游、高山乡村游，秋季文化养心游、闽南艺术游、民俗体验游、非遗互动游、蜜月度假游、金秋采摘游，冬季养生温泉游、金鸡影视游、街巷品味游、美食菜单游、冬日赏花游、欢乐放飞游等 18 个产品系列，形成 66 条全新的旅游线路。
>
> 厦门地铁、"鹭江之星"游船等交通旅游资源，海悦山庄、日月谷温泉度假村等住宿旅游资源也纳入线路打卡推介，使 66 条线路成为游客跟团游和自由行皆可选择的实用线路。

视频："故宫以东"
——发现最美东城文旅品牌营销

四、旅游产品营销策划方案的基本结构

旅游产品营销策划方案是旅游经营者或旅游服务提供者为提高旅游产品的吸引力和销售额而制定的详细计划。一个完整的旅游产品营销策划方案通常包括以下几个主要结构。

（一）方案概述

方案概述是整个营销策划方案的总纲，简要介绍策划的目的、背景、意义、原则、范围和重点等内容。通过明确策划方案的核心思想和关键内容，为后续的策划工作指明方向。

（二）市场分析

市场分析是旅游产品营销策划的基础，包括对目标市场的地理、经济、文化、社会等方面的分析。通过收集市场数据、研究市场趋势、了解市场竞争对手等手段，深入了解目标市场的需求特点和发展趋势，为后续的营销策略制定提供依据。

（三）产品策划

产品策划是旅游产品营销策划的核心，包括对旅游产品的设计、开发、包装、宣传和推广等方面的工作。根据目标市场的需求和旅游资源的特色，对旅游产品进行创新和升级，增强旅游产品的独特性和吸引力，满足目标客户的需求。

（四）营销策略制定

营销策略制定是旅游产品营销策划的关键环节，包括产品定价、促销活动、渠道策略、合作伙伴关系等。旅游企业根据目标市场的需求和竞争状况，制定具体的营销策略，明确产品的定位、价格、促销方式和销售渠道等，以提高旅游产品的销售额和市场份额。

（五）推广实施

推广实施是旅游产品营销策划的执行阶段，包括广告宣传、销售推广、活动组织等各种推广手段的运用。通过各种渠道和媒体向目标市场进行宣传和推广，提高旅游产品的知名度和美誉度，以吸引更多的旅游者。

（六）效果评估与反馈

效果评估与反馈是旅游产品营销策划的重要环节，对策划执行效果进行全面评价和总结。通过收集旅游者的反馈和评估销售数据等手段，分析营销策划的实际效果和存在的问题，总结经验教训，为以后的策划工作提供参考。

具体的策划方案可能还会根据实际情况和具体需求有所调整和扩展。在制定策划方案时，需要注重创新思维和系统规划，充分发挥自身优势和地方特色，切实提高旅游产品的质量和竞争力，从而实现旅游经营者和旅游服务提供者的商业目标和社会价值。

五、旅游产品营销策划方案的注意事项

撰写旅游市场营销策划书既需要好的创意，又要有好的文字功底，还需要掌握一些注意事

项。注意事项可以提升策划书的逻辑性、条理性、专业性，也可以增强阅读感和可信度。

（一）要有理论依据

无论是环境分析，还是策划创意，巧妙寻找一定的理论依据，能增强营销策划的可信度和说服力，而且可以使整个策划内容具有内在一致性和主题聚焦性。

（二）多用数字说明问题

策划方案如果缺乏数字，即使文字再优美流畅，也会显得苍白无力。环境分析与活动预算部分，运用精准的数字对比与分析既能凸显营销策划人员的科学调研和专业技能，又能彰显营销策划人员的严谨和自信，从而使策划方案显得更为可信。

（三）尽量图文并茂

恰到好处地使用图表可以提升策划书的页面美观性，可以更为直观地表达文字难以描述的信息。例如，在产品策划或促销活动、场景布置方面，用合适的彩图会比文字更有吸引力。

（四）合理排版布局

排版布局直接影响策划方案的视觉效果。旅游目的地或旅游企业标志（Logo）的合理融入、精美的排版等看似无关紧要，但往往在无形中影响阅读者信息接收的有效性。

（五）避免细节错误

细节错误会反映策划人员不良的工作态度和专业精神情况。如果出现一连串的错别字、标点符号误用、专业术语错用等情况，可能会导致策划方案被直接否定。

实战演练

一、问答演练

（1）简述旅游产品的范畴。
（2）影响旅游产品生命周期的主要因素有哪些？
（3）简述旅游产品生命周期的主要价值与局限性。
（4）简述旅游产品定价的程序与方法。
（5）旅游产品营销策划的类型有哪些？
（6）简述旅游产品营销策划的内容。
（7）简述旅游产品营销策划方案的基本结构与注意事项。

二、项目演练

（一）项目演练目的

通过实训了解和掌握旅游产品营销策划的基本流程和技巧，能够针对某一旅游产品或服务制定一份全面的营销策划方案，提高旅游企业的营销能力和市场竞争力。

（二）项目演练背景

随着旅游市场的不断发展和竞争的加剧，旅游企业需要不断推陈出新，以吸引更多的游客和提升品牌形象。营销策划是旅游企业实现这一目标的重要手段之一，通过对旅游产品的定位、包装和推广，提高产品的知名度和吸引力。

（三）项目演练内容

1. 产品定位与策划
（1）确定旅游产品的主题和特点，明确产品的目标市场和潜在客户群体。
（2）对竞争对手的旅游产品进行调研和分析，找出产品的差异性和独特性。
（3）制定旅游产品的整体形象和品牌理念，突出产品的核心价值和吸引力。

2. 营销策略与推广
（1）制定旅游产品的定价策略，考虑到成本、市场需求和竞争情况等因素。
（2）选择合适的营销渠道和推广方式，如线上线下相结合、合作伙伴推广等。
（3）制定广告宣传方案，包括宣传口号、海报设计、广告投放等，提高产品知名度和美誉度。

3. 促销活动与执行
（1）设计针对不同客户群体的促销活动，如优惠券、限时折扣、会员专享等。
（2）与合作伙伴共同开展联合营销活动，扩大产品的覆盖面和影响力。
（3）策划线下活动如旅游路演、景区体验活动等，让客户亲身感受产品的魅力。

4. 营销效果评估与优化
（1）通过市场调查和数据分析，评估营销活动的效果和投资回报率。
（2）对效果不理想的环节进行调整和优化，提高营销效果。
（3）总结经验教训，不断完善和优化营销策划方案，提高旅游企业的营销水平和市场竞争力。

（四）项目演练要求

（1）每组需提交一份完整的旅游产品营销策划方案，包括产品定位、营销策略与推广、促销活动与执行及营销效果评估与优化等内容。
（2）旅游产品营销策划方案应针对某一具体旅游产品或服务进行策划，具有可操作性和针对性。
（3）在旅游产品营销策划方案中应充分考虑市场需求、竞争状况和成本等因素，制定合理的定价策略、营销策略和推广方案。
（4）旅游产品营销策划方案应注重品牌塑造和形象宣传，提高旅游产品的知名度和吸引力。同时应注重客户体验和反馈，及时调整和优化方案。
（5）旅游产品营销策划方案中应对营销策划方案进行详细的解释和分析，保证方案的逻辑性和易理解性。其格式应清晰明了，图表设计合理，易于阅读和理解。
（6）在完成旅游产品营销策划方案的过程中，应充分发扬团队协作精神，合理进行分工与协作，确保方案的质量和工作效率。

归纳总结

完成本项目的学习后,对项目中任务的完成情况进行自我评价,并对在本项目中所学到的知识进行归纳总结。

模块二　实际策划和应用

模块脉络

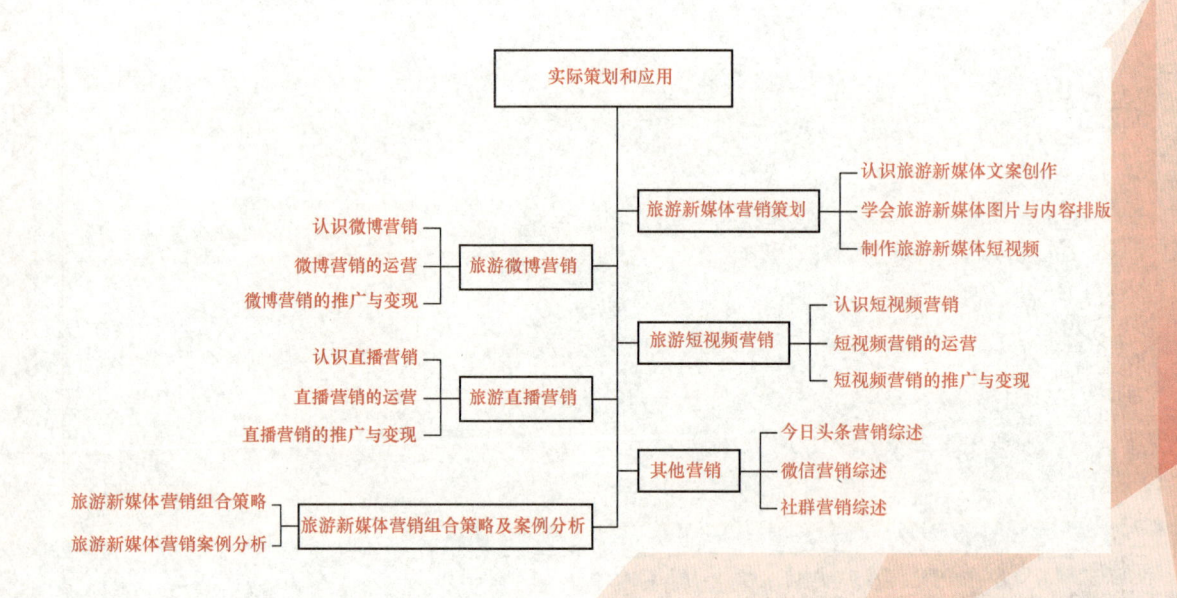

```
实际策划和应用
├── 旅游新媒体营销策划
│   ├── 认识旅游新媒体文案创作
│   ├── 学会旅游新媒体图片与内容排版
│   └── 制作旅游新媒体短视频
├── 旅游微博营销
│   ├── 认识微博营销
│   ├── 微博营销的运营
│   └── 微博营销的推广与变现
├── 旅游短视频营销
│   ├── 认识短视频营销
│   ├── 短视频营销的运营
│   └── 短视频营销的推广与变现
├── 旅游直播营销
│   ├── 认识直播营销
│   ├── 直播营销的运营
│   └── 直播营销的推广与变现
├── 其他营销
│   ├── 今日头条营销综述
│   ├── 微信营销综述
│   └── 社群营销综述
└── 旅游新媒体营销组合策略及案例分析
    ├── 旅游新媒体营销组合策略
    └── 旅游新媒体营销案例分析
```

项目七 旅游新媒体营销策划

学习目标

▶知识目标

1. 了解旅游新媒体文案创作的概念。
2. 了解旅游新媒体文案创作的作用。
3. 了解旅游新媒体图片的排版原则及技巧。
4. 了解旅游新媒体内容的排版原则及技巧。
5. 了解短视频的含义。
6. 熟悉旅游新媒体文案创作的主题。
7. 熟悉常见的短视频平台
8. 熟悉常见的短视频剪辑软件。
9. 掌握旅游新媒体文案创作与传统文案创作的区别。
10. 掌握旅游新媒体文案创作的步骤。
11. 掌握旅游新媒体图片的排版步骤。
12. 掌握旅游新媒体内容的排版步骤。
13. 掌握短视频脚本的编写及拍摄步骤。

▶素养目标

培养正确认识旅游新媒体营销策划的意识。

旅游新媒体营销

▶ 思维导图

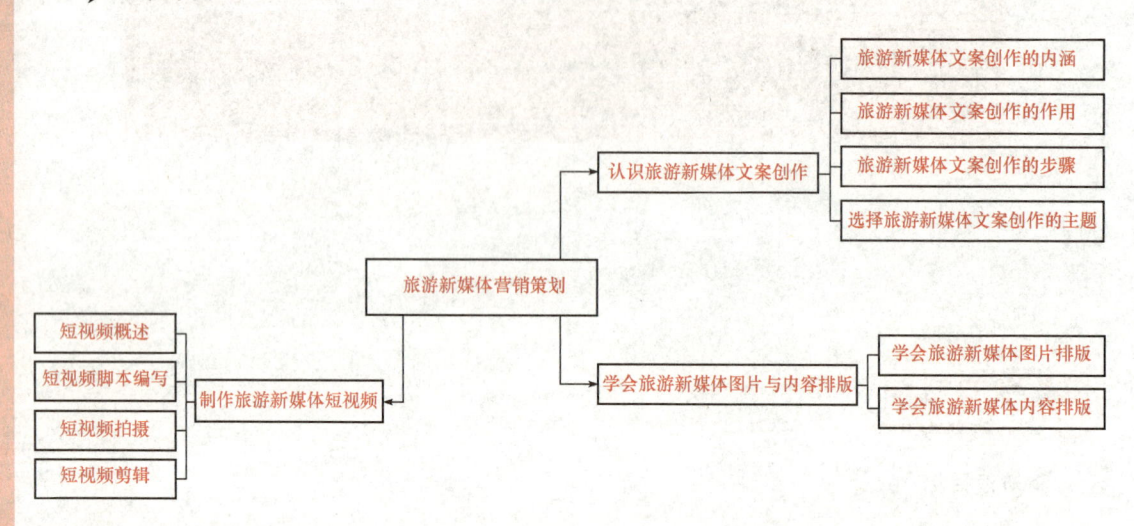

```
                                                        ┌─ 旅游新媒体文案创作的内涵
                                                        ├─ 旅游新媒体文案创作的作用
                              ┌─ 认识旅游新媒体文案创作 ─┤
                              │                         ├─ 旅游新媒体文案创作的步骤
                              │                         └─ 选择旅游新媒体文案创作的主题
           旅游新媒体营销策划 ─┤
                              │
  短视频概述 ┐                │                                ┌─ 学会旅游新媒体图片排版
  短视频脚本编写 ┤            └─ 学会旅游新媒体图片与内容排版 ─┤
  短视频拍摄 ┼─ 制作旅游新媒体短视频                           └─ 学会旅游新媒体内容排版
  短视频剪辑 ┘
```

案例导入

山东淄博烧烤"出圈"彰显城市"青和力"

山东淄博凭借烧烤爆红网络,无数网红达人、青年学生等"撸串"爱好者陆续涌入淄博。有报道称,如今,淄博高铁站一日到达乘客最高超过5万人次,比春运还要忙。为此,淄博特地为游客开通了"烧烤专列"。

"人间烟火味,最抚凡人心。"美食最能调动人们的感官和情绪,最能激发潜在的消费需求。很多年轻人喜欢发现美食,追求消费时尚和个性化。而淄博烧烤在众多烧烤中走出了差异化路线,拥有独特之处:"一桌一炉一卷饼"的独特仪式感,"小串+小饼+小葱"的灵魂吃法,给人一种强烈的视觉冲击。

有人甚至把淄博烧烤形容为人生,烤炉子代表温度、小饼代表包容、小葱代表豪爽。如此一来,不少年轻人便乐于尝试了。

古往今来,美食都是给一个地方加分的重要选项。现代社会,美食更容易让大众对一个城市产生"标签"性印象。城市的发展离不开人才,想要留住人才的心,首先就要抓住他们的胃。就像一位网友所说,"要让别人爱上你这座城,就先让他爱上你的味"。因此,淄博大力打造具有地方特色的烧烤品牌,实际上就是以美食为媒,促进旅游业发展,进而吸引更多青年人才。

如何让美食品牌"出圈",考验着城市的宣传营销智慧。早在2020年,在淄博麦田音乐节上,一些明星就在推荐本地烧烤,淄博烧烤因此上了热搜。2021年,某知名博主一段介绍淄博烧烤的短视频一度在网络被广泛传播。2023年2月,某平台博主来到淄博古色古香的周村大街,开启首场户外直播,向千万网友推荐淄博烧烤……包括央视在内的传统媒体、新媒体博主、明星等纷纷为淄博烧烤宣传代言,市民群众、大学生等普通人主动"种草",这就为淄博烧烤火热"出圈"埋下了伏笔。

当然，淄博此次吸引年轻人的不仅仅是食物本身，还有当地的烟火气和人情味。淄博针对年轻人消费烧烤推出系列举措，比如发放25万元烧烤消费券，为游客设计烧烤主题一日游、两日游线路；在高铁上，免费发放各式各样的文创产品、文旅礼包，在高铁站，安排专门的"烧烤志愿者"，无缝对接游客；新增21条烧烤公交线路，保证游客一下车直达烧烤烤点；为方便游客打卡，专门定制"淄博烧烤地图"；到达淄博吃烧烤的大学生，还能享受全市38家青年驿站住宿免费或半价的优惠服务……种种保驾护航举措，可谓无微不至。

甚至当地一些烧烤店老板也表示，如今，他们开店不只是为了赚钱，而是为了让更多人来到淄博，是为了淄博的荣誉而战。让烟火气更旺、人情味更浓，或许才是增强城市吸引力的关键，可以在很大程度上增强外来年轻人的认同感和归属感。

总之，淄博烧烤"出圈"是淄博主动拥抱年轻人的结果。青年是整个社会中最富有朝气、最富有梦想、最富有开拓精神的群体，赢得青年才能赢得未来。一个城市要想取得长足发展，就要从拥抱青年开始。从青年视角出发，打造青年友好型城市，增加城市的"青和力"，才能获得年轻人青睐，实现青年和城市的双向奔赴。

（《中国旅游报》2023-4-13）

【提出问题】
淄博烧烤"出圈"的原因是什么？在新媒体营销策划上，淄博烧烤又做了哪些"功课"？

任务一　认识旅游新媒体文案创作

一、旅游新媒体文案创作的内涵

（一）旅游新媒体文案创作的概念

旅游新媒体文案创作是将旅游目的地的景观、活动、文化等元素通过创意性的文字、图片、视频等新媒体形式表达出来，以吸引更多旅游者关注和兴趣的一种创作方式。它主要依赖新媒体平台进行传播，如微信公众号、微博、抖音等社交媒体，以及携程、去哪儿、途牛等在线旅游平台。

（二）旅游新媒体文案创作与传统文案创作的区别

旅游新媒体文案创作与传统文案创作相比，存在以下几个方面的区别。

1. 内容和形式不同

传统文案创作的内容和形式相对单一，通常以图文结合的方式呈现。旅游新媒体文案创作则更加多元化，包括文字、图片、视频、音频等多种形式，更加生动、形象地展现旅游目的地的景观、活动、文化等元素。

2. 传播渠道和媒介不同

传统文案创作主要通过报纸、杂志、广播、电视等传统媒体进行传播。旅游新媒体文案创作则主要通过互联网、社交媒体、移动设备等新媒体平台进行传播。

3. 目标受众和针对性不同

传统文案创作的目标受众相对广泛，缺乏针对性。旅游新媒体文案创作更加注重目标受众的分析和定位，能够更加精准地针对目标受众进行文案策划和创作。

4. 交互性和参与度不同

传统文案创作缺乏交互性，与受众的互动和参与度较低。旅游新媒体文案创作则更加注重与受众的互动和参与，通过各种新媒体平台与受众互动、交流。

5. 数据分析和优化不同

传统文案创作缺乏数据分析和优化的支持，无法准确了解受众的需求和反馈。旅游新媒体文案创作则可以通过数据分析和优化的支持，更好地了解受众的需求和反馈，从而进行更好的文案策划和创作。

综上所述，旅游新媒体文案创作相对于传统文案创作更加多元化、精准化、交互化和数据化，能够更好地适应新媒体平台的传播特点和受众需求，也能够更好地提升旅游产品的知名度和美誉度。

二、旅游新媒体文案创作的作用

旅游新媒体文案在旅游行业中扮演着重要的角色，具有以下几个作用。

（一）吸引眼球

好的新媒体文案能够通过精彩的描述和标题吸引读者的兴趣，让他们愿意点击阅读更多内容。

（二）传递信息

通过新媒体文案，旅游机构可以传达旅游目的地的各种信息，包括景点介绍、活动安排、交通指南等。文案要准确、清晰地传达信息，让读者获得所需的旅游信息。

（三）塑造品牌形象

优秀的新媒体文案可以帮助旅游机构树立独特的品牌形象。通过文案的语气、风格和用词，营造出与众不同的品牌形象，让读者产生共鸣。

（四）提升转化率

精心设计的新媒体文案可以激发读者的购买欲望，引导他们采取行动，如预订旅游套餐、购买门票等。文案中的诱人描述和有力的调动语言能够增加转化率，提升销售成果。

（五）增加内容互动

好的新媒体文案能够刺激读者的参与活动。通过提问、引发讨论或鼓励读者分享自己的旅游经历可以促进读者与旅游企业之间的互动，增加用户黏性和品牌忠诚度。

总体来说，旅游新媒体文案的作用是吸引眼球、传递信息、塑造品牌形象、提升转化率和增加内容互动。它在旅游行业中扮演着不可或缺的角色，帮助旅游企业吸引客户、传递信息和推动销售。

三、旅游新媒体文案创作的步骤

旅游新媒体文案创作是推动旅游产品销售的重要手段之一，其创作方法和步骤对于文案的效果和旅游产品的推广具有关键作用。下面从文案创作的主要步骤入手来详细介绍旅游新媒体文案创作的具体方法。

（一）明确目标受众和文案主题

1. 明确目标受众

在文案创作前，首先要明确目标受众，了解他们的年龄、性别、兴趣、消费能力等特点，以便于后续文案策划和创作的进行。

2. 确定文案主题

结合旅游产品的特点和目标受众的需求，选择简洁明了的主题，突出旅游产品的核心卖点，让受众能够快速了解和产生兴趣。

（二）研究旅游产品特点和市场需求

1. 深入了解旅游产品

对旅游产品的特点、优势、价格、服务等要素深入了解，以便于在文案中突出旅游产品的差异化优势和独特性。

2. 探究市场需求

了解目标受众的市场需求和消费习惯，探究他们的兴趣和偏好，以便于在文案中满足他们的需求和兴趣。

（三）提炼核心卖点，突出旅游产品优势

1. 提炼核心卖点

根据旅游产品的特点和市场需求，提炼出旅游产品的核心卖点，让受众能够快速了解和产生兴趣。

2. 突出旅游产品优势

在文案中突出旅游产品的优势和独特性，让受众感受到旅游产品的价值，提高购买意愿和忠诚度。

（四）选择恰当的语言风格和表达方式

1. 选择恰当的语言风格

根据目标受众的特点和文案主题，选择适合的语言风格，如轻松幽默、文艺清新、正式庄重等，让文案更加吸引人、感染人。

2. 利用多种表达方式

在文案创作中可以利用多种表达方式，如文字、图片、视频、音频等，丰富文案的内容和

形式，提高受众的阅读体验和购买意愿。

（五）注重情感诉求和视觉元素的应用

1. 情感诉求的应用

在文案中运用情感诉求，通过触动受众的情感和内心需求，让他们对旅游产品产生共鸣和兴趣。例如可以通过描绘美好的旅游场景、讲述感人的故事等方式吸引受众。

2. 视觉元素的应用

在文案中加入适当的视觉元素，如图片、图表、视频等，更加直观地展示旅游产品的特点和优势，提高受众的理解程度和购买意愿。

（六）遵循新媒体营销文案的格式要求

1. 标题要简明扼要

标题是吸引受众注意力的关键，要简洁明了、有创意，能够吸引受众的眼球。同时，还要注意标题与正文内容的关联性和符合性。

2. 正文要逻辑清晰

正文部分要分段呈现，逻辑清晰。要注意行文结构和语言的流畅性，避免出现过多的语法错误和拼写错误。

3. 图片要精美高质量

图片是文案的重要组成部分，要选用高质量、有吸引力的图片配合文案的宣传。同时，还要注意图片与正文内容的关联性和符合性。

4. 结尾要有号召性

结尾部分要简洁明了地总结文案内容，还用有号召性的语言引导受众采取行动或关注后续内容。例如可以通过提出问题、制造紧迫感等方式引导受众购买旅游产品。

旅游新媒体文案创作需要从目标受众、文案主题、旅游产品特点、市场需求等方面深入了解和分析，注重情感诉求和视觉元素的应用；同时，遵循新媒体营销文案的格式要求进行创作。这样才能撰写出具有吸引力和感染力的旅游新媒体营销文案，提高旅游产品的知名度和美誉度，推动旅游业的发展。

四、选择旅游新媒体文案创作的主题

旅游新媒体文案创作的主题是整个文案的灵魂和核心，它能够让受众产生兴趣、共鸣和购买欲望。选择一个合适的主题需要从旅游产品的特点、目标受众的需求和市场竞争等多个方面进行考虑。

（一）考虑旅游产品的特点

旅游产品的特点是主题选择的基础。不同的旅游产品有着不同的特色和卖点，如文化旅游、海岛旅游、草原旅游、乡村旅游等。选择一个与旅游产品特点相关的主题能够更好地突出旅游产品的差异化优势和独特性，吸引目标受众的关注。

例如，对于海岛旅游，可以选择"享受阳光与海滩"的主题，突出海岛的休闲与放松；对于草原旅游，可以选择"草原风光与生态体验"的主题，让受众感受到大自然的恢宏和骑马、

牧羊等草原文化体验；对于文化旅游，可以选择"探寻历史与文化的脉络"的主题，突出旅游目的地的文化底蕴和特色。

（二）考虑目标受众的需求和兴趣

目标受众的需求和兴趣是主题选择的重要依据。不同的受众群体有不同的需求和兴趣，如年轻人喜欢刺激和新奇、家庭喜欢休闲和亲子、老年人喜欢健康和养生等。选择一个符合目标受众需求和兴趣的主题能够更好地引起受众的共鸣和兴趣，提高文案的效果。

例如，对于年轻人，可以选择"探险与冒险"的主题，突出旅游目的地的刺激和新奇；对于家庭，可以选择"亲子游与休闲度假"的主题，突出旅游目的地的舒适和乐趣；对于老年人，可以选择"养生与健康"的主题，突出旅游目的地的自然环境对身体健康的益处。

（三）考虑市场竞争与营销策略

市场竞争与营销策略是主题选择的另一个重要因素。不同的旅游产品在市场中面临的竞争状况也不同，需要结合市场竞争状况和营销策略选择合适的主题。例如，一些旅游产品可能面临着市场竞争激烈的情况，可以选择一个独特的主题突出旅游产品的差异化优势和特色。

纪录片《青海·我们的国家公园》

例如，针对旅游城市推介，可以选择"感受城市文化与风土人情"的主题，突出城市的魅力和特色；针对景区推广，可以选择"探索自然奇观与休闲度假"的主题，突出景区的自然美景和舒适的环境。

选择一个合适的主题是旅游新媒体文案创作成功的关键之一。在选择主题时需要从旅游产品特点、目标受众需求和兴趣、市场竞争与营销策略等多个方面进行考虑。只有选择一个合适的主题，才能够撰写出具有吸引力和感染力的文案，达到推广旅游产品的目的。

> **课堂思考**
>
> 请从下列景点中任选一处，选择合适的旅游新媒体文案进行主题创作，并说明理由。
> 九寨沟、长城、莫高窟、长白山、趵突泉、龙门石窟。

任务二　学会旅游新媒体图片与内容排版

一、学会旅游新媒体图片排版

（一）旅游新媒体图片的排版原则

旅游新媒体图片排版的原则可以归纳为以下几个方面。

1. 简洁明了

在排版中时，应该追求简洁明了，避免复杂的布局和设计，以免干扰读者的阅读体验。

2. 突出重点

排版时应突出文章的重点，如通过加粗、放大字号、调整颜色等方式引导读者关注重点信息。

3. 统一风格

保持排版的统一性，如标题字体大小、正文字号和颜色的统一，使整篇文章看起来更加协调。

4. 图片与动画的适当应用

在排版时应适当使用图片和动画，以丰富阅读体验。适当使用高质量的图片和动画不仅可以增强文章的可读性，还能提高其传播效果。

5. 布局合理

在排版时要注意文字、图片和配色等元素之间的协调性，使其呈现出最佳的视觉效果。例如，可以用图片作为文章的背景，增加文字的可读性和美观度。

6. 适应设备

考虑到不同设备（如手机、平板、电脑等）的显示效果，在排版中要注意适配不同设备的屏幕尺寸和分辨率，以保证良好的阅读体验。

7. 响应式设计

采用响应式布局，使文章在不同设备上都能呈现出良好的排版效果，提升用户体验。

8. 考虑 SEO 优化

在排版时要考虑搜索引擎优化（Search Engine Optimization，SEO），合理使用关键词和关键语句，提高文章在搜索引擎中的排名和可见度。

9. 可读性与可操作性

在排版时要注重可读性与可操作性。设计应该简洁明了，便于读者进行操作和浏览。同时，还应该考虑到文章内容的可读性，如文字大小、行距、字体等因素。

综上所述，旅游新媒体图片排版应该注重简洁明了、突出重点、统一风格、适当使用图片和动画、布局合理、适应设备、响应式设计、考虑 SEO 优化及可读性与可操作性等原则。通过合理排版，可以增强文章的视觉效果和传播效果，提高受众的阅读体验和购买意愿。

（二）旅游新媒体图片的排版技巧

旅游新媒体图片的排版技巧是提升旅游产品推广效果的重要手段之一，主要包括以下几个方面。

1. 选择合适的图片

（1）选择符合旅游产品特点的图片：根据旅游产品的特点和目标受众的需求，选择能够突出旅游产品特色和优势的图片。例如，如果推广的是海岛旅游，可以选择一些精美的海景图片或者海岛活动图片，如冲浪、沙滩排球等。

（2）选择符合目标受众需求的图片：针对目标受众的需求和兴趣，选择符合他们需求的图片。例如，如果目标受众是年轻人，可以选择一些新奇、刺激的图片，如悬崖跳水、夜间狂欢等。

（3）选择高质量、清晰度的图片：选用高质量、清晰度的图片可以提升旅游产品的品质和观感，也能够提高受众的购买意愿。

2. 编辑图片

（1）调整图片大小和比例：根据文案内容和排版需要，对图片大小和比例进行调整，使其适应文案的整体风格和视觉效果。

（2）调整图片颜色和亮度：根据旅游产品的特点和目标受众的喜好，调整图片颜色和亮度，使其更加吸引人、感染人。

（3）添加文字和水印：在图片上添加一些简短、有创意的文字和水印，可以增加图片的吸引力和传播效果。例如，在一些精美的景点图片上添加一些介绍性文字或者旅游产品的水印。

3. 运用视觉元素

（1）利用颜色突出重点：通过运用不同的颜色来突出重点内容或者旅游产品的特色。例如，在一些旅游度假胜地的图片上，可以将蓝色、绿色等自然颜色与旅游产品的特色相结合，突出旅游产品的独特性和差异化优势。

（2）利用形状增加趣味性：通过运用不同的形状来增加图片的趣味性和创意性。例如，在一些旅游景点或者活动图片上，可以利用不规则的形状或者夸张的线条来突出旅游景点的特点或者活动的刺激感。

（3）利用元素组合增加层次感：通过将不同的元素进行组合，增加图片的层次感和视觉效果。例如，在一些旅游城市或者文化景点的图片上，可以将建筑、自然景观、人文元素等进行组合，形成一种立体的画面感。

旅游新媒体图片的编辑技巧包括选择合适的图片、编辑图片及运用视觉元素等方面。通过这些技巧的应用，使图片更加精美、有吸引力和传播效果，从而更好地推广旅游产品和服务，提高受众的购买意愿和忠诚度。同时，也需要注意图片的质量和清晰度，以及与旅游产品特点的契合度等方面，以提升旅游产品的品质和竞争力。

（三）旅游新媒体图片的排版步骤

旅游新媒体图片的排版步骤可以分为以下几个关键步骤。

1. 选择合适的图片

首先需要选择高质量、具有吸引力的旅游图片。图片应与文案内容相呼应，能够突出旅游产品的特色和亮点。

2. 确定主题和风格

根据图片的主题和旅游内容，决定图片排版的主题和风格。可以选择清新自然、艳丽奢华或传统质朴等不同风格，以展现旅游产品的独特魅力。

3. 制定排版布局

根据页面设计要求，将选定的图片与文案进行合理的排版。可以根据图片的大小、颜色和主体位置安排文案的位置和字体样式。确保文字清晰可读，不影响图片的观赏效果。

4. 添加文字说明

如果需要对图片进行文字说明，可以在适当位置添加简短而有吸引力的文字。文字应简洁明了、精练有力，能够准确传达图片所表达的信息。

5. 调整图片与文案配合度

排版完成后，进行整体调整和审视，确保图片和文案的配合度，使整体效果更加谐调、美观。

6. 优化图片尺寸和格式

根据实际需求对图片进行尺寸和格式的优化，确保图片文件大小适中，以加快加载速度并在不同平台上呈现良好的效果。

通过以上步骤进行旅游新媒体图片的排版，以达到好的视觉效果和信息传达效果。总体来说，选择适合的图片、制定合理的布局、添加文字说明，并进行整体调整和优化，以提升图片在新媒体平台上的表现。

二、学会旅游新媒体内容排版

（一）旅游新媒体内容的排版原则

旅游新媒体内容排版的原则可以归纳为以下几点。

1. 标题吸引力

文章的标题要具有吸引力，能够引起读者的兴趣并激发点击的欲望。精准地描述主题、采用独特的表达方式或有趣的引语等都是制作吸引人的标题的方法。

2. 结构清晰

文章的结构要清晰，包括引言、正文和结尾部分。通过合理的分段和标题使用，帮助读者快速浏览并找到他们感兴趣的内容。

3. 段落分隔

在文章中使用合适的段落分隔，使文章内容更易读。每个段落应该有一个明确的主题，段落之间应该有合理的过渡，使文章内容的连贯性更好。

4. 图文结合

在排版中适当插入图片、图表或其他可视化元素，以增加阅读的趣味性和吸引力。图片可用于补充文字描述、突出重点或提供视觉参考，提升整体阅读体验。

5. 引用和链接

在适当的地方加入引用、专家观点或相关的链接，以支持文章内容并提供更多相关信息。良好的引用和链接能够增加文章的权威性和可靠性，提供更全面的知识。

6. 易读易懂

旅游新媒体内容应该用简洁明了的语言表达，避免过于专业化或复杂的术语。使用简单的句子和段落，避免长篇大论，以提高读者的理解和吸引力。

7. 适应移动端

考虑到移动设备的阅读习惯，排版的内容要适应不同尺寸的屏幕，并保持良好的可阅读性。合理的字体大小、行字间距和间距，以及易于点击的空余区域，都能提升移动端的阅读体验。

8. 简洁关键信息

保持文章的简洁性，突出关键信息和亮点，以吸引和保持读者的注意力。用精练的语言表达核心内容，避免冗长的描述，让读者能够快速获取他们需要的信息。

以上原则可以帮助旅游新媒体内容排版更加吸引人、易读易懂，并适应不同的设备和环境。通过独特的标题、清晰的结构、合适的段落分隔、图文结合等手段，增强文章的可读性和吸引力，提升用户的阅读体验和信息传达效果。

（二）旅游新媒体内容的排版技巧

旅游新媒体内容的排版技巧是提升旅游产品推广效果的重要手段之一，主要包括以下几个方面。

1. 合理规划布局

旅游新媒体内容的排版需要合理规划布局，整体结构要简洁明了、重点突出。标题、正文、图片、表格等元素要合理配置，使整个页面整洁、美观、易于阅读。

2. 选择合适的字体和字号

字体和字号的选择对于旅游新媒体内容的排版至关重要。字体要易于阅读，字号要适中，使文章内容在不同的设备和屏幕上都能达到良好的显示效果。

3. 运用多种格式

在旅游新媒体内容的排版中，要善于运用多种格式，如加粗、斜体、下划线、引用等，以突出重点内容、增强文章内容层次感和可读性。

4. 添加空白和分段

在排版中要适当添加空白和分段，以分隔不同的段落和内容，使整个页面更加整洁、易读。同时，分段也能够让读者更容易理解和记忆文章内容。

5. 图文并茂

在旅游新媒体内容的排版中，要善于使用图片和图表，以生动形象地展示旅游产品和服务的特点、优势和差异化。同时，图片和图表也能够增强文章内容的可读性和吸引力。

6. 使用表格和列表

使用表格和列表可以突出旅游产品和服务的特点、优势和差异化，使文章内容更加简洁明了、易于理解和记忆。

7. 利用交互式元素

在旅游新媒体内容的排版中，可以利用交互式元素，如弹窗、表单、按钮等，以吸引读者的注意力、增强互动性和参与感。

旅游新媒体内容的排版技巧包括合理规划布局、选择合适的字体和字号、运用多种格式、添加空白和分段、图文并茂、使用表格和列表及利用交互式元素等方面。通过这些技巧的应用，可以使旅游新媒体内容更加生动、形象、易于理解和记忆，从而更好地推广旅游产品和服务，提高受众的购买意愿和忠诚度。同时，也需要注意文章内容的质量和完整性，以及与旅游产品特点的契合度等方面，以提升旅游产品的品质和竞争力。

（三）旅游新媒体内容的排版步骤

旅游新媒体内容的排版步骤可以分为以下几个方面。

1. 明确目标与主题

在开始排版前，首先要明确旅游新媒体内容的传播目标和主题。例如，是为了宣传旅游城市的特色、景点、文化还是美食等，从而确定内容的重点和方向。

2. 策划与构思

（1）根据目标和主题，进行整体构思和策划。确定内容的结构、段落、开头结尾、配图等元素，以及需要突出的重点内容。

(2) 考虑受众的需求和兴趣，有针对性地策划内容。例如，针对不同年龄段的受众，选用不同风格的内容和排版方式，以提高受众的阅读体验和兴趣。

(3) 考虑内容的完整性、条理性和逻辑性。确保内容不重复、不矛盾，同时符合旅游产品的特点和差异化优势。

3. 选择合适的排版风格

(1) 根据目标和主题，选择合适的排版风格。例如，选择清新自然、简约时尚、文艺复古等风格，以使内容更符合旅游产品的定位和目标受众的喜好。

(2) 配合旅游产品的特点和差异化优势，选用具有表现力的字体、颜色、排版方式等元素，以增强内容的吸引力和感染力。

4. 制作内容大纲和样章

(1) 制作内容大纲，明确每个章节的标题、段落和要点，以确保整体内容的连贯性和层次感。

(2) 根据大纲制作样章，对每个章节的内容和排版进行详细规划和设计。样章要体现整体排版风格和内容特点，同时要注意美观、简洁、易读。

5. 正式排版制作

(1) 根据样章的设计和要求，对每个章节进行排版制作。利用合适的字体、字号、颜色、对齐方式等元素，使内容更加美观易读。

(2) 对每个章节的内容进行校对和修正，确保内容的准确性和完整性。

6. 审核与优化

(1) 对排版完成的内容进行审核，检查是否有错别字、格式错误等问题。同时，还要确保内容与排版风格的统一性和整体协调性。

(2) 对审核中发现的问题进行优化和修正，以提高内容的品质和传播效果。

7. 发布与推广

(1) 发布审核完成的内容，选择合适的平台和渠道进行传播。例如，旅游官网、社交媒体、旅游攻略平台等。

(2) 对发布的内容进行推广，如通过 SEO 优化、社交媒体分享、KOL 合作等方式，提高内容的曝光率和影响力。

总之，旅游新媒体内容的排版步骤包括明确目标与主题、策划与构思、选择合适的排版风格、制作内容大纲和样章、正式排版制作、审核与优化及发布与推广等方面。精心策划和严格执行这些步骤，可以提高旅游新媒体内容的品质和传播效果，吸引更多受众的关注并使他们产生购买意愿。

任务三　制作旅游新媒体短视频

一、短视频概述

（一）短视频的含义

随着智能手机的普及和网络的提速，"短、平、快"的大流量传播内容逐渐得到各大平台、用户和企业的认可。从文字到图片，再到视频，人们获取信息的方式不断变化。在如今的文化背景下，人们习惯于看到及时的、短小精悍的、视觉冲击力强的内容，这就正好和短视频的特点相吻合。

短视频是在各种新媒体平台上播放的、适合在移动状态和短时间休闲状态下观看的、高频推送的视频，时长从几秒钟到几分钟不等，其内容包括技能分享、幽默搞笑、时尚潮流、社会热点、公益教育和广告创意等多种主题。

相比于文字、图像和传统视频，短视频的生产成本低，传播和生产碎片化；传播速度快，社交属性强；生产者和消费者之间界限模糊。随着用户利用碎片化时间的需求越来越强，短视频时长短、内容相对完整、信息密度大的特点，及其集图、音、文等于一身的创作形式，正好解决了很多场景下大众社交、记录、娱乐等复杂的诉求。

（二）短视频平台

2022年10月，中国共产党第二十次全国代表大会胜利召开。党的二十大报告指出："加快发展数字经济，促进数字经济和实体经济深度融合，打造具有国际竞争力的数字产业集群。"2022年，我国数字经济持续保持较快发展，中国互联网络信息中心（China Internet Network Information Center，CNNIC）于2023年3月发布的第51次《中国互联网络发展状况统计报告》显示，截至2022年12月，我国短视频用户数量达10.12亿。也就是说，在我国网民规模10.67亿的基础总量下，短视频的使用者达到了94.8%，这说明短视频已经成为巨大的流量入口。

目前，受到国内网民喜爱的短视频平台主要有抖音、快手、西瓜视频和微视等。

1. 抖音

抖音是一款非常受欢迎的短视频应用程序，于2016年由字节跳动公司推出。它已经成为中国受欢迎的短视频平台之一，拥有数亿用户。抖音的核心理念是"记录美好生活"。用户可以通过它分享自己的生活、才艺和兴趣。

抖音的特点是简短、有趣和富有创意。视频时长通常被限制在1~3分钟，让用户能够快速分享自己的生活和创意。它的算法能够根据用户的兴趣和行为推荐相关视频。此外，抖音还提供了各种创意工具，如滤镜、特效、背景音乐等，让用户能够制作出更具吸引力的视频作品。

抖音还吸引了众多明星、网红和品牌的关注。许多热门歌曲、舞蹈和挑战都是从抖音上开始流行的。品牌也通过与网红合作或发布挑战赛来吸引用户关注，扩大品牌影响力。

抖音提供了直播功能，让用户可以直播自己的才艺或与他人进行直播互动。此外，抖音还推出了一系列电商和广告合作计划，让品牌和商家可以在平台上进行推广和销售。

2. 快手

快手是另一款备受欢迎的短视频平台，于2012年由程一笑创立。它在中国拥有庞大的用户基础，以"记录生活记录你"作为其核心理念。

快手的特点是面向普通用户，强调真实、质朴和生活化。与抖音相比，快手的视频通常较长，有的甚至长达数小时。用户可以通过快手分享自己的生活片段、才艺表演和兴趣爱好。快手的算法也以社交属性为主，推荐内容更倾向于用户关注的人或事，而非全局算法。

快手上有许多草根明星和网红，他们通过才艺表演和搞笑段子吸引了大量粉丝。品牌也会通过与网红合作或发布挑战赛吸引用户关注。此外，快手还推出了一系列广告合作计划，让商家可以在平台上进行推广和销售。

3. 西瓜视频

西瓜视频是字节跳动公司推出的另一款短视频平台，于 2017 年上线。它的核心理念是"好看视频"，旨在为用户提供高质量、多品类、有价值的内容。

西瓜视频的特点是内容丰富、质量较高，并且强调横屏视频格式。它的视频时长没有特定限制，从几分钟到几个小时不等。西瓜视频的内容涵盖了电影、电视剧、综艺节目、纪录片、动漫等各种类型，同时也鼓励原创作者分享自己的才艺和兴趣。

西瓜视频的算法以个性化推荐为主，通过分析用户行为和兴趣推荐相关视频。此外，西瓜视频还提供了直播功能，让用户可以观看各种直播内容并与其他用户互动。品牌可以通过与网红或自媒体人合作扩大影响力，同时也有机会通过西瓜头条、明星代言等形式进行推广。

4. 微视

微视是腾讯公司推出的短视频平台，于 2013 年上线。它的核心理念是"看见更大世界"，让用户通过微视分享自己的生活、才艺和兴趣。

微视的特点是操作简单、界面友好，并且与 QQ 和微信等社交平台深度整合。用户可以通过微视将视频分享到社交平台或者直接在微视平台上与朋友进行互动。微视的视频时长限制在 1~5 分钟，比较适合短小精悍的内容。

微视上有许多热门歌曲、舞蹈和挑战的视频，用户可以通过参与挑战或观看热门视频发现更多有趣的内容。品牌可以通过与网红或明星合作发布挑战赛或者广告合作来吸引用户关注。同时，微视也提供了直播功能和小程序功能，让用户可以观看直播内容并与其他用户互动。

思政融合

如何理解加快发展数字经济，促进数字经济和实体经济深度融合？

习近平总书记在党的二十大报告中指出，"加快发展数字经济，促进数字经济和实体经济深度融合"。新一代信息技术与各产业结合形成数字化生产力和数字经济，是现代化经济体系发展的重要方向。大数据、云计算、人工智能等新一代数字技术是当代创新最活跃、应用最广泛、带动力最强的科技领域，给产业发展、日常生活、社会治理带来深刻影响。数据要素正在成为劳动力、资本、土地、技术、管理等之外最先进、最活跃的新生产要素，驱动实体经济在生产主体、生产对象、生产工具和生产方式上发生深刻变革。数字化转型已经成为全球经济发展的大趋势，世界各主要国家均将数字化作为优先发展的方向，积极推动数字经济发展。围绕数字技术、标准、规则、数据的国际竞争日趋激烈，成为决定国家未来发展潜力和国际竞争力的重要领域。

我国数字经济发展具有独特优势，面临难得的历史机遇。我国有 14 亿多人口，网民规模达 10.32 亿，拥有世界上最为完备的产业体系，制造业规模、货物出口规模等重要经济指标均位居世界前列，人力资源丰富且素质不断提高，超大规模市场带来的海量用户和丰富应用场景为数字经济发展提供了极为有利的条件。我国信息通信产业发展迅速，国际竞争力较强，建成了全球规模最大、性能先进的网络基础设施体系，为数字经济发展提供了坚实物质基础。我国经济发展由高速增长阶段转向高质量发展阶段，产业升级、消费升级对数字经济发展产生巨大需求。我国有条件、有能力把握以数字技术为核心的新一代科技和产业变革历史机遇，加快发展数字经济，促进数字经济和实体经济深度融合，以信息化培育新动能，用新动能推动新发展，形成引领未来发展的新优势。

数字化能够有效率引生产和服务体系智能化升级，促进产业链价值链延伸拓展、融合发展，是实体经济转型升级的必然选择。我国实体经济规模庞大、门类齐全，但供给结构和效率不适应需求升级的问题还很突出，迫切需要通过数字化带动生产制造、分销售后等环节全面优化升级，提高满足国内外市场需求的能力。必须加快推广数字领域新技术新业态新模式，加快推动各领域数字化优化升级，实现数字经济与实体经济深度融合，打造经济发展新引擎，以数字化转型整体驱动实体经济质量变革、效率变革、动力变革和生产方式变革。要提高数字技术基础研发能力，加快解决数字领域关键核心技术受制于人问题，加强新一代数字技术产业布局，抢占未来竞争制高点。培育壮大新兴数字产业，提升通信设备、核心电子元器件、关键软件等相关产业发展水平。加快建设新一代移动通信、数据中心等数字基础设施，提升数据处理水平，促进信息高效联通和开发利用。全面推动产业数字化，推动数据赋能全产业链协同转型，加快发展工业互联网和物联网，推动服务业数字化转型，推进农业生产经营和管理服务数字化。发挥我国市场规模、人力资源和金融体系优势，充分发挥市场机制和企业主体作用，支持数字企业发展壮大，打造具有国际竞争力的数字产业集群。加快构建数据基础制度体系，完善数据产权、交易、监管等机制，促进平台经济规范健康持续发展。深化数字经济国际合作，积极参与数据流动、数字货币、数字税等国际规则制定。协同推进数字经济、数字社会、数字政府建设，以数字化促进民生改善和治理水平提升。提升数据安全保障能力。提升全民数字素养，为数字经济发展营造良好发展环境。

（共产党员网，2022-12-31）

二、短视频脚本编写

旅游新媒体短视频脚本内容编写是旅游新媒体内容制作的重要环节。编写旅游新媒体短视频脚本内容的步骤如下。

1. 引入话题

在脚本的开头部分，需要用简洁的语言引入话题。可以介绍旅游景点或旅游城市的基本信息，包括地理位置、历史文化、气候特点等。同时，还可以使用引人入胜的开头语，如"如果你还没有计划，不妨来看看我的推荐"等，从而引起观众的兴趣和注意。

2. 景点介绍

在引入话题后，需要向观众介绍旅游景点的美丽和独特之处。可以运用生动的语言和画面，展现旅游景点的自然风光、人文景观、历史背景等方面的内容。例如，可以介绍景点的特色建筑、自然景观、文化遗产等，让观众对旅游景点有更加深入的了解。

3. 旅游体验

在介绍旅游景点后，可以向观众展现创作者自己的旅游体验。这可以包括在景点游览过程中的所见所闻、感受和经历等。通过展示自己在旅游过程中的真实感受和难忘经历，拉近与观众的距离，让观众对旅游景点有更强的代入感和体验感。

4. 特色美食

旅游中不仅有美景，美食也是不可或缺的一部分。可以向观众介绍当地的特色美食，包括美食的名称、做法、材料、味道等特点。同时还可以邀请观众品尝当地的美食，让观众在旅游过程中感受不同地域的文化和风味。

5. 互动环节

在脚本中可以设置一些互动环节，让观众参与其中，增强观众的参与感和互动性。例如，可以设置一些小游戏、问答环节、抽奖环节等，让观众在观看视频的同时可以参与互动和竞争。这样不仅可以提高视频的趣味性和吸引力，还可以加深观众对旅游景点或旅游城市的了解和认识。

6. 总结结尾

在脚本的结尾部分，需要总结整个视频的内容和要点，并向观众发出号召或邀请。可以重申景点的美丽和独特之处，强调旅游的价值和意义。同时还可以鼓励观众去旅游景点或城市亲身体验和感受，分享自己的旅行故事和经历。

编写旅游新媒体短视频脚本内容需要注重引人入胜的开头语、生动形象的景点介绍、真实有趣的旅游体验、特色美食的介绍、互动环节的设置，以及总结结尾的安排。同时还需要注意语言的简洁明了和画面的流畅自然，让观众更好地理解和感受视频所表达的信息和情感。

三、短视频拍摄

旅游新媒体短视频的拍摄是旅游新媒体内容制作的关键环节。拍摄旅游新媒体短视频的步骤如下。

1. 准备工作

（1）确定目标和主题。在拍摄前要明确视频的主题和目标受众，以及要表达的核心信息。

（2）制定拍摄计划。根据主题和目标受众，制定拍摄计划，包括拍摄地点、拍摄时间、拍摄内容、拍摄人员等。

（3）准备拍摄设备。选择合适的拍摄设备，如相机、三脚架、滑轨、稳定器等。同时准备好备用电池、储存卡、麦克风等配件。

（4）了解景点和天气情况。在拍摄前需要了解景点的特点和天气情况，以便更好地进行拍摄。

2. 拍摄内容

（1）旅游景点介绍。在视频开头，需要用简洁明了的语言介绍旅游景点的基本信息，包括地理位置、历史文化、气候特点等。同时还可以加入一些引人入胜的开头语，如"如果你还没有计划，不妨来看看我的推荐"等，引起观众的兴趣和注意。

（2）特色建筑。介绍旅游景点的特色建筑，可以通过镜头展现景点的美丽和独特之处。

（3）自然景观。介绍旅游景点的自然景观，包括山川、湖泊、瀑布等，通过镜头展现大自然的美丽和神奇之处。

（4）文化遗产。介绍旅游景点的文化遗产，包括历史遗迹、博物馆、文化活动等，通过镜头展现文化的魅力和价值。

（5）旅游体验。展现创作者自己在旅游过程中的真实感受和难忘经历，通过镜头让观众对旅游景点有更强的代入感和体验感。

（6）特色美食。介绍当地的美食，包括美食的名称、做法、材料、味道等特点，通过镜头让观众感受到不同地域的风味和文化。

3. 拍摄技巧

（1）稳定画面。在拍摄过程中需要注意画面的稳定性，可以使用三脚架、稳定器等设备辅助拍摄。

(2) 合适的光线。光线对画面的影响非常大，需要选择合适的光源和光线角度进行拍摄。

(3) 合适的镜头。选择合适的镜头可以更好地展现旅游景点的特点和美感，如使用广角镜头拍摄大自然的美景。

(4) 运用特效和滤镜。在拍摄过程中可以运用特效和滤镜来增强画面的视觉效果，如慢动作、拼接、滤镜等。

(5) 捕捉细节。捕捉细节可以让画面更加生动有趣，如拍摄当地人的日常生活、特色小店等。

4. 后期制作

(1) 剪辑视频。对拍摄好的素材进行剪辑，去掉不满意的部分，保留精华部分。

(2) 加配乐和音效。选择与视频主题和表现形式相匹配的背景音乐和音效，可以增强视频的感染力和吸引力。

(3) 加字幕和标题。可以添加字幕和标题来增强视频的可读性和吸引力，如景点名称、旅游体验等。

(4) 特效处理。在后期制作过程中可以运用特效和滤镜来增强画面的视觉效果，如慢动作、拼接、滤镜等。

(5) 检查和审核。在后期制作完成后，需要仔细检查和审核，确保视频的质量和效果达到预期目标。

拍摄旅游新媒体短视频需要做好充分的准备工作，了解景点和天气情况，制定详细的拍摄计划，还要注意拍摄内容和技巧的运用。在后期制作过程中需要认真剪辑、加上配乐和音效、加字幕和标题等，最终呈现出一部高质量的旅游新媒体短视频作品。

案例导入

如何拍摄出高质量旅游抖音短视频？

现在出门旅游，除了拍照，拍摄短视频似乎更受年轻人的青睐。如何才能拍摄出来高质量的旅游短视频呢？下面分享三个小技巧，出门旅游的时候可以利用起来。

技巧一：拍摄片段也可以巧利用。

如果实在是不知道应该怎么拍摄，可以简单拍摄一下路上的美丽风景，记住画面要稳定。比如就直接将手机拿在手中，对着车水马龙拍摄，只要画面在动，自己不动就行了。拍摄完成之后，后期调整一下滤镜，搭配字幕和背景音乐，就是一部大片的效果。或者也可以为短视频配上人声。

技巧二：可以利用场景转换拍摄。

利用场景转换的手法拍摄旅游短视频。比如可以在不同的地方拍摄同样的镜头，记得可以稍微旋转一下，这样后期剪辑的时候会好。后期剪辑的时候将这些旋转的镜头剪辑到一起，比如第一个镜头转到三分之一处时，剪辑接上第二个旋转镜头……这样剪辑出来的效果就像是通过旋转从一个地方到了另一个地方。

技巧三：酷炫的"瞬移"。

在旅游的时候，可以选择自己满意的场景，然后拍摄一段走路的镜头，后期剪辑的时候利用"跳剪"制作出"瞬移"的效果，也非常不错。

（来源：深圳全企互联）

四、短视频剪辑

短视频剪辑就是借助视频剪辑软件进行镜头的连接，添加转场、字幕、特效等使镜头的逻辑顺序和结构更严密，生成具有不同表现力的短视频。

常用的剪辑软件有 Pr（Adobe Premiere Pro）、快剪辑、爱剪辑、剪映、快影、必剪等。

（一）Pr

Pr 是一款由 Adobe 公司开发的专业的视频剪辑软件，广泛应用于电影、电视、广告和网络视频等领域。它是一个强大的后期制作工具，可以用来进行视频剪辑、音频处理、特效添加、字幕添加、色彩校正等多个方面的工作。

Pr 的特点是可以与 Adobe 的其他软件（如 Photoshop、After Effects 等）无缝集成，支持各种格式的视频和音频文件，提供了精确的剪辑工具和强大的特效功能，可以根据需要进行自定义设置，提供多种输出格式选择。

使用 Pr 进行旅游视频剪辑，可以轻松实现高质量的视频效果。例如，可以使用它来剪辑旅游景点的视频，通过添加特效和滤镜增强视觉效果，同时还可以添加背景音乐和字幕等元素完善视频内容。

（二）快剪辑

快剪辑是一款功能齐全、操作简捷的免费视频剪辑软件，支持 Windows（微软视窗操作系统）和 macOS（苹果公司开发的计算机操作系统）操作系统。它可以帮助用户快速剪切、合并、编辑和分享视频，还提供了屏幕录制、画中画、音频提取、一键分享等功能。

快剪辑的操作界面简洁直观，具有丰富的剪辑工具和特效功能，可以轻松实现多种高质量的视频效果。例如，可以使用快剪辑来添加主题模板、字幕、水印等元素来增强视频的视觉效果，同时还可以将多个视频拼接在一起，制作出更为丰富的视频内容。

（三）爱剪辑

爱剪辑是一款入门级视频编辑软件，界面简洁，易于操作。它支持添加文字、图片、音乐、滤镜、转场等基本功能，还提供了多种模板和特效供用户选择。此外，爱剪辑还支持视频倒放和变速调整等功能，适合制作一些有趣的短视频。

使用爱剪辑进行旅游视频剪辑可以快速入门，而且有很多模板和素材可供选择，可以帮助用户快速制作出一些有趣的短视频。例如，可以添加一些风景素材和音乐来制作旅游短片或者视频记录（Video blog，Vlog）等。

（四）剪映

剪映是一款抖音旗下的手机视频剪辑工具，界面简洁直观，操作简单易懂。它支持添加音乐、文字、特效等多种元素丰富视频内容。它提供了很多特效和滤镜效果供用户选择，还可以自由调整参数来达到用户想要的视觉效果。此外，剪映还支持多轨道剪辑和画中画效果等功能，可以帮助用户轻松完成各种高质量的视频效果。

使用剪映进行旅游视频剪辑可以让整个过程变得更加简单。例如，可以在手机上随时随地轻松完成视频剪辑，并且可以根据需要随时修改和完善。此外，还可以通过模板快速制作出一些有趣的小视频分享到社交媒体上。

（五）快影

快影是一款专业的视频剪辑软件，支持 Android（谷歌公司开发的移动操作系统）和 iOS（苹果公司开发的移动操作系统）平台。它可以帮助用户轻松完成视频剪辑、音频提取、字幕添加等基本操作。它支持快速导入素材、高效剪辑和拼接画面、添加字幕和水印等功能，提供了丰富的特效和滤镜效果。此外，快影还支持一键合成导出视频和多设备同步功能，可以让用户更加便捷地完成视频制作。

使用快影进行旅游视频剪辑可以帮助用户轻松制作出高质量的视频效果。例如，可以在旅游拍摄过程中及时导入素材并快速剪辑成片；可以在画面中添加滤镜和特效来增强视觉效果；还可以添加字幕和水印等元素来完善视频内容。

（六）必剪

必剪是 B 站推出的一款手机端视频剪辑软件，有着丰富的特效和素材库可供选择。它帮助用户轻松制作出有趣的短视频并支持一键上传到 B 站。必剪支持音频添加、文字、贴纸、滤镜等基本功能，同时还可以进行多轨道剪辑和画中画效果等高级操作。此外，必剪还支持多人协作和虚拟形象功能等有趣的功能，可以让用户更加轻松愉快地完成视频制作。

使用必剪进行旅游视频剪辑可以轻松愉快地完成创作并上传分享到 B 站。例如，可以通过滤镜和特效来增强视觉效果；还可以使用多人协作功能邀请好友一起创作；使用虚拟形象功能可以在视频中添加可爱的虚拟形象增加趣味性。

在使用这些旅游新媒体短视频剪辑软件时，需要注意以下事项。

（1）版权问题：在使用他人的素材或者音乐时，需要先获得授权或者遵循知识共享协议等。

（2）隐私保护：避免在视频中暴露他人的隐私信息或者拍摄他人未授权的私人场景。

（3）内容安全：避免在视频中传播不实信息或者恶意代码等。

（4）使用技巧：需要掌握一定的视频剪辑技巧和表达方式，才能更好地制作出优质的旅游新媒体短视频。

（5）软件更新：需要定期更新软件，以保证软件的稳定性和功能的不断完善。

（6）存储备份：需要做好视频素材的存储备份工作，以防止数据丢失或者被误删。

短视频
《我的家乡陵水》

💡 课堂思考

请对如何制作一段质量上乘的旅游新媒体短视频进行讨论，并分享讨论结果。

实战演练

一、问答演练

（1）简述旅游新媒体文案创作与传统文案创作的区别。
（2）简述旅游新媒体文案创作的作用及步骤。
（3）简述旅游新媒体图片与内容排版的步骤。
（4）如何进行短视频脚本的编写？

二、项目演练

（一）项目演练目的

通过本次演练，应学会以下内容。
（1）了解旅游短视频的特点、拍摄方法和技巧。
（2）掌握旅游短视频的策划、拍摄、编辑与发布流程。
（3）提升视频制作能力，提高旅游短视频的质量和水平。
（4）熟练运用相关拍摄设备和软件，如相机、手机 App 等。

（二）项目演练背景

随着社交媒体的普及，旅游短视频已成为吸引潜在旅游者的重要手段。本次演练旨在掌握旅游短视频的拍摄技巧，提升视频制作能力，同时提供实践拍摄旅游短视频的机会。

（三）项目演练内容

（1）旅游短视频的策划与主题选择。
（2）拍摄设备的选择与使用技巧。
（3）拍摄场景的选择与布局。
（4）拍摄角色的设定与表演指导。
（5）视频剪辑与后期制作。
（6）旅游短视频的发布与推广。

（四）项目演练步骤

（1）前期策划：确定旅游短视频主题、内容、风格等，编写剧本，准备拍摄设备和道具。
（2）拍摄制作：根据剧本进行实际拍摄，注意光线、构图、画面稳定等因素，适时调整拍摄方案。
（3）后期制作：对拍摄好的视频进行剪辑、调色、音效等后期处理，使视频更具吸引力。
（4）发布与推广：在各大社交媒体平台发布旅游短视频，进行适当的推广和宣传。

（五）项目考核方式

（1）提交拍摄成果展示，包括旅游短视频成品及其创作过程、心得体会等。
（2）进行视频制作能力评估，包括画面质量、剪辑水平、音效处理等方面。

（六）演练效果预期

通过本次演练提升旅游短视频的制作水平，提高视频制作能力，熟练掌握旅游短视频的策划、拍摄、编辑与发布流程。同时，应能将所学知识和技能应用到实际拍摄中，创作出具有个人特色和吸引力的旅游短视频，并在社交媒体平台上获得一定的关注度和点赞量。

归纳总结

完成本项目的学习后，对项目中任务的完成情况进行自我评价，并对在本项目中所学到的知识进行归纳总结。

项目八　旅游微博营销

学习目标

▶知识目标

1. 了解微博平台的特点。
2. 了解微博营销的概念。
3. 熟悉微博营销的优缺点。
4. 熟悉微博的账号类型
5. 掌握微博营销的应用价值。
6. 掌握微博营销的运营策略及文案运营技巧。
7. 掌握微博营销的推广与变现。

▶素养目标

培养正确运用旅游微博营销的意识。

▶思维导图

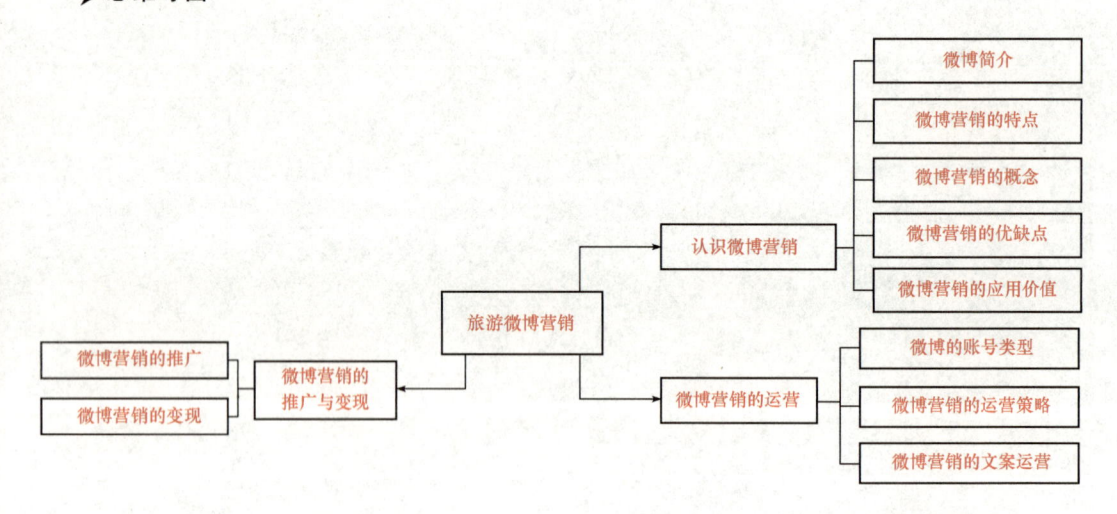

```
                                          ┌─ 微博简介
                                          ├─ 微博营销的特点
                             ┌─认识微博营销┼─ 微博营销的概念
                             │            ├─ 微博营销的优缺点
                             │            └─ 微博营销的应用价值
              旅游微博营销───┤
                             │            ┌─ 微博的账号类型
微博营销的推广 ┐              └─微博营销的运营┼─ 微博营销的运营策略
               ├微博营销的推广与变现         └─ 微博营销的文案运营
微博营销的变现 ┘
```

> **案例导入**

玩转微博热搜 赋能文旅营销

2022年7月15日，由四川省乐山市人民政府主办的2022乐山旅游全球营销活动（成都站）在成都市宽窄巷子拉开帷幕。

此次乐山旅游全球营销活动通过线上线下五项主题活动，联动友好城市重庆市南川区，以"奇妙城市游乐山"为主线，在成都宽窄巷子景区现场布置"成渝乐列车"主题活动、"光影时空"主题摄影展、"乐山味道"美食体验、"乐山好货"网络直播间等四个主题区域，邀请四川成都市民和游客体验乐山旅游新项目、新产品、新场景。

座谈交流会上，在夏季主题旅游资源及产品推介后，乐山市文化广播电视和旅游局与新浪四川签订了《关于微博热搜推广战略合作框架协议》，双方基于微博生态赋能、文旅行业网络生态合作治理、数字化宣传体系打造、新媒体矩阵业务培训等内容达成战略合作。乐山市文旅局重点借助新浪集团的政务新媒体学院、微博商学院，引入学院资深"智囊团式"智库，助力乐山文旅在政务宣传、文旅营销、产业项目等多个方面开启营销新模式。新浪四川将围绕框架协议内容，为乐山市加快建成世界重要旅游目的地提供强大微博平台舆论支持、项目和活动宣传支持。

在新媒体蓬勃发展的今天，在常规营销宣传之外，懂得如何使用新媒体是很多文旅人需要了解掌握的新议题。新浪旗下涵盖新浪PC、App、WAP等流量平台，均稳居业界前列。截至2022年第一季度，微博月活跃用户达5.82亿，日活跃用户突破2.52亿。

为助力四川文旅复苏及四川区县/景区在社交媒体的影响力，新浪四川推出了"流量扶持专项计划－区县/景区上热搜"计划，将围绕微博生态赋能、文旅行业网络生态合作治理、数字化宣传体系打造、新媒体矩阵业务培训等提供强大微博平台舆论支持、项目和活动宣传支持。

乐山是名副其实的文旅资源大市、文旅经济大市，多年来，乐山致力于建设世界重要旅游目的地、参与共建巴蜀文化旅游走廊的重要使命，打造出了沫若戏剧小镇、苏稽古镇、上中顺特色街区等一大批文旅新产品；《只有峨眉山》《乌蒙沐歌》《少年郭沫若》等文旅精品剧目赢得市场青睐；峨眉旅游度假区成功创建为国家级旅游度假区，罗城古镇、苏稽古镇创建为四川省文旅特色小镇，"开往春天的小火车"入选全国60条美丽乡村精品线路，38个A级景区每年吸引7 000余万游客，成为四川旅游必去打卡地。

（中国日报网，2022-7-5）

【提出问题】

"乐山旅游全球营销活动"为什么选择微博进行文旅营销？

任务一　认识微博营销

一、微博简介

微博是一种微型博客（Microblog），短小精悍，不用考虑文章标题、构思或格式，通过移动端即可随时发布信息，满足了人们互相交流的愿望。2006 年出现的 Twitter（推特）是全球最早的微博。

我国最早的微博出现于 2007 年的"饭否网"，截至 2010 年，经营微博的网站达到 88 家，腾讯、网易等都曾经运营过微博业务。经过激烈的竞争，新浪微博（成立于 2009 年，现已更名为"微博"）成为目前主流的微博平台。截至 2023 年，新浪微博已经走过了十几年风雨历程，成为我国成立时间较长的新媒体平台之一。伴随移动互联网的飞速发展，新浪微博也在自我创新和突破中转型发展。

微博十年
谁的江湖

截至 2022 年年底，新浪微博的月活跃用户达到 5.86 亿，营收也取得了新增长，其作为领先社交媒体平台的地位得到进一步加强。

二、微博平台的特点

微博的出现具有划时代的意义，它以强互动性、强聚合性、强裂变性的优势，极大地拉近了名人与普通用户的距离。

（一）内容形式多样

早期用户在微博平台发布内容时有 140 个字的字数限制，如今微博平台已取消该条规则，在发布内容和形式上给予用户更多选择。用户在微博平台可以发布包括文字、表情、图片、视频、话题、头条文章、直播、点评、音乐、投票、微公益等多种内容，还可以对以上内容使用定时发布功能。

（二）平台开放

微博平台具有很强的开放性和交互性。通过微博平台，用户可以根据关键词搜索想要了解的微博账号和内容。在博主未设置内容的分享范围的情况下，用户仍可以浏览该博主微博账号的基本信息和所发布的内容，并且在未受限的条件下可以对其内容进行转发、评论、点赞。

（三）推广资源丰富

微博平台有着丰富的广告资源和变现渠道。微博平台自身的广告位资源十分丰富，企业和个人用户可以利用"微博头条""微博粉丝通"等工具进行广告投放。同时，第三方传媒公司在微博平台上也有着较强的策划能力及广告推广能力。在商业变现方面，微博平台推出的微博小店功能也为企业和个人用户提供了一个便捷的电商推广渠道。

三、微博营销的概念

虽然微博的发展时间并不长,但它给企业或商家带来的营销力量却是惊人的。在互联网与移动互联网快速发展的时代,微博凭借其庞大的用户规模及操作的便利性,逐步发展为企业微营销的利器,为企业创造了巨大的收益。由于网络营销的迅速发展,微博营销作为网络微营销的"左手",也具有非常火爆的人气,成为各大企业与商家营销推广的重要平台。

简单来说,微博营销是指通过微博平台为企业、商家、个人等创造价值的一种营销方式,也是指企业、商家或个人通过微博平台发现并满足用户各类需求的商业行为方式。通过微博营销,企业、商家或个人可以满足自身的各种需求,进而获得商业利益。企业、商家或个人只需要用简短的文字就能在微博平台发布信息或反映自己的心情。这样大多数企业与商家抢占微博营销阵地,利用微博便捷、快速的信息分享方式开启网络营销的新天地。

四、微博营销的优缺点

微博的营销优点和自身特点紧密相关。首先,微博能在移动平台发布,操作简单,信息发布快捷。一条微博,几十个字,只需要简单的构思,就可以完成一条信息的发布,不需要花费很多的时间与精力。其次,微博的互动性很强,作者能与用户即时沟通,及时获得用户反馈。再次,微博营销的成本很低。最后,微博营销的针对性较强。能关注企业或者产品的粉丝都是本产品的消费者或者是潜在消费者。企业可以对他们进行精准营销。

微博营销也存在自身的缺点。首先,关注度和浏览量是微博营销的基础,有足够的粉丝才能达到传播的效果,而要做到这一点需要时间的累计和资金的投入,在没有任何知名度和人气的情况下通过微博营销,很难有效果。其次,由于微博新内容产生的速度太快,信息在不断地更迭,粉丝一般不会翻看几天前的信息,如果粉丝没有及时关注到发布的内容,那就很可能被埋没在海量的信息中。再次,微博的传播力是有限的。一条微博文章有字数限制,其信息的深度和广度不够,而且只能在平台上传,很难像博客文章那样,人们被大量转载。最后,微博缺乏足够的趣味性和娱乐性,很难被大量转贴。

五、微博营销的应用价值

旅游微博营销作为一种重要的数字营销手段,在旅游业的价值日益显现。

(一)拓展销售渠道

旅游微博营销可以帮助旅游企业拓展销售渠道,增加销售量。微博用户群体广泛,涵盖了各个年龄段和消费层次,通过微博营销可以更好地覆盖目标客户群体,提高销售业绩。

(二)提高品牌知名度

旅游微博营销可以帮助旅游企业提高品牌知名度,树立品牌形象。微博用户对于自己喜欢的旅游景点和旅游服务会进行积极的分享和传播,这种口碑效应可以提高旅游企业的曝光度,吸引更多的潜在客户,增加市场份额。

（三）加强客户沟通

旅游微博营销可以加强旅游企业与用户之间的沟通，提高用户满意度。微博是一个互动性很强的社交媒体平台，旅游企业可以通过微博与用户进行实时互动，及时了解用户的需求和反馈，进而改进产品和服务，提高用户满意度。

（四）提升旅游品质

旅游微博营销不仅可以促进旅游销售，还可以提升旅游品质。微博用户对于旅游体验的要求越来越高，通过微博分享旅游经验和攻略，可以促使旅游企业更加注重旅游品质和服务水平的提高，从而提升整个旅游业的服务水平。

（五）增加旅游收入

旅游微博营销可以直接带来旅游收入的增加。通过微博宣传旅游景点和旅游服务，可以吸引更多的旅游者，从而增加旅游企业的收入。同时，微博营销还可以通过推广活动、特价优惠等方式，促进销售业绩的提升。

（六）降低营销成本

旅游微博营销相对于传统营销方式成本较低，可以降低旅游企业的营销成本。微博是一个免费注册的平台，旅游企业只需要付出较少的人力成本就可以进行有效的微博营销。

（七）整合营销资源

旅游微博营销可以整合各种营销资源，实现协同效应。旅游企业可以通过微博与其他媒体、合作伙伴等进行资源整合和合作，共同推广旅游产品和服务，实现协同效应，提高营销效果。

（八）增强危机公关能力

旅游微博营销可以增强旅游企业的危机公关能力。在遇到突发事件或负面新闻时，旅游企业可以通过微博快速响应，及时发布权威信息，消除误解和恐慌，维护企业形象。

（九）挖掘用户需求

旅游微博营销可以通过数据分析深入挖掘用户需求，为产品开发和服务升级提供有力支持。通过分析微博用户的关注、评论、转发等数据，可以了解用户对于旅游产品和服务的真实需求和偏好，为产品开发和升级提供有益的参考。

（十）提高旅游体验

旅游微博营销可以提高旅游体验，让旅游者获得更好的旅游体验。微博是一个分享型平台，通过分享旅游经验和攻略，可以让旅游者获得更多的信息和帮助，避免走弯路和被欺骗，从而提高旅游体验。

总之，旅游微博营销具有多种价值，可以帮助旅游企业拓展销售渠道、提高品牌知名度、加强用户沟通、提升旅游品质、增加旅游收入、降低营销成本、整合营销资源、增强危机公关能力、挖掘用户需求、提高旅游体验等。对于旅游企业来说，应该重视和应用微博营销这一数字营销手段，不断提升营销效果和竞争力。

> **课堂思考**
>
> 请查阅旅游名人的微博资料，讨论其营销价值。

> **思政融合**
>
> ### 网民热情"点赞"党的二十大隆重召开
>
> 中国共产党第二十次全国代表大会于2022年10月16日上午在人民大会堂开幕。习近平总书记代表第十九届中央委员会向党的二十大作报告。瞬间，大会消息刷爆互联网。
>
> 在这历史性时刻，网友们通过各类互联网平台关注着党的二十大，纷纷以发帖、回复、留言、"弹幕"等方式，为党和国家事业发展取得的辉煌成就热情"点赞"，表达对大会报告所擘画蓝图的热切期待，对实现中华民族伟大复兴光明前景满怀信心。
>
> **"我们赶上了好时代"**
>
> "二十大报告""十年来我们经历了三件大事""中国式现代化的本质要求""全面建设社会主义现代化强国的战略安排"……报告过程中，十多个同二十大相关的话题词冲上微博热搜榜。
>
> "真的好激动""最好听的国歌""祝福我的祖国"……大会开始，全体起立奏唱中华人民共和国国歌环节一结束，网友们不约而同在微博平台留言，分享发自心底的自豪。
>
> 会场内，气氛庄重而热烈；会场外，广大网友情绪高昂。微信直播间里，网友们标注各自所在位置，为党的二十大"打call"。"我在北京市""我在哈尔滨市""我在海口市""我在喀什地区""我在香港特别行政区"……隆重热烈的会场画面，催人奋进的时代强音，让中华儿女涌动着喜悦与憧憬。
>
> "十九大以来的五年，是极不寻常、极不平凡的五年。""新时代十年的伟大变革，在党史、新中国史、改革开放史、社会主义发展史、中华民族发展史上具有里程碑意义。"习近平总书记的话语道出亿万人民的共同心声。
>
> "我们赶上了好时代，见证祖国日益强大，骄傲无以言表。"在各大平台的评论区，网友们分享着这些年身边发生的美好变化，记录下因新时代而精彩的发展故事——
>
> "激荡风云，经济发展突飞猛进，这是全球绝无仅有的成绩！"
>
> "十年减污增绿，如今，绿色生产生活方式成主流，蓝天白云成常态，一泓清水畅流黄河。"
>
> "凉山天堑变通途，村村通公路，孩子们再也不用跋山涉水、爬天梯去上学了。"
>
> "'嫦娥'探月、'祝融'探火、'羲和'逐日，电缆穿海底、桥梁跨峡谷、公路通大漠……党的十八大以来，广大干部群众切实感受到国强民富，自豪感油然而生。"
>
> "从精准扶贫到全面小康，中华民族伟大复兴一步一个脚印。感恩每一位心系人民、无私奉献的楷模和代表！"

"14亿多人的小事,就是一个时代的大事!小事连万家,'点赞'新时代!"

"强国路上,有你有我"

"新时代的伟大成就是党和人民一道拼出来、干出来、奋斗出来的!""团结奋斗是中国人民创造历史伟业的必由之路""一切为了人民、一切依靠人民"……

在二十大报告中,一次又一次提到"人民"二字。最炽热的情感、最朴实的表达,点燃了亿万网民心中的激情,激发着每个人奋进的力量。

"强国路上,有你有我,我们都是奋斗者,撸起袖子加油干。""学习强国"网友"刘赞静"留言说。

习近平总书记在报告中指出:"青年强,则国家强。当代中国青年生逢其时,施展才干的舞台无比广阔,实现梦想的前景无比光明。"

一家社交平台网友"小哇哇"说:"这十年,许许多多稚嫩的面孔戍守边疆、抗击疫情、教书育人、扶贫助困,他们是时代的中流砥柱,他们将自己的青春燃烧在祖国的一线,变的是青春的面庞,不变的是奋进的脚步。"

网友"晓风吹行舟"表达为党和国家事业贡献力量的坚定决心:"作为一名中共党员和新时代青年,要勇担重任,在实现中华民族伟大复兴征程中贡献自己的青春力量。"

网友"小熊姐姐—Zora"说:"生逢其时,重任在肩。既要怀抱梦想又要脚踏实地,既要敢想敢干又要善作善成。"

"青春和祖国一起闪光,荣耀与梦想共同创造。"抖音网友"诗侠刘慕卿"说,"吾辈当自强。更伟大的事业需要我们去拼搏,更伟大的胜利就在前方。"

"志存高远我们都是追梦人,脚踏实地我们都是复兴者。奋进新征程,建功新时代,努力奔跑吧!"一位网友说。

"明天一定会更好"

在报告中,一个鲜明的"中心任务"引起了大家的强烈关注——"从现在起,中国共产党的中心任务就是团结带领全国各族人民全面建设社会主义现代化强国、实现第二个百年奋斗目标,以中国式现代化全面推进中华民族伟大复兴。"

"矢志不渝跟党走,共同奋进新征程,携手建功新时代!"黑龙江网友"李伟"留言说。

习近平总书记在报告中指出:"党用伟大奋斗创造了百年伟业,也一定能用新的伟大奋斗创造新的伟业。"

这句话在众多网友中激起强烈反响——

"苟日新,日日新,又日新。能够不断更新的中国共产党,能够自我改革的中国共产党,一定能够带领我们走向光明的明天!"

"百年大党风华正茂,亿万人民自信自强,新时代的中国,党同人民同呼吸、共命运、心连心,中华民族迈向伟大复兴的脚步不可阻挡!"

"治国有常,利民为本。我们生于红旗之下,生长在春风之中。以青春之名,书写清澈挚爱;以心中红星,献礼中华。人民有信仰,国家有力量,民族有希望。"

……

蓝图绘就,号角吹响,燃起人们奋斗的豪情。网民们表达出一致的心声——"明天一定会更好"。

(新华社,2022-10-17)

任务二　微博营销的运营

一、微博的账号类型

根据不同的运营主体和运营目的，微博账号可分为个人微博、企业微博、政务微博、高校微博四类。

（一）个人微博

个人微博包括明星、网络达人、企业高管、专家、普通用户等人的微博，它可以帮助个人塑造形象、传播品牌、开展营销，如图8-1所示。

（二）企业微博

许多企业都拥有自己的官方微博，如海尔、小米、华为等，如图8-2所示。

（三）政务微博

政务微博是政府部门为便民沟通、信息发布而开设的微博账号，如中国消防、中国气象局、共青团中央等。政务微博已经成为微博上知识科普的发声场，其接地气的宣传方式和亲民的沟通态度备受广大网友喜爱，如图8-3所示。

图8-1　网络达人在个人微博上宣传武汉的黄鹤楼

图8-2　陕西华山三特索道的热门微博

图8-3　政务微博成为网络正能量的汇聚地

(四) 高校微博

高校微博在微博平台上较为活跃，它们常常"抱团搞事情"，在微博上掀起热议的新话题，如图 8-4 所示。

图 8-4　高校微博

二、微博营销的运营策略

旅游微博是一种非常有效的营销手段，它可以通过社交媒体平台将品牌信息传递给潜在用户。

(一) 发布有趣的内容

在旅游微博上分享有趣的图片、视频和故事，吸引粉丝的注意力。这些内容可以包括景点介绍、当地美食推荐、旅行攻略等，让用户对目的地产生兴趣并激发他们的探索欲望。

(二) 与粉丝互动

通过回复评论、转发粉丝的帖子等方式与粉丝进行互动交流，让他们感受到品牌的关注和支持。这不仅能够增加粉丝黏性，还能提高品牌知名度和美誉度。

(三) 提供优惠活动

定期推出优惠活动和折扣码，鼓励消费者在旅游期间购买产品或服务。例如，对于酒店预订、机票购买、门票购买等都可以提供一定的价格优惠，以吸引更多的用户参与活动。

(四) 利用名人效应

如果旅游企业有合作的名人或者明星，可以利用他们在社交媒体上的影响力来推广旅游微博。通过邀请他们分享自己的旅程，或者在微博中宣传旅游企业活动，可以让更多的人了解企业的品牌。

(五) 社交媒体广告投放

通过社交媒体平台的广告投放功能，针对特定的目标人群进行广告投放。这样可以精准地定位企业的目标受众，从而更有效地将品牌信息和活动推送给目标用户。

（六）举办线上活动

组织主题讨论、问答活动、抽奖游戏等多种形式的线上活动，吸引粉丝的参与和互动。这些活动可以是免费的，也可以是有奖的，可以增加粉丝的黏性和忠诚度。

（七）合作伙伴关系建立

与其他相关行业的合作伙伴建立联系和合作关系，共同开展联合促销活动。例如，与其他旅行社、航空公司、酒店等进行合作，共同推广彼此的产品和服务，吸引更多的用户。

（八）数据分析与优化

对旅游微博的数据进行分析和研究，找出最有效的策略，并根据数据结果不断优化和调整营销方案。通过不断地改进和创新，旅游企业可以更好地满足用户的需求，提升品牌的影响力和竞争力。

旅游微博是一种高效的营销工具，可以帮助企业在竞争激烈的市场中获得优势地位。以上提到的几种常见的旅游微博营销方式只是其中的一部分，可以根据实际情况灵活运用。

三、微博营销的文案运营

（一）微博营销的文案形式

随着互联网的发展，微博内容形式越来越丰富，传统的文字已经不能满足广大粉丝的需求，粉丝追求的形式趋于多样化，常见形式有以下几种。

1. 纯文字的简短话题

现在纯文字的微博内容显然已经不受大众的欢迎，不过也不是没有好处，一些简单的话题，通过纯文字还是能够带动一定流量的。

2. 图片＋文字

这是目前最常见的微博发文形式，通过吸引人的图片加上一段文字，让人视觉感觉非常好。

3. 短视频形式

随着直播平台的兴起，一些短视频的播放量和受欢迎程度明显提升，传播速度非常快。

4. 新闻类

新闻类微博的内容形式主要偏向于新闻大事，如娱乐大事件、体育大事件等，通过新闻大事来博取眼球。

5. "段子"平台

近两年"段子"在微博上深受大众喜爱。"段子"通过短小精悍的话语，让大众获得了一种很好的消遣方式。

6. 常识型

现在有很多平台专门做一些生活常识类微博内容，受众面广而且效果非常好，关注度也很高。

微博内容在发布形式上有很多技巧，具体如下。
（1）坚持原创，并且适当进行转发。
（2）增加发布的次数，提高微博的活跃度。
（3）图文并茂，在图片上打上水印，便于宣传。
（4）重视直播报道和现场直播，用视觉冲击力来吸引粉丝的关注。
（5）内容要贴近生活、贴近现实，发布与粉丝生活息息相关的内容。

（二）微博营销的文案技巧

基于微博文案短小精悍、传播迅速的特点，微博运营者在撰写微博营销文案时可以运用以下技巧。

1. 文字应简短易懂

在碎片化阅读时代，用户的阅读习惯早已发生改变，他们能够接受的字数在不断减少。为了尽可能浏览更多的信息，用户更倾向于阅读那些能够在短时间内获取信息、不需要自己分析和总结的内容。因此，运营者撰写的微博文案要尽量简短，可以让用户在最短的时间内了解主题内容。

同时，微博文案要通俗易懂，运营者尽量不要用晦涩难懂的专业名词，而应使用通俗的文字并按照贴近用户实际生活的风格进行表达，从而给用户留下深刻印象。

2. 增强趣味性

运营者在微博上发布的内容如果枯燥乏味，只是简单的陈述，很难吸引用户的眼球。因此，微博文案要尽可能诙谐幽默、生动有趣。在这样一个形式和内容丰富多彩的交流环境下，微博文案的趣味性主要体现在语言的个性化和配图的丰富性上，众多网络流行语和表情包，很多都是来源于微博。微博文案要尽量使用充满个性的语言，再配上图片，用娱乐精神与用户"玩到一起"。

3. 增强互动性

微博作为一个社交媒体平台，用户之间的交互性很强。运营者要善于利用这一点，撰写互动性强的文案，以吸引用户参与互动，使用户感受到参与互动的成就感和乐趣，进而使用户成为忠实用户，提高用户的后续转化率。

4. 适度结合热点

微博上的热门话题，尤其是热搜榜上的话题是用户普遍关注的热点内容。运营者可以凭借话题的高关注度进行推广，将自身产品与热门话题有机结合，增加文案被用户搜索到的概率，从而达到营销目的。但是，运营者在选择热门话题时要注意话题的时效性，不能选择时间太过久远的话题，过期的热点对用户的吸引力不大。

另外，微博文案不要强行、生硬地蹭热点，运营者要保证文案内容与热门话题紧密相关，否则会引起用户的反感。

5. 增强故事性

好看的故事会让用户觉得新鲜、好奇，让他们有继续读下去的兴趣。因此，运营者可以结合产品、品牌和用户群体撰写故事，在展现故事情节的同时，让用户加深对产品或品牌的认知。故事既可以是幽默的，也可以是感人、温馨的，只要能够打动人心即可。

6. 为用户提供价值

运营者可以选取与人们的工作、生活密切相关的话题，或人们普遍面临的问题和疑惑作为选题，并针对这些选题提供相应的建议或解决对策，为用户提供实际的价值。只要这些方法有效，说服力足够强，这样的文案就会受到用户的认可与关注。

7. 增强体验感

在微博文案中，运营者要有目的地引入或营造某种情境或氛围，以激起用户的情感体验，从而引起用户的阅读兴趣。一般来说，运营者会将宣传推广的产品放入特定的情境中，通过情境描述，让用户自然而然地融入其中，然后慢慢接受文案中推广的产品。

8. 以多元形式发布文案

运营者可以在方案中添加图片、链接、视频或音频等内容，以多元化的形式进行组合，全方位地为用户提供丰富的信息。

在发布微博文案时，运营者要注意选择合适的发布时机。如果微博文案要借势于热点事件，运营者就要抢占先机，在热点事件发生后的最短时间内发布文案，让用户拥有新鲜感。根据微博用户使用微博的习惯，运营者要想获得较高的阅读量，最好在微博阅读量的高峰时间段发布微博，如上午9：30—12：00，下午3：30—5：30，晚上8：30—11：30。

在发布微博文案时，运营者还要掌握发布的数量和频率，不要一次性发布多条微博，以免造成"刷屏"而引起用户反感。企业的官方微博账号一般每天坚持发5～10篇就足够了，重要的是发布微博之后要积极与用户互动，获取用户对产品或服务的反馈，并根据这些反馈对产品或服务进行调整，提高产品或服务的质量。

任务三　微博营销的推广与变现

一、微博营销的推广

旅游微博营销推广可以从以下几个方面进行。

（一）"增粉"策略

1. 提供有价值的内容

发布有价值的内容是吸引用户的关键。旅游企业可以在微博上发布有关旅游景点、旅游服务、旅游攻略等方面的内容，如拍照技巧、美食推荐、旅游心得等，以帮助用户解决问题和提供建议，进而吸引他们的关注。

2. 与用户互动

积极回应用户的评论和私信，为他们提供个性化的服务和建议。这样可以增强用户的信任和忠诚度，同时也可以让他们更愿意分享企业的微博。

3. 借助热门话题

利用热门话题和标签功能，可以让更多的人看到和分享企业的微博。通过参与热门话题的讨论或者发表有争议性的言论，可以吸引更多的用户关注。

4. 合作推广

与其他旅游企业或者意见领袖进行合作，通过互相推广和宣传，可以扩大彼此的用户群体。例如，可以与其他旅游企业合作推出一些联合优惠活动或套餐，互相推广，从而吸引更多的客户。

（二）提高微博活跃度的策略

1. 发布高质量的内容

发布高质量、有趣和实用的内容是提高微博活跃度的关键。旅游企业可以发布一些旅游攻略、旅游趣事、旅游照片等内容，以吸引用户的关注和兴趣。

2. 与用户互动

积极回应用户的评论和私信，与用户保持良好的互动关系。例如，可以回答用户的问题、提供旅游建议等，以增强用户的信任和忠诚度。

3. 定期更新

保持频繁和规律的更新可以让用户保持关注。旅游企业可以每天或每周发布一些新的旅游信息、照片或者分享旅游经历，以保持与用户的联系。

4. 利用好@功能

通过@（网络上一种特殊的提醒方式）其他用户或者@与旅游相关的官方账号，可以提高微博的曝光度和互动性。例如，可以在微博上@某个旅游景点或者@某个酒店，向他们推荐自己的服务和产品。

（三）获得"大V"转发的策略

1. 创造有价值的内容

创造有价值和独特的内容是获得"大V"（微博平台上获得个人认证，拥有众多粉丝的微博用户）转发的基础。旅游企业可以发布一些深度旅游攻略、独特的旅游体验、精彩的旅游照片等内容，以吸引"大V"和其他用户的关注。

2. 利用推荐功能

在微博上，旅游企业可以利用推荐功能向"大V"或者其他用户推荐自己的微博。可以通过私信或者在微博上@他们，向他们推荐自己的微博并请求转发。

3. 与"大V"建立合作关系

通过与"大V"建立合作关系，可以获得他们的转发和支持。例如，可以邀请"大V"参加一些旅游活动或者为他们提供专属的旅游优惠，以此换取他们的转发和支持。

4. 借助热点事件

通过参与热点事件和热门话题的讨论，可以让更多的人看到和分享旅游企业的微博。例如，可以在微博上发布一些与当前热点事件或热门话题相关的旅游信息或者攻略，以吸引更多用户的关注和转发。

通过增粉、提高微博活跃度、获得"大V"转发等三个方面进行旅游微博营销推广，可以帮助旅游企业提高品牌知名度、拓展销售渠道、加强客户沟通、整合营销资源、降低营销成本、提高旅游体验和增加旅游收入等。同时，需要不断创新和适应市场变化，进而实现长期的营销价值和效益。

> **案例导入**

微博文化之夜主题论坛探索文旅相融新路

2023年9月19日，2023微博文化之夜在河南郑州圆满收官。这场由中共河南省委宣传部、中共河南省委网信办指导，微博、新浪网、中共郑州市委宣传部、中共郑州市委网信办主办的文化盛宴在郑州掀起了一股文化浪潮。以"让中华文明生生不息"为主题的2023微博文化之夜主题论坛也同步落下帷幕，多位重磅嘉宾就如何在郑州探寻中国文化轴线，发掘城市文化新名片等议题做了深入探究。

中国社会科学院学部委员、历史学部主任、中国考古学会理事长王巍带来了一堂生动的"郑州历史课"，系统地梳理了郑州万年农业的出现、初期文明的形成、郑州商城都城的建立等历史文化印记。

中国文物学会会长单霁翔以故宫为鲜活的例子，展现了如何讲好文化遗产的故事。他提到，郑州可以将嵩山的太室阙、观星台、嵩山书院等历史文化内容充分挖掘，作为城市重要的文化价值来呈现，对外展示城市的形象和灵魂，让郑州的故事更加鲜活。

河南郑州文化厚重，但如何能够更好地让"文化出圈"则是一个重要命题。人民文学奖、朱自清散文奖、茅盾新人奖得主、作家马伯庸以成功操刀《长安十二时辰》等著名影视IP助力陕西西安出圈的经验，提出了"城市文化名片塑造的6C标准"，融合文化底蕴、好奇心、独创性、价值观、连接现实、可转化性等六个立体维度，讲好城市故事，塑造城市文化名片，形成一股强大的地域文化风潮，打造出独属于城市的经典IP，让传统文化实现再次升级。

圆桌论坛"中国文化走出去"版块中，作家毛利等人畅谈讲述中国故事、造就超级IP，带领中国文化走出去，让全世界看到大国崛起的文化底蕴。此次郑州与微博强强联手举办微博文化之夜，则是创新搭建起中华文化的超级传播场，微博社交媒体的"放大器"效应充分显现，通过亿级流量的导入，助力郑州进一步挖掘城市文化宝贵财富，打造具有影响力的品牌IP，助推文化传播与文旅经济形成良好的循环互动。

（光明网，2023-9-29）

二、微博营销的变现

旅游微博营销的变现包括直接售卖旅游产品和服务、与广告主合作、推广分成、利用微博平台赚取佣金和开展微店营销等多个方面。

（一）直接售卖旅游产品和服务

通过微博直接售卖旅游产品和服务，是旅游微博营销最直接的变现方式。例如，可以在微博上发布旅游线路、酒店住宿、景点门票等售卖信息，吸引用户的关注和购买。为了实现更好的变现效果，可以在微博上建立在线预订和支付功能，方便用户进行购买。同时，可以针对不同的用户群体定制不同的旅游产品和服务，满足他们的个性化需求。

（二）与广告主合作

通过与广告主合作，在微博上发布广告主的旅游产品和服务信息，是获得广告收益的另一种方式。广告是在微博上与企业进行合作，通过发布软文、图片、视频等方式宣传旅游产品和服务，并获得相应的广告费用。在选择广告主时，需要注意与自身品牌和形象相匹配，同时也要保证广告内容的质量和真实性。

（三）推广分成

通过推广分成的方式，旅游博主、意见领袖等在微博上宣传旅游产品和服务，并按照一定的比例与旅游企业进行分成。此外，旅游企业也可以通过参与微博平台的一些推广计划，如微博红包、优惠券等活动，吸引更多的用户关注和购买。

（四）利用微博平台赚取佣金

旅游企业或个人用户通过在微博上分享旅游攻略、旅游心得等，吸引用户关注和信任，并推荐一些旅游产品和服务，为自己赚取佣金。例如，可以在微博上分享一些旅游景点的照片、视频和游记等，吸引用户的关注和分享。同时，还可以在微博上发布一些优惠信息、特价机票等，吸引用户购买并赚取佣金收益。

（五）开展微店营销

旅游企业可以在微博上开设微店，销售自己的旅游产品和服务，实现营销变现。可以在微店中提供一些特色服务，如定制旅游、专属优惠等，吸引用户的关注和购买。同时，也可以通过微店中的会员制度、积分兑换等方式，增加用户的忠诚度和复购率。此外，可以通过与第三方支付平台合作，实现快速支付和安全保障，提高用户的购买体验和信任度。

综上所述，旅游微博营销的变现方式多样化，可以通过直接售卖旅游产品和服务、与广告主合作、推广分成、利用微博平台赚取佣金和开展微店营销等多种方式实现营销变现。在选择变现方式时，需要结合旅游企业的品牌和形象，同时也要保证营销活动真实、合法和有效。此外，需要不断关注市场变化和用户需求，不断创新和优化营销策略和方案，以实现长期的营销价值和效益。

实战演练

一、问答演练

(1) 微博营销的优缺点有哪些？
(2) 简述微博营销的应用价值。
(3) 微博的账号类型有哪些？
(4) 简述微博营销的运营策略。
(5) 简述微博营销的文案运营。
(6) 如何进行微博营销的推广？

(7) 如何实现微博营销的变现？

二、项目演练

（一）项目演练目的

通过本次演练，学员应能够实现以下目标。
(1) 了解旅游微博营销的特点、策略和常用手段。
(2) 掌握旅游微博营销的策划、发布、推广和评估流程。
(3) 培养营销思维，提高实践能力，学会从旅游者需求出发制定营销策略。
(4) 熟悉旅游微博平台的运营规则和技巧，提高微博粉丝量和活跃度。

（二）项目演练背景

随着互联网的普及，旅游微博营销已成为旅游企业重要的营销手段之一。通过旅游微博，旅游企业可以与潜在旅游者进行互动，传递旅游信息，提升品牌形象。本次演练旨在掌握旅游微博营销的基本技能，培养营销思维，提高实践能力。

（三）项目演练内容

(1) 旅游微博营销的策划与策略制定。
(2) 旅游微博平台的运营与维护。
(3) 内容创作与发布：学会撰写有吸引力的旅游微博文案，合理使用图片、视频、直播等多媒体形式。
(4) 互动与推广：学会与用户互动，定期策划活动、发起话题讨论等方式提高粉丝活跃度和忠诚度。
(5) 数据分析与优化：学会通过数据分析了解营销效果，优化策略以提高营销效果。

（四）项目演练步骤

(1) 市场调研：了解目标旅游者的需求、兴趣点和行为习惯等，为制定营销策略提供依据。
(2) 营销策划：根据市场调研结果，制定具体的旅游微博营销计划，包括目标、内容、发布计划等。
(3) 内容制作：根据营销计划，制作有吸引力的旅游微博文案，结合图片、视频、直播等形式丰富内容。
(4) 发布与推广：在旅游微博平台上发布营销内容，积极与用户互动，定期策划活动和话题讨论等。
(5) 数据分析和优化：定期检查营销效果，通过数据分析发现问题并进行优化。

（五）项目考核方式

(1) 提交旅游微博营销策划方案、实施计划和预期成果。
(2) 现场演示，展示旅游微博营销的实施过程和成果。
(3) 进行数据分析和汇报，展示营销效果并提出改进措施。

(六) 演练效果预期

通过本次演练，掌握旅游微博营销的基本技能和常用手段，培养营销思维和实践能力。学会从旅游者需求出发制定营销策略，提高旅游微博平台的运营水平。能够将所学知识和技能应用到实际旅游微博营销中，提高旅游企业的品牌形象和市场竞争力。

归纳总结

完成本项目的学习后，对项目中任务的完成情况进行自我评价，并对在本项目中所学到的知识进行归纳总结。

项目九 旅游短视频营销

学习目标

▶知识目标

1. 了解短视频营销的特点。
2. 了解短视频营销的概念。
3. 熟悉短视频营销的优缺点。
4. 熟悉短视频的营销形式。
5. 掌握短视频营销的应用价值。
6. 掌握短视频营销的运营策略及运营内容。
7. 掌握短视频营销的推广与变现。

▶素养目标

培养正确运用旅游短视频营销的意识。

▶思维导图

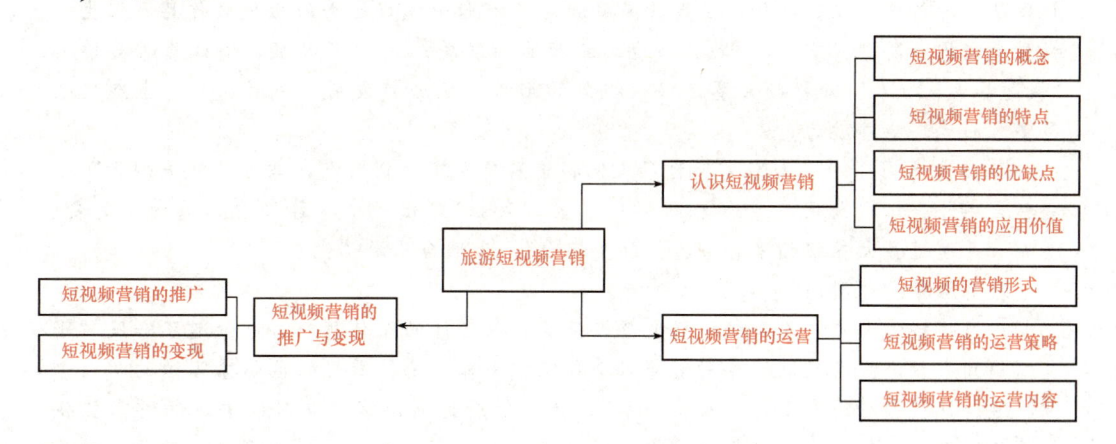

案例导入

短视频为旅游"景"上添花

短视频与旅游"联姻"一拍即合，人们的旅行习惯也随之悄然改变。出游前，看短视频做攻略；旅游时，拍视频分享经历和经验。旅游目的地则将短视频作为营销新利器。目前，"云旅游"走进了更多人的生活，数字旅游的步伐不断加快，短视频和旅游的互动更加频繁和深入。

中国互联网络信息中心发布了第45次《中国互联网络发展状况统计报告》，截至2020年3月，我国短视频用户规模为7.73亿，占网民整体的85.6%。在带动乡村旅游、推动农产品销售等方面，短视频发挥了重要的积极作用。

大众成为"代言人"

某视频博主发布了系列上海旅游视频，通过自己的视角，展现上海的历史文化、市井风情，给网友带去原汁原味的上海旅游体验。许多网友看了他的视频，跟着他的路线游上海，他也被网友称为"上海旅游民间代言人"。

短视频已成为人们交流的一种新方式，人们可以充分发挥各自的创造力，表达自我。在短视频平台上，"内容为王"绝不是一句空话，网友们会用点击量作出回答。像能够提供有趣、有用、优质视频的创作者们，才能吸引众多"粉丝"。而优质视频带来的传播效应，对于一个旅游目的地而言不容小视。

2017年被称为"短视频元年"，这一年，重庆李子坝的"轻轨穿楼"经由短视频的传播，吸引了众多国内外的游客专程前往拍摄。另一座从短视频中获益匪浅的城市陕西西安，2018年旅游业总收入同比增长了50%以上。

这两座城市最初经由短视频走红，看上去是"无心插柳"。此后，各地政府逐渐重视短视频的传播作用。例如，甘肃甘南藏族自治州期望挖掘优秀的短视频作品，催生一批甘南文化旅游"代言人"，助力当地文旅产业的发展；2019年年底，浙江嘉善县举办"我是嘉善代言人"短视频大赛，以短视频的形式，从城市发展、乡村振兴、生态文明等多方面展现嘉善魅力。

2020年4月下旬，山东省烟台市文化和旅游局发布一则消息，举办"鲜美烟台"短视频大赛，邀请广大网友拿起相机、手机当"主播"，记录、推荐烟台的美景、美食、美宿，并通过各大短视频平台宣传"鲜美烟台"，为烟台旅游"代言"。

展示形象的"窗口"

短视频持续火热，各大短视频平台吸引了数以亿计的个体用户，也带起了一股"跟着短视频去旅游"的风潮。吸引新游客、留住回头客，是旅游目的地招徕客源的两大重要渠道。短视频给还未出行的人"种草"，让他们成为新游客，同时给去过的游客提供分享的平台。一段十多秒的视频就能让一座城市或一个旅游景区一夜爆火，对于旅游目的地而言，这无疑是一个新的发展机遇。

地方旅游主管部门、旅游景区、旅游企业等开始纷纷"牵手"短视频，一批批政务公众号进驻短视频平台，推广当地的文化旅游资源，成为发布的重要内容之一。广西壮族自治区、市、县（区）三级旅游部门集体入驻政务抖音号；新疆哈密与短视频平台快手合作，通过"视频直播＋旅游"的模式，扩大哈密的旅游宣传；湖北恩施利用抖音短视频，打响了新开发旅游城市的知名度，带火了当地旅游发展；经由短视频传播，河南栾川县的老君山风景名胜区成为2019年某网络平台上较火的景点之一。

2018年9月，某些网络平台与清华大学国家形象传播研究中心城市品牌研究室联合发布了《短视频与城市形象研究白皮书》，解读平台上热门城市的形象建设，是国内首份全面解读短视频时代城市形象建设的白皮书。《2019全国短视频创意发展研究报告》显示，政务短视频已成为各级政府形象传播的重要窗口。如何通过高质量、有传播力的短视频，讲好本地故事、展示城市形象，受到地方政府的重视。《成都有高手》《美丽西藏》《相聚乌镇》等短视频，对展示当地文化、风光等起到了良好的传播作用。中国外文局当代中国与世界研究院传播中心主任孙敬鑫撰文指出，"各地希望在短视频领域能有一番作为"。

美丽经济火起来

一段时间，北京海淀市民黄女士平均每天都要帮母亲取好几件快递，一问才知道，这些都是母亲在某短视频平台上购买的各地土特产。母亲告诉她："这些都是当地政府领导推荐的，质量一定有保障，还能为助农出一份力。"

登录该短视频平台，黄女士搜索发现，许多地方政府官员拍摄短视频，变身主播，为家乡特产卖力吆喝。例如湖北荆门市市长推荐特产腊香鸡，陕西商洛县副县长为洛南核桃、豆腐等特色农产品代言，四川通江县县长给银耳"带货"等。"这些视频很接地气，播放量和点赞量都挺高，人气很旺，网友也给出了很高的评价。"黄女士说。

短视频中，这些地方政府官员在推荐当地土特产的同时，也会同时介绍当地的地理位置、风光资源、文化特色等，卖货的短视频同时成了旅游宣传片。

对于许多贫困地区而言，发展旅游是一条重要的脱贫途径。在许多地方，旅游扶贫正逐渐从单纯的卖风景向卖特产、卖文化、卖生活等综合效应转变，旅游产业链条不断延伸。

2019年年底，人民网舆情数据中心发布的《短视频与扶贫报告》指出，短视频与电商、旅游等领域的融合发展，催生了"短视频＋扶贫"的新扶贫模式，通过短视频的形式记录和传播贫困地区的特色美食、美景和人文风情，助力贫困地区实现脱贫。这种模式也被称为"造血式"扶贫，赋予农民自己扩大再生产实现脱贫致富的能力。

（人民网，2020-5-6）

【提出问题】

阅读案例，短视频是如何做到为旅游"景"上添花？

任务一 认识短视频营销

一、短视频营销的概念

新媒体背景下的短视频营销是指基于新媒体的网络视频平台，以内容为核心，以创意为导向，利用精细策划的视频内容，实现产品营销与品牌传播的一种新兴营销方式。

短视频营销是"短视频"和"互联网"的结合，既具有短视频的优点，如感染力强、内容精悍、形式多样、创意新颖等，又有互联网营销的优势，如互动性强、传播速度快、成本低廉等。此外，短视频营销更易于切中目标受众的需求，巧妙渗透产品，传递品牌理念。

随着新媒体行业的高速发展，新媒体营销模式也日益多元化。其中，短视频已经成为信息化生活中不可缺少的一部分，日渐成为大众在通勤途中、睡觉前等碎片化时间的主要娱乐方式，短视频领域也涌现出许多优秀的创作者和内容平台，正在引领营销模式的新潮流。

狂飙的短视频营销

二、短视频营销的特点

短视频营销是在短视频这种新兴模式出现之后产生的新型营销方式，它主要有以下几个特点。

（一）碎片化

（1）短视频主要在移动设备上播放，适合人们在移动、休息的时间观看，这决定了短视频的内容呈现出快餐化、碎片化的特点。

（2）与图形和文本相比，视频更容易理解，尤其是在快节奏的生活中，人们更倾向于对短而爆炸性的视频内容作出反应。

（3）在大多数情况下，进入短视频平台后，人们只需要用手指在屏幕上向上滑动就可以观看下一条短视频。这种简单易行的操作，促使人们在零碎的闲暇时间使用短视频平台。

（二）个性化

（1）短视频平台以大数据和人工智能为基础，不断收集用户的使用数据，使平台能够选择用户感兴趣的内容进行准确、个性化的分发。这使得用户更加沉浸在短视频环境中，增强其对下一条短视频的好奇心，最终增强了用户黏性。

（2）个性化的短视频分发使得营销更加精准。这是因为短视频平台根据每个用户最常访问的短视频类型对其进行了标记，商家可以通过短视频平台的分发机制将内容发送给对其最感兴趣的用户。

（三）分散化

短视频平台通常采用分散的内容制作机制。短视频平台不断寻找新的和有趣的内容，流行才是王道。谁能制作出最热门的短视频，谁就能获得最多的浏览量。PGC＋UGC的内容制作模式，即专业生成内容（Professional Generated Content，PGC）与用户生成内容（User

Generated Content，UGC）相结合，鼓励用户边看视频边创作。这种方式促进了用户的参与，有助于让用户保持热情，并确保产出的高质量。

（四）软性植入

将品牌或产品的功能属性、理念文化等融合在短视频中，不仅能将品牌信息准确地传递给目标用户，还能避免由于广告太过硬性而引发消费者的反感。生动有趣的内容可以提高目标用户的接受度和忠诚度，增强品牌黏性，具有较高的用户体验价值。

案例导入

短视频时代，如何讲好文旅故事？

近年来，短视频与文化和旅游行业的结合越来越紧密，多个爆款网红景点正是通过短视频大量传播而成为游客向往的旅游打卡地。

中国互联网络信息中心（CNNIC）发布的第47次《中国互联网络发展状况统计报告》显示，截至2020年12月，我国网络视频用户规模达9.27亿，较2020年3月增长7 633万，占网民整体的93.7%。其中，短视频用户规模为8.73亿，较2020年3月增长1亿，占网民整体的88.3%。短视频发展红红火火，越来越多的文化和旅游短视频创作者也加入进来，将镜头聚焦于体现美好生活的文旅题材。

始于热爱　专注创作

"做博主一周年，我学会佛系看待流量，博主的重心不是影响别人，而是坚持自我，只有抛开别人的喜好，才是我们独特创造力迸发的时刻。"小红书旅游博主"皮皮在蓝色星球"是一位23岁的美国哥伦比亚大学在读硕士生，令她没有想到的是，2020年4月10日，她的第一篇笔记《酒店集中隔离——我给自己拍了套写真》竟然"爆火"，并让她收获了人生中第一批粉丝，也因此正式开启旅游博主之路。

从校园里稚嫩的学生，到短视频中放肆大笑的博主；从将环球旅行作为个人梦想，到透过镜头带着更多想要旅行的人前行；从零关注到2020年拥有超过27万的追随者……"皮皮在蓝色星球"坦言，找到旅游博主这份热爱的事业她用了整整3年。"很多人会问我拍摄短视频讲述旅行故事有何秘诀？是什么让我在如此短的时间获得了这么多的粉丝和点赞？我的答案只有两个字'真诚'。"

主业做互联网运营的博主"Kyle脚步不停"酷爱旅行，也因喜欢分享旅途中的故事与风景而走上旅游博主这条路。"开始，我在朋友圈里发图片和视频，后来我觉得公众平台更适合，因为我的内容可以被更多人看到。""Kyle脚步不停"从拍摄上海街道开始，慢慢将他喜爱的人文摄影题材不断丰富与拓展，推出了"人文上海"系列图片和短视频，也将最常见的旅游探店拍摄注入强烈的个人风格。"现在已经有人在模仿做这个系列了。"

与前几位创作者略有不同，旅游短视频达人"房琪Kiki"走上这条路，不仅源于对旅游的热爱，也得益于早前在央视《发现之旅》栏目做外景主持人的积累。"视频创作者比主持人要辛苦很多，选目的地、写脚本、拍摄、沟通、剪辑都是自己做。最大的困难是一个人面对的太多，什么都要思考。"经过几年的摸索，"房琪Kiki"的内容越做越好，受到年轻旅行爱好者喜爱，在某网络平台拥有近1 100万粉丝。

精准定位　言之有物

短视频行业竞争激烈，如何找准定位，保持创作内容足够有趣、有料至关重要。

"我大学专业是工商管理，历史是我的兴趣爱好。2013年，我就跟两个朋友一起开了微信公众号，主打历史解读，获得了不少积极反馈。"短视频博主"咩咩爱历史"在2018年就发现，视频迅速吸引公众目光，成为重要的信息获取和消费媒介。"于是，我们乘着风口转型，开了短视频号，基于几年来的公号运营经验，综合把握用户需求，视频定位非常明确，就是专注做好历史方向的垂直内容，在一分钟内让核心观点触达观众。"

"皮皮在蓝色星球"接受记者采访时，已经一个人在西藏"流浪"了半个月，体验当地人的生活，用短视频讲述普通人的日常。"现在大部分的旅行视频都是以景点为主，像探店之类的，太过于把精力放在物上了，没有把太多的精力放在情感上、故事上。我的特点就是把我跟周围人发生的事展现出来，我的粉丝就很喜欢看我跟当地人互动，他们也是被我的性格所吸引。""皮皮在蓝色星球"认为，"短视频的特点就是可以把你的性格展现出来，你的性格永远都是独一无二的，是没有人可以模仿的，这也是我的优势所在。"

"短视频制作相比图文来说，更需要思考你要表达什么，因为一个有价值的视频或者vlog（视频日志）一定是言之有物的。这就要求你在前期有一个脚本，你在搜集素材的时候也要一以贯之。""Kyle脚步不停"认为，言之有物和言之动情远比你的技术流有意义和重要。

北京大学新闻与传播学院教授许静认为，在文化传播方面，碎片化是短视频的一个典型特征，但这不一定是劣势，可以利用这一点把很多知识点掰开了揉碎了，一层层往深里挖，一点点往外发散。"用视频方式讲述一个个小的知识点，更容易深入人心。比如我们的博物馆、传统文化、非遗都很适合用这种方式来传播。"

讲好故事　激发共鸣

"短视频传播模式更加注重用户体验和用户黏度，不同于其他视频类型，它的内容多为用户体验而设计，在一定程度上使得受众与传播内容更为亲近，从而提高受众的参与感，使得在传播中增强传播内容的话题感和共鸣。"中国传媒大学协同创新中心副主任曹三省说。

对此，微博原创旅游类视频博主"情绪丹细胞"有着深切的体会："短视频时代到来，以前做视频没有什么要求，拍纯风光的内容就行，现在光拍风景是不行的，还需要配文案，观众欣赏的要求变高了，不仅是视觉上的享受，还需要知道旅游地的真实样貌，需要更具互动性和真实性。"

"旅游的魅力在于感受，短视频恰恰是一个可以讲述感受的方式。"在生活旅游博主"幻想家japaul"看来，一个地方给人最大冲击的并不是所有景点，而是某个或者某几个景点，通过短视频的形式，用几十秒把这些景点罗列开来，就非常考验创作者的"编剧能力"。

"幻想家japaul"举例道："2018年，我去陕西西安拍摄永兴坊这个地方，拍完很多视频后发现，最火的竟然是大家喝摔碗酒的十几秒钟的那条，更让人没想到的是，这条视频给西安旅游带来了巨大的收益，那年的劳动节，整个永兴坊排队喝摔碗酒的游客都排到了马路上，这就是短视频的魅力。对于观众而言，通过短视频，我在极短的时间内就能了解这个地方，这是一件好事。"

（《中国旅游报》2021-7-9）

三、短视频营销的优缺点

旅游短视频营销是一种在互联网上推广旅游产品和服务的有效方式。它通过制作精美的短视频吸引用户的注意力,并通过社交媒体平台传播,以达到宣传目的。

(一)短视频营销的优点

1. 视觉吸引力强

旅游短视频具有强烈的视觉冲击力,能够迅速抓住用户的眼球并引起他们的兴趣。通过精心制作的画面、音乐和文字,可以展示出美丽的景点、独特的文化,以及令人难忘的体验等内容。

2. 精准定位受众

通过分析目标用户群体的喜好和需求,旅游短视频可以精准地传递给潜在用户群体,提高广告投放的效果。

3. 高效传播

短视频的时长较短,易于观看和分享,能够在短时间内快速传播到各个社交平台上,增加曝光率和知名度。

4. 低成本高回报

相对于传统广告渠道,旅游短视频营销的费用相对较低,且可以通过视频的分享带来更多的流量和转化率。

5. 与用户互动性强

旅游短视频可以通过与用户进行实时互动,增强用户的参与感和忠诚度,从而促进品牌口碑的提升。

(二)短视频营销的缺点

1. 时间限制

短视频由于时间的限制,往往只能呈现有限的信息,无法全面介绍一个目的地或旅游产品的全部特点。

2. 受制于技术水平

制作高质量的旅游短视频需要一定的技术和设备支持,对于一些小规模旅游企业来说可能难以承担。

3. 需要专业团队

旅游短视频的制作需要有专业的策划、拍摄和执行团队,这对企业而言可能会增加人力成本。

4. 缺乏真实感受

虽然短视频可以展现景点的美丽景色和文化特色,但用户很难真正得到旅行的真实感受,这可能导致用户对旅游产品产生误解或不信任。

5. 难以持久保存

短视频的生命周期较短，发布后很快就会被遗忘或被其他新发布的视频所取代，因此难以保持长期的宣传效果。

综上所述，旅游短视频营销有其独特的优势和局限性。旅游企业应根据自身情况和市场需求选择合适的营销策略，充分利用其优点的同时避免其缺点的影响。

四、短视频营销的应用价值

旅游短视频营销是一种新兴的数字营销方式，通过制作和发布具有吸引力的旅游短视频推广目的地、景点和文化。这种形式的营销不仅能够提高品牌知名度和美誉度，还能为旅游者提供更加生动有趣的旅游体验。

首先，旅游短视频营销可以提升目的地形象。随着人们生活水平的提高和旅游业的发展，越来越多的人开始关注旅游体验的质量。通过制作精美的旅游短视频，可以让用户更好地了解目的地的特色和魅力所在；同时，这些内容也可以在社交媒体上广泛传播，进一步扩大了目的地的影响力。例如，一部关于巴厘岛海滩美景的短视频可能会吸引更多的旅游者前来参观，从而推动当地旅游业的发展。

其次，旅游短视频营销有助于增加旅游者的参与度和忠诚度。通过拍摄真实的场景和人物，让用户感受到旅游目的地的真实氛围和人文关怀，可以增强他们对目的地的认同感和归属感。此外，短视频中的互动元素，如问答环节、抽奖活动等，也能激发用户的兴趣并增加参与度。这对于那些希望留下美好回忆的旅游者来说尤为重要，他们更愿意分享自己的旅行经历，并与他人交流。

再次，旅游短视频营销可以促进文化交流与理解。通过展示不同国家和地区的文化和传统，旅游短视频可以帮助用户拓宽视野，增进对其他文化的认知和理解。这对于促进跨文化交流和合作有着积极的作用。

最后，旅游短视频营销还可以为当地经济带来收益。通过吸引更多旅游者到访，旅游业可以带动相关产业的发展，包括餐饮、住宿、交通等。同时，制作和发布高质量的旅游短视频也需要一定的技术支持和专业团队，这也为当地的创意产业提供了发展机会。

旅游短视频营销作为一种新颖的数字营销手段，具有广泛的应用价值。它可以帮助旅游目的地提升形象、增加用户参与度、促进文化交流和理解，并为当地经济带来增长。因此，越来越多的企业和组织开始重视旅游短视频营销的重要性，并将其作为数字化转型的重要一环。

课堂思考

请查阅近期较为热门的旅游短视频，分析其爆火的原因。

> **思政融合**
>
> ### 短视频让二十大报告"热词"走红朋友圈
>
> "党的二十大报告提出了'两个结合'的观点，即把马克思主义基本原理同中国具体实际相结合，同中华优秀传统文化相结合。我曾在位于美国西弗吉尼亚的孔子学院工作过四年，谁能想到，每次在当地开展文化节，小小的踢毽子活动都能成为文化节的'王炸'……"天津财经大学"天财思享+"最新一期短视频在学校官微上推出，该校会计学院副教授何斌结合自身经历，为师生讲述"传承中华优秀传统文化"。
>
> 跟以往一样，短视频一经推出便获得了众多师生的观看、评论和转发，走红朋友圈。"短视频内容接地气，通俗易懂，看完之后深刻了解了传承中华优秀传统文化的重要性。""短短一分钟的视频，让我们可以利用碎片化时间学习，真是太好了！"学生的留言表达了他们对这种宣讲形式的高度认同。
>
> 为深入学习宣传贯彻党的二十大精神，天津财经大学组织专业学院教师组建"天财思享+"短视频宣讲团，邀请了20名专业教师全方位宣讲党的二十大报告并进行视频录制。教师中既有全国教学名师，又有天津市基层理论宣讲个人，涵盖了会计、金融等该校"王牌"专业。短视频宣讲自2022年11月22日起已推出10期，在全校师生中引发普遍关注和强烈反响。
>
> 数字经济、中国式现代化、制造业强国、绿色经济……教师们立足财经专业特点，结合自身学术理论研究实际，宣讲党的二十大报告中的"热词"。来自商学院的教师徐志伟结合自身成长，通过从写信到发邮件再到发微信来说明我国通信技术的发展；来自国际工商学院的教师孙毅通过会计学发展中电子发票的案例，来讲述"绿色发展方式"……一组组数据，一个个"热词"，虽然时长只有一分钟，却内容充实、干货满满。
>
> 负责视频录制的是天津财经大学的学生团队，每次录制前，他们都会跟教师们一起提前打磨稿件，力求达到最好的效果。"教师们解读的内容都很有特色，每次录制对我来说都是一次学习。剪辑过程中，我们不舍得剪掉教师的每一句话、每一个知识点，想把这些生动的讲解完整地呈现给大家。"参与短视频录制的统计学院精算专业学生郭唯说。
>
> （《中国教育报》2022-12-20）

任务二　短视频营销的运营

一、短视频的营销形式

（一）自有账号的内容营销

在自有账号的内容营销方面，首先需要明确目标受众，这样才能制作出适合的旅游视频内容。例如，如果目标受众是年轻人，可以制作一些关于潮流旅游体验、旅游攻略等方面的内容；如果目标受众是家庭，可以制作一些关于亲子旅游、旅游景点的家庭互动等方面的内容。

在制定营销计划时，需要结合目标受众、视频风格，以及旅游企业的品牌形象等因素，综合考虑。例如，可以在视频中分享一些旅游企业的特色服务或者旅游折扣信息，以此吸引目标受众的关注。

在优化视频内容方面，可以通过反复观看已发布的视频，发现其中的不足之处并进行优化。例如，可以关注视频的播放量、点赞数、评论数等数据，分析用户的行为和喜好，从而调整视频内容。

此外，积极参与各种互动活动也是增加粉丝量和提高曝光率的重要手段。例如，可以在微博、抖音等平台上参与热门话题的讨论，或者与其他旅游账号合作推广。

发挥短视频优势
促进城市旅游
形象传播

（二）借助自媒体开展营销

除了自有账号的内容营销，还可以借助自媒体开展营销。首先，可以通过增加曝光率来扩大旅游视频的受众群体。例如，可以通过转发、评论、点赞等方式，与粉丝互动，提高视频的曝光率和影响力。

其次，可以借助各种社交媒体平台，将旅游视频传播到更广泛的受众中。例如，可以在微博、抖音、快手等平台上发布旅游视频，并积极参与相关话题的讨论和互动。

最后，找到与自身视频受众相似的自媒体，达成合作推广协议也是一个重要的策略。例如，可以与一些旅游达人或者旅游自媒体进行合作，共同推广旅游产品和品牌，以此扩大品牌知名度和影响力。

（三）短视频平台广告投放

除了以上两种营销形式，还可以通过短视频平台广告投放进一步提高旅游短视频的曝光率和点击率。目前，较为常见的短视频平台包括抖音、快手、微视等，这些平台上都有多种广告形式可供选择。

例如，抖音平台上的广告形式包括开屏广告、信息流广告、定制广告等。开屏广告是一种静态或动态图片广告形式，具有高曝光率和高点击率的特点；信息流广告则是一种竖版短视频广告形式，出现在用户浏览信息的过程中，具有高转化率和低成本的特点；定制广告则是一种根据企业需求定制的广告形式，具有高精准度和高效果的特点。

在选择合适的短视频平台时，需要考虑平台用户群体、平台流量及广告投放预算等因素。例如，如果目标受众是年轻人，可以选择抖音、快手等年轻人聚集的短视频平台；如果目标受众是中产阶级人群，可以选择小红书等中产阶级消费群体集中的平台。

在掌握广告投放技巧方面，需要关注投放时间、地域、人群等细节。例如，可以根据目标受众的使用习惯和兴趣爱好，选择最佳的投放时间段和地域；同时，还可以通过定向投放和优化广告素材等方式，从而提高广告效果和转化率。

二、短视频营销的运营策略

在数字化时代，短视频营销已经成为旅游企业获取流量和提升品牌形象的重要手段。短视频营销的运营策略包括短视频平台的运营策略、制作优质短视频的策略、增加短视频曝光率的策略、提升用户互动的策略、短视频营销的多元化策略等五个方面。

(一) 短视频平台的运营策略

首先，在选择合适的短视频平台时，需要综合考虑平台用户群体、平台流量及营销预算等因素。目前，常见的短视频平台包括抖音、快手、微视等，这些平台上有多种广告形式可供选择。

其次，在确定目标受众时，需要分析其兴趣爱好、需求和习惯，从而制定更加精准的营销策略。例如，如果目标受众是年轻人，可以选择抖音等年轻人聚集的短视频平台；如果目标受众是中等收入人群，可以选择小红书等中等收入消费群体集中的平台。

(二) 制作优质短视频的策略

在制作旅游短视频时，需要注重以下几个方面。

1. 视频内容要有创意和风格

在策划阶段，可以充分挖掘旅游目的地的特色和文化内涵，并结合受众群体的兴趣和喜好，制定有针对性的创意方案。同时，在拍摄和后期制作过程中，要注重画面的美感和音乐、音效等元素的运用，以增强视频的感染力和吸引力。

2. 视频质量要高

在拍摄和后期制作过程中，需要注重画面质量、音效质量、剪辑效果等细节，使视频具有观赏性和吸引力。同时，要注意避免过多的广告植入，以免影响用户体验。

3. 视频时间要适当

短视频的主要特点就是时间短、内容精练。因此，在制作旅游短视频时，需要注意视频时间的长短，避免过长或过短的视频内容。一般来说，旅游短视频的时长最好控制在1~3分钟。

(三) 增加短视频曝光率的策略

增加旅游短视频曝光率的关键在于合理利用平台资源及制定话题标签和挑战活动。

1. 合理利用平台资源

在短视频平台上，可以利用平台的推广算法和流量资源，提高短视频的曝光率和关注度。例如，可以通过付费推广、社交分享等方式，增加视频的曝光率和点击率。

2. 制定话题标签和挑战活动

在发布旅游短视频时，可以结合时下热门话题或平台挑战活动，制定相应的话题标签和挑战活动。例如，可以参加一些平台的挑战活动或者热门话题讨论，以增加视频的曝光率和互动性。

(四) 提升用户互动的策略

提升用户互动的关键在于以下几个方面。

1. 增加用户参与度

在旅游短视频中，可以通过增加互动环节或者设置悬念等方式，吸引用户参与并留言评论。例如，可以在视频结尾处设置一些互动环节或者悬念，引导用户留言评论或者转发分享。

2. 及时回应用户反馈

在用户留言评论或反馈问题时，需要及时回应用户并给予答复。这不仅可以增强用户的忠诚度和信任度，还可以促进用户之间的互动和交流。

（五）短视频营销的多元化策略

除了以上四个方面的运营策略，旅游短视频营销还需要结合多元化策略，全面提高营销效果。具体包括跨平台营销和 UGC（用户生成内容）营销。

1. 跨平台营销

可以将不同平台的旅游短视频整合和联动，实现跨平台营销和传播。这可以通过一些社交媒体平台或者短视频平台的分享功能实现。

2. UGC 营销

鼓励用户在旅游短视频中发布自己的旅游体验和心得分享，通过 UGC 营销增加品牌曝光度和用户互动性。这可以通过设置一些奖励机制或者社区互动活动实现。

三、短视频营销的运营内容

现在是"内容为王"的时代，高质量的运营内容是短视频营销成功的决定性因素。短视频运营内容主要包括以下几个方面。

（一）内容垂直细分

如今的用户更愿意为专业化、垂直化的内容买单，内容深度垂直细分的短视频能够收获更多的精准用户。这类短视频具有长尾效应，变现能力较强。

要使短视频内容深度垂直细分，短视频创作者需要注意以下几点。

1. 确定核心目标用户

短视频创作者要准确把握目标用户的痛点，然后通过创作直击用户痛点的内容来增强目标用户的黏性。

2. 聚焦主题场景

短视频创作者可以深入挖掘短视频的主题场景，在内容表达上突出场景化，契合该主题场景下的用户特征。

3. 打造生活方式

要想增强用户黏性，短视频创作者除了确定核心目标用户和聚焦主题场景，还要为用户打造一种理想的生活方式，并将产品嵌入其中，用户在追寻该生活方式时自然更容易接受与该生活方式契合的产品。

（二）坚持内容的原创性

短视频作品只有具有创意和个性，短视频账号才有更好的发展和未来。如今短视频领域竞争激烈，那些具有独特创意的短视频具有较高的辨识度，更容易被用户记住。每个人都有独特性，为了避免短视频内容同质化，短视频创作者要坚持输出独树一帜的优质内容，成为用户关注的焦点。

在创作原创有内容时，短视频创作者要注意以下几点。

1. 内容富有个性

很多短视频创作者会觉得做原创内容费时费力、成本太高，不如转载已有的"爆款"短视频轻松，但别人的短视频无法体现短视频创作者自身的创意和个性，不具备较高的辨识度，对打造自己的账号竞争优势用处不大。

2. 内容与热点相结合，富有情趣

原创内容要能让用户产生强烈的情感共鸣，需要具有趣味性，使用户愿意分享、转发与评论。同时，短视频创作者要让产品、内容与热点产生关联，通过借势营销增强短视频的推广效果。在寻找热点话题时，短视频创作者可以参考微博热搜、百度热榜、抖音热榜等。

（三）确保内容有价值

在短视频时代，用户通常只会关注对自身有价值的内容。有价值是指短视频要么能为用户提供知识，要么能为用户提供娱乐休闲，要么能改善用户的生活品质，要么能激起用户的情感共鸣。

短视频的价值主要体现在以下几个方面。

（1）知识性内容要保证实用、专业、易懂，使用户容易理解、便于实践。例如，对于技能类知识，操作步骤和操作方法要讲得清晰明了，使用户可以轻松上手。

（2）娱乐性内容要有趣味性，能够缓解用户的心理压力，带给用户舒适、愉悦的享受。

（3）改善用户生活品质的内容。例如对于改善用户在生活、工作中遇到的一些问题，短视频内容可以提出合理的解决方案，帮助用户解决难题，改善其生活品质。

（4）激起用户情感共鸣的内容，具有励志、震撼、治愈、解压等作用，这种内容容易感动用户，激起其情感共鸣。

（四）明确主题，把握时长

在内容策划之初，运营者要做好前期的市场调研，了解用户需求，结合企业自身的特点确定短视频内容的主题。运营者应该充分结合大数据分析进行调研，多研究同类型的短视频"爆款"作品，多看看相关领域的头部创作者是如何做的。

在确定内容主题后，短视频创作者要注意把握好短视频的时长。有的短视频的时长只有几十秒，有的则是十几分钟。短视频创作者要根据主题方向和想表达的内容安排短视频的时长，太长了会增加成本，用户可能也没耐心看完；太短了又无法提供太多信息，用户可能会觉得意犹未尽。

在把握短视频时长时，短视频创作者要注意以下几点。

1. 抓住"黄金前三秒"

"黄金前三秒"是指短视频开始的前三秒就一定要吸引用户的眼球。要想获得用户的关注，短视频创作者就必须在短视频开始的前三秒内将自己的观点鲜明地表达出来，将其深刻烙印在用户心中。

2. 快速进入高潮

短视频创作者要使内容快速进入高潮部分。对于有故事情节的短视频来说，开头的铺垫不要太多，一开始就要出现吸引用户的元素，形成一个小高潮，让用户明白故事的主题。接下来的剧情要快速推进，短视频创作者必须以秒为单位来控制叙事节奏，让剧情尽快发展到高潮。对于非剧情类的短视频，短视频创作者在开头就要把本期内容讲清楚，或者设置一个带有悬念的问题，先把用户的目光吸引住，不断渲染悬念，然后一步一步展示细节，最终揭晓答案。

（五）内容融入短视频平台生态

短视频作品是通过各个短视频平台展示给大众的。如果企业做内容策划时不考虑短视频平台的特点，自身短视频账号的发展就会受到阻碍。只有那些融入短视频平台生态的优质内容，才能从万千作品中脱颖而出，获得巨大的影响力和传播力。

随着短视频营销的兴起，越来越多的企业开始进行短视频产业布局。流量至上的短视频策划思路正面临着空前的挑战，今后的短视频会在策划方面更加重视内容的广度和深度。这就要求短视频创作者能持续稳定地生产精品内容，这样才能在不断迭代的短视频市场中抢占先机。

任务三　短视频营销的推广与变现

一、短视频营销的推广

短视频营销的推广分为企业官方短视频的营销推广和自媒体短视频的营销推广。

（一）企业官方短视频的营销推广

1. 评论互动

互动是短视频算法中的一个重要指标。短视频运营者发布视频后，用户产生了观看、评论、点赞等行为，运营者还需要进一步回应沟通，与用户产生更多的交互。在各种互动中，评论的价值最高。运营者可以通过以下几种方法来增强评论互动。

（1）在视频中引导评论。在视频中设置一个环节，抛出能够引发用户共鸣的问题，可以有效提升用户的参与感，引导他们进行评论。设置问题的时候可以采用一些小技巧，如在封面文字中强化、在标题中引导、在视频旁白中提示等。

（2）回复评论。运营者及时反馈用户的每一条评论，可以激发用户的参与热情，这是激活用户最直接的方式。一旦发现高质量、幽默、有代表性的评论，运营者可以将其作为精选置顶，借此引导更大范围的互动。

民宿短视频推广策略

2. 话题活动

富有创意和传播性的活动，是短视频运营中的一种重要形式，也是激活用户的有效方式。鉴于短视频平台的局限性，运营者可以通过社群的方式，将用户沉淀下来，通过后续各种话题活动来获取用户反馈，增强用户黏性，也可以鼓励用户积极表达，鼓励他们成为内容的生产者。

需要注意的是，单纯的有奖活动并不是很好的引爆话题方法，能够带动用户参与话题进行热烈的讨论才是关键。

3. 私信

对于一些互动频率和质量比较高的用户，运营者可以将其作为重点用户培养，增加关注度，跟进评论，甚至可以用私信沟通。

(二)自媒体短视频的营销推广

1. 增加曝光

（1）多渠道转发。利用个人的社交关系和影响力,在朋友圈、微信群、知乎、贴吧、微博等渠道进行转发传播,增加曝光,获取更多用户的关注。

（2）参加挑战和比赛。很多短视频平台都有挑战项目,这些项目自带巨大流量。例如:抖音平台每天都有各种主题的热门话题和挑战活动,鼓励用户积极参加;美拍可以制作亮眼的头图,参加话题活动上热门;今日头条的"金秒奖"是短视频行业内标准比较高的赛事,加入比赛不仅可以获得曝光,也可以向优秀短视频同行学习,提升自己的水平。

（3）付费推广。一些平台提供了付费的推广渠道,有助于获取更大的曝光量,如微博的"粉丝通"和抖音的"DOU+"。

2. 紧追热点

热点新闻、热点话题自带流量。例如,2018年某古装剧大热,很多剧情解说类短视频借此机会走红,某网红拍摄的"辣眼睛版"系列,因为其独特的脚本、搞笑的表演带来了很多关注,该网红甚至受到导演邀约参演该剧续集。

3. 线下推广

成功的线下推广能以比较低的成本吸引精准的用户群体。线下推广的活动形式很简单,如扫码关注送小礼物,穿独特的卡通衣服吸引路人等。线下推广时,应尽量选择商场、地铁站、高校食堂等人多的场所。注意一定要和场地工作人员协商好。

4. 导流

与其他自媒体合作,相互导流,也是沉淀用户的不错方式。但有一些基础知识需要了解:腾讯系与阿里系平台之间不允许相互导流;微博的兼容性比较好,适合用户沉淀。

二、短视频营销的变现

(一)企业官方短视频的变现

企业官方短视频的变现可以通过品牌广告、自主创作内容、社交电商等方式。

1. 品牌广告

企业官方可以通过在短视频中投放品牌广告来实现变现。合作规模和费用可根据品牌知名度和视频流量进行商议。通过创意和精准的广告投放,可以提高品牌曝光和用户转化率。

2. 自主创作内容

企业官方可以制作旅游相关的短视频,并在视频中植入旅游产品或服务的线索,通过提高用户黏性和转化率来实现变现。例如,制作旅游目的地的介绍视频,激发用户的兴趣,并在视频结尾处引导用户进入官网了解更多详情。

3. 社交电商

利用短视频平台提供的社交电商功能,企业官方可以将产品或服务直接链接到视频中,并通过购买链接实现变现。例如,在旅游景点介绍的短视频中,添加购票链接,让用户直接购买门票。

(二)自媒体短视频的变现

自媒体短视频的变现可以通过品牌合作、赞助与广告、粉丝经济等方式。

1. 品牌合作

自媒体短视频账号可以与旅游相关品牌合作,进行品牌推广和内容合作。例如,在旅行装备相关的短视频中,合作展示品牌的产品,并获得合作费用。

2. 赞助与广告

自媒体短视频账号可以接受品牌的赞助和广告投放,通过提高账号曝光和粉丝互动来实现变现。例如,在旅游目的地介绍的短视频中,品牌可以赞助账号主的旅行费用,并在视频中展示合作品牌。

3. 粉丝经济

自媒体短视频账号可以通过粉丝经济实现变现。账号主可以推出粉丝专属的付费内容,为他们提供更深入、个性化的旅游经验分享或特别活动,从中获得收益。

实战演练

一、问答演练

(1) 短视频营销的优缺点有哪些?
(2) 简述短视频营销的应用价值。
(3) 短视频的营销形式有哪些?
(4) 简述短视频营销的运营策略。
(5) 简述短视频营销的运营内容。
(6) 如何进行短视频营销的推广?
(7) 如何实现短视频营销的变现?

二、项目演练

(一) 项目演练目的

通过本次演练,学生应能够达到以下目标。
(1) 了解旅游短视频的特点、优势和受众。
(2) 掌握旅游短视频的策划、制作和推广技巧。
(3) 通过实际演练,提高自身的实践能力。
(4) 学会评估旅游短视频营销的效果,总结经验教训。

(二) 项目演练背景

随着科技的进步,短视频已成为现代社会人们娱乐和获取信息的重要方式。旅游行业也不例外,许多旅游目的地和旅游企业开始利用短视频进行宣传和营销。本次项目演练任务旨在了解和掌握旅游短视频营销的策划、制作和推广技巧，通过实际演练提高自身的实践能力。

（三）项目演练内容

（1）旅游短视频营销的特点和优势：了解旅游短视频的特点和受众，分析旅游短视频营销相较于传统旅游营销的优势。

（2）旅游短视频的策划和制作技巧：学习如何策划旅游短视频的内容和形式，如何选取合适的拍摄地点和拍摄时间，如何运用拍摄技巧和后期处理技术制作出高质量的旅游短视频。

（3）旅游短视频的推广技巧：学习如何利用社交媒体、短视频平台等渠道推广旅游短视频，提高其曝光率和影响力。

（4）旅游短视频营销的效果评估：学习如何运用数据分析工具对旅游短视频的流量、用户反馈等信息进行统计和分析，以便对今后的营销活动进行优化。

（四）项目演练步骤

（1）确定营销目标：明确本次实训的营销目标，如提升某旅游目的地的知名度、提高某酒店的下单量等。

（2）设定营销策略：根据目标受众和营销目的，制定相应的营销策略，如通过抖音平台进行内容营销，通过微博进行社交媒体推广等。

（3）制作营销计划：将制定的营销策略进一步细化，制作出完整的营销计划，包括时间计划、预算计划、推广计划等。

（4）策划宣传活动：针对目标受众，策划一系列宣传活动，如线上宣传活动、线下宣传活动、抖音挑战赛等。

（5）评估营销效果：根据预设的评估体系，对营销效果进行全面评估，包括流量统计、用户反馈、品牌知名度等。

（五）项目考核方式

（1）完成一部完整的旅游短视频作品，包括策划、拍摄、制作和推广等各个环节。

（2）完成一份完整的旅游短视频营销实训总结报告，内容包括实训目标、实训内容、实训步骤、实训资源和实训成果等。

（六）演练效果预期

通过本次演练任务，了解和掌握旅游短视频营销的基本流程和技巧，通过实际演练提高自身的实践能力，为未来的职业发展打下坚实的基础。同时，也能在实践中感受到旅游行业的魅力和挑战，激发对旅游行业的热情和兴趣。

旅游新媒体营销

归纳总结

完成本项目的学习后,对项目中任务的完成情况进行自我评价,并对在本项目中所学到的知识进行归纳总结。

项目十 旅游直播营销

学习目标

▶知识目标

1. 了解直播营销的概念及特点。
2. 了解直播营销火爆的原因。
3. 熟悉直播营销的发展趋势。
4. 熟悉直播营销的商业模式。
5. 掌握直播营销的运营提升策略。
6. 掌握直播营销的运营设计。
7. 掌握短视频营销的推广与变现。

▶素养目标

培养正确运用旅游直播营销的意识。

▶思维导图

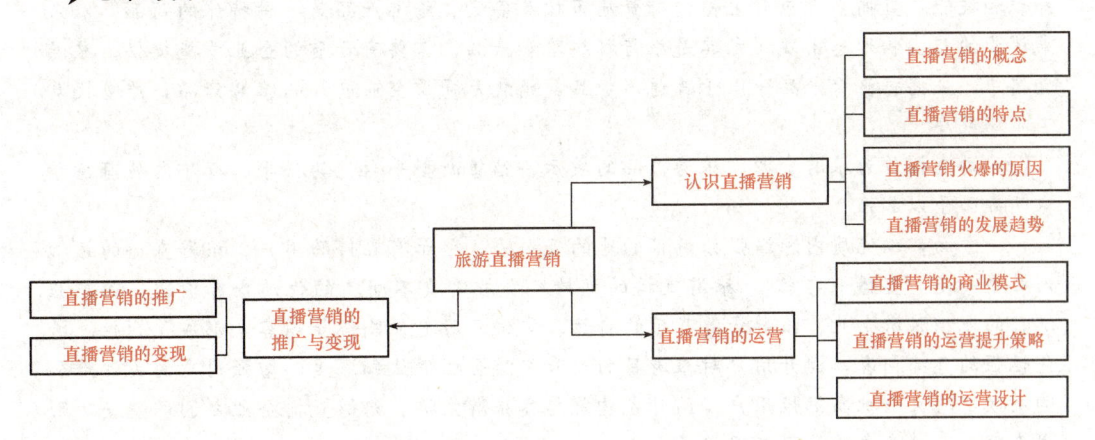

```
                                              ┌── 直播营销的概念
                                              ├── 直播营销的特点
                              ┌── 认识直播营销 ─┤
                              │               ├── 直播营销火爆的原因
                              │               └── 直播营销的发展趋势
                旅游直播营销 ─┤
    直播营销的推广 ─┐         │               ┌── 直播营销的商业模式
                  ├── 直播营销的 ── 直播营销的运营 ─┤── 直播营销的运营提升策略
    直播营销的变现 ─┘ 推广与变现                  └── 直播营销的运营设计
```

· 215 ·

> **案例导入**

"内容＋创新" 不断优化旅游直播生态

近年来，旅游直播异军突起，成为推动旅游产业复苏的重要力量。在此过程中，许多游客逐渐养成了看直播"种草"，事后"拔草"的旅游消费习惯，旅游直播作为营销渠道的功能不断放大。但在旅游直播推动旅游产业复苏发展的同时，也要注意到存在的问题。

一是虚假宣传误导消费者。2022年6月发布的《网络主播行为规范》将夸张宣传误导消费者、通过虚假承诺诱骗消费者、使用绝对化用语等行为列入网络直播的禁止性行为。在旅游直播中，也不乏诱导游客的类似行为，不仅给消费者造成物质、精神上的损失，也在消费者心中留下了不好的旅游直播形象。曾经就有某网红在直播间以不合理低价销售旅游卡。当游客线下消费时却以与承诺截然不同的形式兑现，对游客形成欺骗性消费诱导。还有的直播用滤镜、调色等多种方式美化了旅游吸引物的本来面目，对游客形成误导性宣传。类似的现象在旅游直播中时有发生，该规范的出台，有助于全面治理旅游直播中的虚假宣传现象，营造和谐清朗的旅游直播环境。

二是低俗营销有违公序良俗。《规范》对于恶搞、歪曲或以不正当方式展示各类文化，展现有性暗示等内容、引导用户低俗互动等多条涉及低俗内容的直播予以禁止。旅游直播中，不乏以"色、丑、怪"等低俗方式博取眼球，吸引关注的旅游主播，以媚俗姿态造成了不良的社会影响。曾经某景区的直播就出现了主播奇装异服、未经许可随意拍摄游客、以低俗语言搭讪游客等不良行为，引发游客的大量投诉，对景区和当地形象造成损害。

三是无资质机构扰乱市场秩序。该规范提出，网络主播应掌握从事主播工作所必需的知识和技能，直播平台应对主播进行资质审核及备案。旅游产品是一种特殊的商品，以未来消费的非实物形态出现，尤其是旅行社线路和产品，需要有资质的企业才能提供。旅游直播中，主播将旅游产品等同于普通消费品，销售无资质企业包装的旅游产品，严重扰乱了市场秩序。

旅游直播作为旅游资源、旅游产品的展示、销售新型平台，其科学、有序发展有待于从两方面予以加强。

一方面，以优质内容增强旅游目的地的吸引力，培养有黏性的用户。旅游直播的核心形式之一是"直播＋内容"。旅游直播的可持续发展需要不间断的优质内容输出，深挖旅游目的地、旅游企业、旅游资源背后的自然、文化、历史、民俗等内容，形成系列性、特色性强的直播内容，提升用户对旅游目的地和旅游企业的认知深度，增强用户的关注度和购买欲，培育一批高黏性用户。同时也构筑起各旅游主播、旅游直播企业之间的壁垒，形成有序、良性竞争的旅游直播格局。

项目十 旅游直播营销

另一方面，以创新方式丰富旅游营销渠道，提升游客关注度。旅游直播的核心形式之二是"直播+带货"。作为旅游新营销渠道，旅游直播应不断创新直播展示方式，以样式多元、更富创意的方式全面展示直播内容，增强主播与用户之间的互动，激发游客的购买欲望，提高直播带货的成交率。某网络平台直播以故事线索、人物扮演等方式让直播变得趣味横生，成为旅游直播中的成功代表。旅游直播也可充分利用直升机、无人机等多种方式立体化展示旅游内容，让旅游产品更具吸引力，进而引发消费购买。

（《中国旅游报》2022-8-1）

【提出问题】

如何对旅游直播生态进行优化？旅游直播在推动旅游产业复苏发展时应注意哪些问题？

任务一 认识直播营销

一、直播营销的概念

"直播"一词由来已久，在传统媒体平台已有基于电视或广播产生的现场、直播形式，如晚会直播、访谈直播、体育赛事直播、新闻直播等。《广播电视辞典》将直播界定为"广播电视节目的后期合成与播出同时进行的播出方式"。

随着互联网的高速发展与智能手机的迅速普及，伴随5G时代的到来，对于直播的概念产生了新的延展，越来越多基于互联网的直播形式开始出现，包括但不限于网络直播、互联网直播、电商直播等形式。现在的直播一般指用户在手机上装载直播软件后，利用手机摄像头对内容（采访、旅行、对话、发布会等）的实时呈现，其他用户通过互联网在相应的直播平台可以直接同步观看与互动。

一文了解电商直播

相对于传统的静态图文内容，如今的互联网直播主要以视频形式向用户传递信息内容，表现形式更加立体化，且能实现双向实时互动，更容易吸引用户的注意力，因而得到了蓬勃发展。

二、直播营销的特点

（一）实时双向互动

与其他营销方式相比，直播营销是指企业通过视频直播的形式开展营销活动，更具真实感和及时性，视频直播的形式能够满足用户直观感受产品特性、参与其他用户的互动，以及与主播进行实时互动的需求。不同于电视直播的信息单向性传播及互动延迟的情况，在新媒体平台的直播活动中，用户可以随时参与直播，以文字或视频连线的形式与主播团队进行实时双向互动。

· 217 ·

（二）娱乐属性强

直播平台的内容以娱乐、生活等领域的内容为主。同时，视频与文字相比，其信息含量与密度相对更低。受早期直播平台氛围与视频直播自身特点的影响，目前视频直播的内容更偏向于娱乐化、生活化的内容。

（三）平台众多，特色分明

各个直播平台存在定位和内容上的差异，直播分类包括综合类、秀场类、电商类、会议类等。例如，抖音、快手等平台以综合类直播内容为主，点淘、蘑菇街等平台以电商类直播为主，钉钉、腾讯会议以会议类直播为主。企业通过直播开展新媒体营销时，可以根据所营销产品的属性选择合适的平台。

三、直播营销火爆的原因

（一）移动互联网技术和直播技术设备的迅速发展

在移动互联网时代，技术的高速发展和直播 App 开始大量涌现，为直播营销奠定了坚实的物理基础，扫除了技术障碍。随着 5G 技术在部分大城市的推广和使用，各通信公司的竞争，网速的大幅度提升，流量资费的降低，视频直播比以往更加流畅。此外，智能手机的价格下降和普及，让越来越多的人逐渐摆脱有线网络和计算机，可以直接进行视频拍摄上传。这就使得视频直播有更多的空间和场景。企业抓住时代的机遇，抓住全新的营销机会，各种网红经纪公司的出现，助推企业更加立体地展示企业文化和产品，发出企业的声音，而不仅仅依靠微博、微信和网站。

（二）直播满足了企业营销平台立体化的需求

在过去几年，很多企业、政府机构已经创建网站，在微博、微信开通账号，将其作为企业品牌营销和文化传播的标配。这些网络营销的方式基本上是一维和单项的，消费者被动接收信息，或者不能及时得到回复，这些传播主要还是基本以图文为主的，在微信上，传播方式更多一些。但这远远不能满足消费者的短平快需求。图文始终不够立体，用户看到的还都是静止的，在如今信息泛滥的时代，单纯的文字传播很可能被忽略。视频直播的兴起，正好弥补了以前企业进行营销传播时的缺憾。在微博、微信之外，多了一个更为立体生动的营销阵地。直播相比其他社交媒介，能更直观地呈现丰富多彩的内容，用户进入门槛降低，只需要一部智能手机就可以随时随地地观看直播；企业内容发布更加自由，从单一的发布会到企业内训、产品宣讲、大会活动等多元化场景直播，不同的领域，有不同的关注人群。这些构成了企业进驻直播的主要原因。

（三）直播方式促成并养成了消费者看视频、玩视频的习惯

2020 年年初，移动社交平台陌陌发布了《2019 主播职业报告》，通过对近万名移动网络用户进行调研发现，移动直播用户有用户群体年轻、黏性强、付费习惯成熟三大特征。抽样调查数据还显示，由于工作强度大、压力大，主播年纪较轻，受访主播中 69.5% 为单身状态，79% 的职业主播为单身。另一方面，越来越多的人愿意在视频平台上花费时间创造内容

和浏览内容，这都得益于用户习惯的培养完成。企业适应消费者的习惯，更容易和消费者打成一片。

四、直播营销的发展趋势

早在互联网刚刚兴起时，就有以图文为主的直播，随着互联网硬件条件的提升，秀场直播、游戏直播兴起。但真正让企业有全新营销机会的，还是伴随着移动网络的提速和智能设备的普及而出现的移动直播时代，视频直播App让人们完全摆脱了局限，任何时间、任何地点都能成为人们视频直播的场景，这使企业可以随时随地更加立体、互动地展示企业文化、推广企业品牌、促进产品销售。

（一）"直播＋"营销模式营销体验佳，正成为主流

直播进入更多细分垂直行业后，"直播＋"营销模式为营销活动提供了新的思路，它通过直播与用户进行互动，以增加用户黏性，进行品牌营销。相比传统的营销活动，直播营销不仅具有空间距离优势，而且拥有实时互动性强的特点，更能吸引用户的注意力。各直播平台加强营销布局，更倾向于关注内容营销、互动营销及电商直播。随着大众对于直播内容的质量要求不断提高，搭载丰富、多元化内容而生产的"直播＋"模式将会逐渐成为直播营销的主流形式。

（二）产业链发展趋于稳定成熟，第三方加入完善服务体系

上游企业以有一定知名度和行业地位的一线品牌为主；同时，各大直播平台为完善营销服务，积极与第三方服务企业合作，健全服务体系。下游用户普遍对直播营销抱有正面态度且具有一定的购买力，直播营销产业链发展逐渐趋于成熟稳定。随着直播营销的不断发展，未来或将有更多的第三方企业（如支付平台、数据监测机构等）加入产业链，为企业和用户提供更多的便利，提升直播为企业带来的营销效果。

（三）智能技术的融入为用户提供更好的营销体验，为企业提供更好的营销环境

随着直播融入图像识别、语音识别、虚拟现实、增强现实等智能技术，直播无可比拟的沉浸感使观众瞬间穿越时空，进入他人的角色。虽然目前技术条件不够成熟，体验还不完美，但技术的不断提升，必将让直播为用户提供更好的场景化体验，进而实现越来越多的预期盈利。更多智能技术的应用创新着直播的营销模式，势必会为企业带来更多、更好的营销环境，成为未来企业营销的重要阵地。

> **课堂思考**
>
> 横向对比抖音、快手、斗鱼等直播平台，从围绕的年龄、消费层次、兴趣爱好等方面进行分析，并在课堂上进行分享。

任务二　直播营销的运营

一、直播营销的商业模式

直播具有营销的功能，主播作为导购在直播中销售商品的同时，也在进行品牌营销、内容"种草"等。主播能为用户讲解商品的功能，介绍品牌价值，从而让用户加深对品牌的了解，并将普通用户转化为品牌的忠实用户。

企业或品牌商通过直播营销可以提高品牌的曝光度，带动产品的销售。如今直播营销已成为一种新兴的商业模式，是目前主流的网络营销方式之一。直播营销的常见商业模式主要有"直播＋电商""直播＋发布会""直播＋企业日常""直播＋广告植入""直播＋活动""直播＋访谈"等。

（一）"直播＋电商"模式

"直播＋电商"模式是一种通过直播平台进行旅游产品推广和销售的商业模式。这种模式通常包括在直播中展示旅游景点、酒店、美食等旅游产品，并与观众进行互动，解答观众的疑问，引导观众购买。在直播过程中，主播会介绍旅游产品的具体情况、价格、优惠政策等，也会进行现场直播互动，让观众感受到旅游产品的真实性和可靠性。通过旅游直播＋电商模式，旅游产品能够更直观地展示给观众，从而吸引更多旅游者购买，也提高了旅游产品的知名度和美誉度。

（二）"直播＋发布会"模式

"直播＋发布会"模式是一种通过直播平台宣传旅游产品、活动或政策的商业模式。这种模式通常包括在直播中发布新的旅游产品、旅游线路、旅游活动、优惠政策等，通过直播向观众展示旅游目的地的各种特色和优势，吸引观众的关注和兴趣。在直播过程中，主办方还会邀请明星、专家等嘉宾进行现场互动，增加直播的吸引力和观赏性。借助"旅游直播＋发布会"模式，旅游目的地的知名度和美誉度能够提高，还能吸引更多的旅游者前来旅游。

（三）"直播＋企业日常"模式

"直播＋企业日常"模式是一种通过直播平台展示旅游企业日常工作的商业模式。这种模式通常包括在直播中展示旅游企业的员工工作情况、企业文化、业务流程等，让观众了解旅游企业的内部情况和特色。在直播过程中，主播会与员工进行互动，解答观众的疑问，让观众感受到旅游企业的专业性和规范性。通过"旅游直播＋企业日常"模式，旅游企业的形象能够得到提升，同时也能够让更多的旅游者了解和信任该企业，从而增加旅游者的数量。

（四）"直播＋广告植入"模式

"直播＋广告植入"模式是一种在直播中巧妙地植入旅游产品或服务广告的商业模式。这种模式通常包括在直播中自然地引入旅游产品或服务的信息，如旅游目的地的特色景点、酒店、美食等，让观众在不知不觉中接受广告信息并产生兴趣。在直播过程中，主播会通过讲述自己的旅行故事、分享旅行经验等方式引入广告信息，并与观众进行互动，让广告更加自然和真实。通过"旅游直播＋广告植入"模式，能够有效地提高旅游产品或服务的知名度和美誉度，吸引更多旅游者前来体验。

（五）"直播＋活动"模式

"直播＋活动"模式是一种通过直播平台宣传和组织各种旅游活动的商业模式。这种模式通常包括在直播中介绍各种旅游活动的内容、时间、地点等信息，吸引观众的关注和参与。在直播过程中，主办方还会邀请明星、专家等嘉宾进行现场互动，增加直播的吸引力和观赏性。通过"旅游直播＋活动"模式，观众能够更直观地了解旅游活动的具体情况和参与方式，同时也能够与明星、专家等进行现场互动和交流，提高参与感和体验感。

（六）"直播＋访谈"模式

"直播＋访谈"模式是一种通过直播平台与明星、专家等进行访谈的商业模式。这种模式通常包括在直播中与明星、专家等进行交流和访谈，分享他们的旅行故事、旅行经验、对旅游目的地的看法等，吸引观众的关注和兴趣。在访谈过程中，明星、专家等嘉宾还会与观众进行互动，回答观众的问题和疑惑，增加直播的真实性和可信度。通过旅游直播＋访谈模式，观众能够更直观地了解明星、专家等的旅行故事和经验分享。

二、直播营销的运营提升策略

（一）视觉营销

直播中画面的流动性一般不大，人物形象也相对固定，而过于单调的画面容易让观众产生厌倦感，从而离开直播间。要让直播的画面充满生机，给观众的视觉造成强劲攻势，实现与观众的沟通，以此向观众传达商品信息、服务理念和品牌文化，实现良好的直播营销效果。

（二）内容营销

如今的直播早已不是靠单纯的娱乐就能取胜的，真正要做的是用优质的内容打动观众，为企业扩大品牌曝光度，实现产品销量的增长。

（三）体验营销

随着人们生活水平的提高，人们的消费需求也从实用层次转向体验层次。体验营销能带给用户充分的想象空间，最大限度地提升用户参与和分享的兴趣，提高用户对企业品牌的认同，增强用户购买产品的欲望。如果直播内容千篇一律、差异化、价值输出存在不足，则会致使用户体验效果大打折扣。利用直播进行体验营销，应从观众的感官、交互、信任等方向入手提升体验感。

（四）搭配社群营销

如果仅在网站或海报上提前预告直播时间及房间号，转化率太低，为了实现传播量的最大化，可以建立一个社群，把所有感兴趣的用户拉到这个群，前期进行情绪铺垫、气氛渲染，再加上社群成员的配合，直播开始时的关注度就会很高。

> **案例导入**

写好旅游直播的剧本

2016年被许多人看作中国的"直播元年",但对于旅游行业来说,直播仍然是个新鲜的事物。

2020年上半年,由于疫情原因,旅游企业、景区、酒店的创收都受到了很大的影响。面对这种情况,许多在线旅游平台纷纷联合景区、酒店、旅游达人等,试水旅游直播,甚至有平台的创始人摇身一变,变成了旅游直播间的新晋"主播"。

平台号召,酒店等纷纷响应,共同抵御疫情带来的负面影响,旅游直播正是各方抱团取暖、创新营销的产物。

相比于传统的营销方式,旅游直播的确具有能够多层次展现旅游产品和服务的特质。在主播的引导下,观众可以"身临其境"地感受一家酒店周围的环境及服务设施状况,这比VR看房等功能更加生动直观,在购买前更有参考价值。一个好的旅游主播,不仅可以带领观众游览中国的大好河山,同时也能带观众深入体验当地的风土人情。直播以视频的形式,给观众带来更加直接地参与感,是文字和图片无法比拟的。

但这并不意味着,旅游直播是没有门槛的,是可以随时随地都能够开播的。事实上,旅游直播与一般的带货直播不一样。一般来说,普通卖货的直播,比如美妆产品等,观众看好后就能够直接下单购买,但旅游产品一般客单价更高,购买的频次较低,而且还需要消费者精心安排出行时间,相比较而言,需要更长的决策周期。围观旅游直播的人中,直接下单的人相对会较少一些,更多人是希望通过直播先了解旅游目的地的相关信息。

因此,无论是旅游主播,还是旅游产品或者服务的提供商,在开播前,都要写好一场旅游直播的剧本。这个剧本的核心要义,在于与消费者建立情感上的连接,这种连接,既包括主播与消费者,同样包括旅游产品与消费者。

旅游直播的剧本,也不能唯成交量论,一个好的剧本呈现,哪怕不能产生直接的购买,也会在消费者的心中留下一个好的印象,于潜移默化间影响消费者之后的出游选择。

旅游直播的剧本,应当是接地气的,具有可看性的,无论是风景,还是美食,多一些打动人心的独特场景,也就能收获更多人的喜爱。原生态的、真实生活的画面,更加具有吸引力。

旅游直播的功夫不仅在直播间内、镜头前,更要下在平时。一个好的剧本,自身就是一抹美丽的风景。

(人民网,2020-6-11)

三、直播营销的运营设计

(一) 五步法设计旅游直播营销

旅游直播营销有以下五个步骤。

1. 整体思路

直播营销的第一步是确定整体思路。在做营销方案之前，新媒体团队必须先厘清整体思路，然后有目的、有针对性地策划与执行。刚接触直播营销的新手容易进入一个误区，认为"直播营销只不过是一场小活动而已，做好方案然后认真执行就够了"。实际上，如果没有整体思路的指导，直播营销很有可能只是好看、好玩而已，并没有达到旅游营销的目的。直播营销的整体思路设计，包括三部分，即目的分析、方式选择和策略组合。

首先是目的分析。对旅游而言，直播只是一种营销手段。旅游直播营销不能只是简单地进行线上旅游展示，而是需要综合产品特色、目标用户、营销目标，提炼出直播营销的目的。

其次是方式选择。在确定直播目的后，企业新媒体团队需要在颜值营销、明星营销、稀有营销、利他营销等方式中，选择其中的一种或多种进行组合。

最后是策略组合。方式选择完成后，旅游需要对场景、产品、创意等模块进行组合，以设计出最优的直播策略。

2. 策划筹备

直播营销的第二步是策划筹备。好的直播营销需要"兵马未动，粮草先行"。首先，要撰写完善直播营销方案；其次，在直播开始前将直播过程中用到的软硬件测试好，并尽可能降低失误率，防止因为筹备疏忽而引起不好的直播效果。

为了确保直播当天的人气，新媒体运营团队还需要提前进行宣传预热，鼓励粉丝提前进入直播间，静候直播开场。

3. 直播执行

直播营销的第三步是直播执行。前期筹备是为了现场执行更流畅，因为从观众的角度，只能看到直播现场，无法感知前期的筹备。

为了达到已经设定好的直播营销目的，主持人及现场工作人员需要尽可能按照旅游直播营销方案，顺畅地推进直播开场、直播互动、直播收尾等环节，并确保直播的顺利完成。

4. 后期传播

旅游直播营销的第四步是后期传播。直播结束并不意味着营销结束，新媒体运营团队需要将直播涉及的图片、文字、视频等内容，继续通过互联网传播出去，让未观看现场直播的粉丝也能看到，使直播效果最大化。

5. 效果总结

直播营销的第五步是效果总结。直播后期传播完成后，新媒体团队需要进行复盘，一方面，进行直播数据统计并与直播前的营销目的做比较，判断直播效果；另一方面，组织团队讨论，提炼出本场直播的经验与教训，做好团队经验备份。

每一次直播营销结束后的总结与复盘，都可以作为新媒体团队的整体经验，为下次旅游直播营销提供优化依据或策划参考。

需要强调的是，直播营销的第四大环节"后期传播"与第五大环节"效果总结"虽然都是在现场直播结束后进行的，但是作为直播的组织者，必须在直播开始前就做好两方面的准备。

第一，提前设计数据收集路径。例如，美团流量来源设置、网站分销链接生成、微信公众号后台问卷设置等。

第二，提前安排统计人员。不少直播网站后台的数据分析功能不够细化，因此一部分数据（如不同时间段的人气情况、不同环节下的互动情况等）需要人工统计，便于后续分析。

（二）旅游直播营销的运营设计技巧

1. 明确目标

首先要明确旅游直播营销的目标，是宣传旅游目的地、推广旅游产品，还是吸引更多旅游者关注和参与旅游活动。只有明确了目标，才能有针对性地进行运营设计。

2. 研究受众

进行旅游直播营销前，需要对目标受众进行深入的研究。了解他们的兴趣爱好、消费习惯及需求，以便更好地满足他们的需求。

3. 选择合适的直播内容

根据目标受众和目标，选择合适的直播内容。例如，可以介绍旅游目的地的文化、历史、风俗等元素，或者组织一些户外探险、体验式旅游等活动。

4. 选择合适的直播平台

选择一个具有稳定性和高流量的直播平台，并根据该平台的特点进行运营设计。同时，需要了解该平台的使用方法和直播技巧，以便更好地进行直播。

5. 制定营销策略

制定合适的营销策略能够提高旅游直播营销的效果。例如，可以利用社交媒体进行宣传和推广，或者组织一些优惠活动、分享抽奖等方式吸引观众的关注和参与。

6. 提供优质服务

在旅游直播营销中，提供优质的服务和支持非常重要。例如，在探险直播中，需要提供专业的指导建议和应急帮助，以保证用户的安全和参与体验。

7. 建立良好的粉丝文化

通过定期组织活动、赠送福利等方式增加用户的忠诚度和参与度。同时，需要关注用户之间的互动和交流，鼓励他们分享自己的经验和故事，营造一个积极向上的粉丝文化氛围。

8. 进行后期制作

旅游直播营销不仅需要良好的直播过程，还需要精心的后期制作。例如，可以将直播内容剪辑和加工，制作成短视频或 GIF（Graphics Interchange Format，图像互换格式）图进行传播；添加音效和配乐以提高观赏性；制作字幕以帮助用户更好地理解内容等。

> 思政融合

还带货直播间一片清朗

  2023年央视的3·15晚会剑指苦情营销、网络水军、刷单炒信等直播带货中的消费骗局。在直播购物渐成人们生活常态的当下，直播间里，侵犯知识产权、不正当竞争、产品质量与食品安全堪忧、违法违规广告等现象频现。治理这些行业乱象，规范行业发展、保护消费者合法权益更显重要和紧迫。

  法治是网络直播带货行业监管和治理的基本方式。网络直播带货的法治化有利于规范网络交易活动，提振消费信心，激发消费活力，促进网络直播营销持久健康发展。当前，治理网络直播带货乱象，在立法方面已有基本的支撑。我国已基本构建起网络专门立法的"四梁八柱"，也有直播带货方面的监管政策文件，网络直播带货有法可依、有章可循。2021年5月25日起施行的《网络直播营销管理办法（试行）》对直播营销平台、直播间运营者、直播营销人员与直播营销人员服务机构进行了区分，亦对从事网络直播营销活动的电子商务平台经营者与平台内经营者进行了区分，分别对各类主体的责任和义务作出规范，为强化其行为监管提供了重要依据。

  治理网络直播带货乱象，应严格落实网络平台责任。针对直播带货、微店营销等新型网络交易形式，要严管网络招徕渠道。对构成电子商务平台经营者的直播营销平台，根据《中华人民共和国电子商务法》《中华人民共和国消费者权益保护法》《互联网用户账号名称管理规定》《网络直播营销管理办法（试行）》的有关规定，厘清压实细化网络平台法定义务。具体来说，电子商务平台经营者对平台内经营者侵害消费者合法权益行为须采取必要措施，对平台内经营者须尽到资质资格审核义务，对消费者负有安全保障义务。直播营销平台应当按照有关法律法规规定及"后台实名"的原则，对直播间运营者、直播营销人员进行身份证件信息、统一社会信用代码等真实身份信息认证。消费者通过网络直播营销平台购买商品或者接受服务，其合法权益受到损害的，如果网络直播营销平台不能提供销售者或者服务者的真实名称、地址和有效联系方式的，消费者可以向网络直播营销平台要求赔偿。

  治理网络直播带货乱象，还需强化互联网广告监管。直播间运营者、直播营销人员发布的商品或者服务，构成商业广告的，应当履行广告发布者、广告经营者或者广告代言人的责任和义务。对此，《中华人民共和国广告法》《网络直播营销管理办法（试行）》等均有相应规定。不同于平面时代的广告，网络时代的线上商业推销、直播带货广告向立体化、生活化发展。粉丝看重直播营销人员的信用和名誉，看重其过往广告的明星效应，网红带货是人格权商业化利用在网络直播带货领域的典型体现。线上商业广告的媒介和形式具有特殊性，但同样应该受到广告法的调整及约束。

  党的二十大报告提出，完善产权保护、市场准入、公平竞争、社会信用等市场经济基础制度，优化营商环境。针对网络直播营销中虚构交易、流量造假等新型不正当竞争行为，要发挥《中华人民共和国反不正当竞争法》《网络交易监督管理办法》的调整规制作用，加强反不正当竞争，优化网络直播带货营商环境，还带货直播间一片清朗。

（《光明日报》2023-3-22）

任务三　直播营销的推广与变现

一、直播营销的推广

旅游直播营销的推广可以通过以下几种方式。

（一）社交媒体推广

社交媒体平台如微博、抖音、微信等具有庞大的用户群体，是旅游直播营销推广的重要渠道之一。通过发布旅游直播预告、直播花絮、精彩片段等内容，吸引用户的关注和转发。同时，可以在社交媒体平台上进行直播分享，让更多用户看到直播内容。

（二）网红/明星合作推广

与知名旅游博主、网红或明星合作，通过他们的社交影响力和关注度，吸引更多的用户关注和参与旅游直播营销。在直播中邀请他们作为嘉宾，或者以他们的名义进行直播，让用户有更强烈的参与感和信任度。

（三）线下活动推广

通过举办线下活动，如旅游讲座、展览、体验活动等，吸引用户的参与和关注，提高旅游直播营销的效果和影响力。在活动中宣传旅游直播营销，让更多人了解和关注，同时也可以通过活动中的互动和交流，增加用户对旅游产品和服务的了解和信任。

（四）媒体报道推广

通过传统媒体如报纸、电视等的报道和宣传，可以提高旅游直播营销的知名度和可信度。邀请媒体进行旅游直播的报道，或者在传统媒体上宣传旅游直播营销的优势和特点，吸引更多用户的关注和参与。

（五）旅游平台推广

在旅游平台上推广旅游直播营销，如通过携程、途牛、去哪儿等旅游平台进行宣传和推广。可以在旅游平台上发布旅游直播预告、精彩片段等内容，吸引用户的关注和参与；也可以在旅游平台上进行直播分享，让更多用户看到直播内容。

（六）KOL 合作推广

与知名旅游博主、网红等合作，通过他们的社交影响力和旅游经验进行直播推广，吸引更多用户关注并参与。可以在直播中邀请知名旅游博主、网红作为嘉宾，或者以他们的名义进行直播，让用户有更强烈的参与感和信任度。

（七）跨平台推广

在多个平台上进行旅游直播营销的推广，以增加覆盖面和影响力。可以通过不同平台的用

户群体和传播渠道，扩大旅游直播营销的覆盖面和影响力。可以在不同平台上进行直播分享、互动交流等，让更多用户了解和参与旅游直播营销。

二、直播营销的变现

直播账号目前的变现方式主要包括打赏、销售自营商品、为第三方卖家带货、为企业提供广告宣传等。

（一）打赏

观众在直播间进行打赏，一般发生在网红直播间，尤其在生活类和才艺类直播中较多。出于对主播的喜爱和支持，或者希望吸引该直播间观众关注自己，打赏者通常会充值购买平台提供的虚拟礼物，在直播时进行赠送。对于打赏收入，平台和主播按约定比例进行分成，实现双赢。

（二）销售自营商品

企业开展直播营销，核心目的是销售自己生产或经销的商品或服务，一般是通过直播引流到第三方购物平台，再完成订单处理。网红主播可以利用自己的号召力和影响力，采取网店或微商等形式销售自营商品。

（三）为第三方卖家带货

这种变现模式一般存在于网红主播的直播间。有些网红主播虽然拥有较高人气，但是本身并不直接开展网络销售，而是通过在直播间向用户介绍、推荐商品，借助人气为其他网店引流，并根据约定收取相应费用。第三方卖家设定商品的售价，与主播商定商品链接费用和佣金比例方案。

视频：民宿 农家乐"网络直播"带动游客下单

（四）为企业提供广告宣传

有些企业开展营销的目的，并不是直接销售商品或服务，而是开展品牌宣传或公关，在这种情况下也可以与人气较高的网红主播进行合作。主播可以在直播中对该企业及其商品进行介绍及推荐，但并不提供商品购买链接。这种软性的广告宣传削弱了直接带货的商业色彩，用户对主播及其直播内容的接受度更高，从而可以使企业及其商品的推广取得不错的效果。

实战演练

一、问答演练

（1）直播营销的特点有哪些？
（2）简述直播营销火爆的原因。
（3）直播营销的商业模式有哪些？
（4）简述直播营销的运营提升策略。
（5）简述五步法设计旅游直播营销。
（6）简述旅游直播营销的运营设计技巧。
（7）如何进行直播营销的推广？

(8) 如何实现直播营销的变现？

二、项目演练

（一）项目演练目的

通过本次演练，学生应能够达到以下目标。
(1) 培养大学生团队的营销策划和执行能力。
(2) 学习使用直播推广旅游产品和目的地。
(3) 提升大学生团队的沟通与协作能力。
(4) 加强团队的项目管理和创新思维能力。

（二）项目演练背景

随着科技的进步和互联网的普及，旅游行业正在发生深刻的变化。旅游直播营销作为一种新兴的营销方式，逐渐受到广泛关注。本次演练任务旨在帮助学生了解和掌握旅游直播营销的策划、拍摄和推广技巧，通过实际演练提高自身的实践能力，为未来的职业发展打下坚实的基础。

（三）项目演练步骤

(1) 组建团队：根据任务的要求，组建一个由5～6名大学生组成的团队，确保团队具备各种专业背景、技能和兴趣。
(2) 确定目的地：选择一个旅游目的地作为演练任务的焦点。可以选择一个具有吸引力和潜力的目的地，以确保直播内容的吸引力。
(3) 目标市场分析：团队成员需要进行市场调研，了解目标市场的需求、喜好和购买习惯，为下一步的直播策划提供参考。
(4) 制定直播策略：在团队成员的共同讨论下，制定一份详细的直播策略，包括直播时间、内容、互动形式、产品特色等，确保能够吸引目标市场的观众。
(5) 筹备直播工具和设备：准备直播所需的设备和工具，包括高质量的摄像设备、稳定的网络连接、直播平台账号等。
(6) 制作宣传材料：团队成员可以制作一些宣传材料，如海报、短视频等，用于推广直播活动。
(7) 直播营销活动实施：按照策划的方案进行直播活动。团队成员可以扮演不同角色，展示旅游目的地的特色景点、文化、美食等，并与观众互动。
(8) 分析和评估：在直播结束后，团队成员需要进行数据分析和评估，了解直播活动的效果，吸取经验教训，使未来的活动更顺利。

（四）项目考核方式

(1) 参与度：通过观察直播过程中的在线人数、评论数等数据指标，评估观众的参与程度。参与度高的直播任务成果较好。
(2) 满意度：通过问卷调查、留言反馈等方式收集观众对直播内容的满意度评价。满意度高的直播任务成果较好。

（3）知识水平：评估学生在实训过程中对于旅游直播营销相关理论知识的理解和运用程度。知识水平高的学生表现出较好的实践能力。

（4）操作能力：观察学生在策划、拍摄、制作和推广过程中所展现出的实际操作能力。操作能力强的学生能够更好地完成演练任务。

（五）演练效果预期

（1）增强学生对旅游直播营销的理解和认识。通过实际操作，使学生更加深入地了解旅游直播营销的策划、拍摄、制作和推广流程，掌握相关知识和技能。

（2）提高学生的实践能力。通过分组合作和实际操作，使学生能够将理论知识应用到实践中，培养和锻炼学生的实践能力，为未来的职业发展打下坚实的基础。

（3）培养学生的团队协作能力。在实训任务中，学生需要分组合作，每个小组负责不同的任务模块，通过协作共同完成任务。这可以培养学生的团队协作能力，增强学生的沟通和协调能力。

（4）提高学生的创意和创新能力。在策划阶段，学生需要思考如何创新地呈现旅游城市的特色和魅力，如何吸引更多的潜在旅游者。通过实训任务，可以培养学生的创新和创意能力，提高学生的创造力和想象力。

（5）增强学生的市场分析和数据分析能力。在推广阶段，学生需要密切关注观众反馈和数据指标，以便及时调整推广策略。这可以培养学生的市场分析和数据分析能力，让学生学会利用数据驱动的营销策略来增强分析效果的方法。

归纳总结

完成本项目的学习后，对项目中任务的完成情况进行自我评价，并对在本项目中所学到的知识进行归纳总结。

项目十一　其他营销

学习目标

▶知识目标

1. 了解今日头条的分类及特点。
2. 了解微信平台的特点
3. 了解社群营销的定义及特点。
4. 熟悉微信个人号及公众号的营销价值。
5. 掌握今日头条的营销策略。
6. 掌握今日头条营销内容的推广策略。
7. 掌握微信个人号及公众号的营销策略。
8. 掌握社群的营销策略。

▶素养目标

培养正确运用其他营销的意识。

▶思维导图

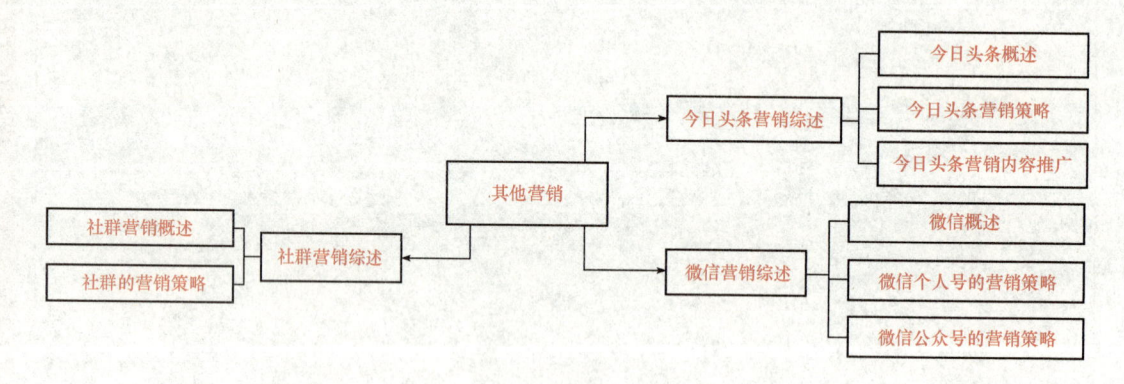

```
                                    ┌── 今日头条概述
                    ┌── 今日头条营销综述 ──┼── 今日头条营销策略
                    │                    └── 今日头条营销内容推广
        其他营销 ──┤
                    │                    ┌── 社群营销概述
                    ├── 社群营销综述 ────┤
                    │                    └── 社群的营销策略
                    │                    ┌── 微信概述
                    └── 微信营销综述 ────┼── 微信个人号的营销策略
                                         └── 微信公众号的营销策略
```

> 案例导入

山东：以受众思维破题"文旅营销一头热"

出实效的营销推广，是助推文化旅游市场高质量发展的关键环节。近年来，各地文化旅游领域"出圈""走红""爆火"现象不断，既凸显了社会各界对文化旅游产业的关注程度及文化旅游部门的工作成效，也暴露出一些问题，如品牌形象的人文内涵不足、新媒体传播效果有待提升、地方之间缺乏联动统筹机制等。着眼于此，过去几年，山东在擦亮"好客山东"金字招牌的基础上，以"逆水行舟，不进则退"的紧迫感，紧跟时代发展，以受众思维破题"文旅营销一头热"，取得阶段性成效。

以点带面　推介保持热度

盛夏，烟台市主城区的滨海公路上，天南海北的自驾车纷至沓来。整洁的城市环境、多姿多彩的历史文化景点，让游客深感惬意舒心。来自内蒙古自治区的游客马奎森说："看到网上'旅游达人'发布的烟台旅游攻略，被这里的近现代建筑吸引。我们一家人开车近9个小时到这儿玩了3天，美食美景让人感觉此行很值得。"

2023年7月，"畅游齐鲁 趣玩消夏"暨2023好客山东游品荟在烟台启动。山东省文化和旅游厅相关负责人在启动仪式上介绍，暑期是山东旅游市场热度最高的时节，家庭游、亲子游、研学游、避暑游成为市场人气颇高的产品。山东将从创新消费场景、策划系列节事活动、优化旅游市场环境等方面入手，借助"畅游齐鲁 趣玩消夏"与"好客山东游品荟"两个主题活动，省、市、县三级联动打造旺季旅游推广品牌。

作为我国东部地区的旅游热门省份，山东长期以来重视文化旅游市场的营销推广。聚焦跨区域联动，山东牵头组建"中国旅游新媒体联合推广体"，策划推出系列新媒体实地营销体验活动，在网络提升"好客山东"的知名度；调动行业力量，强化与协会、俱乐部、联盟等社会组织协作，多维度探索文化旅游产品的创新路径；跨界联合公共交通资源，通过机舱舷窗展示、高铁环游齐鲁套票等方式，满足民众对旅行的更高需求。

2023年上半年，山东共接待游客3.4亿人次，实现旅游收入4 060.7亿元，同比分别增长43.6%和48.7%。其中，精准的文化旅游市场营销推广发挥了显著作用。

冷静分析　体察市场温度

2023年以来，山东省青岛市、淄博市、威海市等地出现"一票难求""一房难求"等情况，文化旅游市场持续火热。山东省文化和旅游厅联动各地文化和旅游部门，客观冷静分析热门旅游城市的营销推广经验与不足，并以盘活全省资源为目标，推动其他城市引流。比如，针对近两年兴起的"露营热"，山东省文化和旅游厅创新举办"2023好客山东露营季"，各市也同步跟进。以场景创新为手段，济南市举办"乡村好时节·露营节"，潍坊市推出"石门坊奇幻仲夏夜"时尚露营派对，临沂市策划了"夏日露营计划"沙滩露营节。

"好客山东"文化旅游品牌知名度、影响力不断提升的同时，山东并未放弃对潜在问题的分析研判。近几年，全国各地均提高了对文化旅游市场营销推广的重视程度，但也出现一些不合理的情况，营销推广部门一头热就是典型。有的地方只注重"对外推广"这一过程，对"推广了什么""有多大效果"则关注不够。

2023年上半年，山东省文化和旅游厅组成调研组，围绕全省的文化旅游市场营销推广现状展开实地调研。调研组发现，创新性不足、联动机制欠缺、人才缺乏等问题依然突出。比如在人才方面，地级市、县区一级文化旅游营销推广普遍存在人员不足现象，懂市场、善营销、懂文旅、善策划的行业人才缺乏。而且，行业中多数人员为"半路出家"，流动性大，导致相关工作难以持续开展。

多方联动　增加品牌厚度

山东对文化旅游营销推广的重视，从未只停留在口头上。近年来，山东省陆续制定推出系列发展规划、实施意见等，对文化旅游品牌的打造、宣传推广、线上营销等提出明确要求，加大保障力度，夯实行业发展根基。

山东省委、省政府2023年印发的《关于促进文旅深度融合推动旅游业高质量发展的意见》提出，实施新媒体传播工程，加强与国内知名在线旅游平台合作，建设文旅营销旗舰店，开展千个网红打卡地、千名文旅达人、千个好客故事、千件文创产品"四个一千"行动。

业内专家指出，近些年"唐宫夜宴"等文化旅游新业态赢得市场认可，显示出文化旅游深度融合的巨大魅力。今后一段时期的文化旅游营销，应当重视统筹布局内容生产，以旅游新场景讲述文化新故事，以精彩内容实现更大的传播效应。

山东在文化旅游营销推广领域的探索没有止步。

当前，在持续做好"好客山东"品牌提升的同时，山东正完善"沿着黄河遇见海"品牌，通过线上、线下一体的推广活动，加强省内沿黄、沿海区域资源整合，打造沉浸式体验场景，实现共建品牌、共探文脉、共保生态的目标。

山东省文化和旅游厅相关负责人介绍，未来山东将探索全面规划、全域整合、全程跟进的营销推广模式，带动各市文化旅游资源进一步整合；盘活山东省内企业和社会组织的营销资源，形成推广宣传的叠加效应；提高文化旅游新媒体规划和运维水平，培养山东本地的"文旅达人""旅游博主"等。

（《中国文化报》2023-8-14）

【提出问题】

山东是如何破除"文旅营销一头热"的现象？你认为如何用好新媒体营销助力文旅产业的发展？

任务一　今日头条营销综述

一、今日头条概述

（一）今日头条简介

今日头条是一款基于数据挖掘技术的个性化推荐引擎产品。它为用户推荐有价值的、个性化的信息，提供连接人与信息的新型服务，信息涵盖领域包括热点、直播、科技、娱乐、游戏、汽车、财经等，这些都是和用户生活紧密相关的话题。基于这一理念，今日头条一经问世，便受到用户的广泛好评。

今日头条的精准信息推送围绕算法展开。作为一个新闻资讯客户端，今日头条没有采编人员，不生产内容，而是基于机器学习进行个性化资讯推荐，五秒即可计算出用户的兴趣，让阅读更加高效。算法模型会记录用户在今日头条上的每一次行为，并通过海量的数据计算用户感兴趣的内容，甚至计算用户有可能感兴趣的内容，并将它们精准推送给用户。这也充分印证了今日头条的营销理念——"你关心的，才是头条"。

（二）今日头条分类

今日头条拥有广泛的用户基础、精确的推荐措施及丰富的激励措施，受到越来越多自媒体的青睐。

在当今信息爆炸时代，信息过载导致用户选择困难，而今日头条以其强大的推荐引擎，为用户推荐其喜爱的内容，在国内移动互联网领域逐渐被用户所信赖。

今日头条推出针对媒体、国家机构、企业及自媒体开放的内容创作与分发平台"头条号"，头条号平台的账号数量已超过10万个，各类媒体、机构等总计超过50 000家，签约合作的传统媒体过千家。很多部门、知名人士、明星等纷纷入驻头条号，今日头条以其迅猛的发展速度成功跻身国内自媒体领先位置。

头条号作为今日头条的自媒体平台，可以发文章、发视频、发图集、趣味测试。

申请入驻今日头条时，有五个类别可供选择，分别是个人、媒体、国家机构、企业及其他组织。按照今日头条官方介绍，它们之间的区别如下。

1. 个人

主要以个人身份入驻，适合垂直领域的专家、意见领袖、评论家及自媒体人士申请入驻。

2. 媒体

报纸、杂志、电视、电台、通讯社或其他以内容生产为主要产出的机构能够申请入驻。

3. 国家机构

中央及全国各地行政机关、行政机关直属机构、党群机构、参考公务员法管理的事业单位。

4. 企业

适合企业、公司、分支机构、企业相关品牌、产品与服务等。

5. 其他组织

适合各类公共场馆、公益机构、学校、社团、民间组织等机构团体，但不支持民营医院注册。

（三）今日头条特点

1. 智能机器推荐机制

今日头条是一款精准化推荐的新闻资讯的客户端，它可以对用户标签及用户收藏、转发、评论的文章进行深度挖掘，以用户的个人喜好为主导进行个性化推荐。今日头条通过机器智能推荐与人工干预，让用户看到的都是自己喜欢的内容。

2. 非一线城市用户占比大

在今日头条用户中，数量占比较大的前10名省份为广东、河南、山东、江苏、河北、湖北、四川、浙江、陕西、山西，非一线城市的用户占比较大。

3. 产品形态丰富

今日头条的产品形态以图文为主，推出的产品有头条号、微头条、西瓜视频和悟空问答，包括文字、图片和视频三种主流内容形式。较为丰富的内容形式为企业开展营销活动提供更多的便利。

4. 推广资源丰富

今日头条平台的广告位十分丰富，如开屏广告、信息流广告、图文底部广告及图集尾部广告等，同时，今日头条可以根据用户数据精准投放广告。在头条号方面，随着众多自媒体入驻头条号，优质的头条号同样可以实现垂直领域内的精准推广与信息传播。

二、今日头条营销策略

今日头条为用户推荐有价值的、个性化的信息，提供连接用户与信息的新型服务。平台根据用户特征和用户浏览记录进行数据分析，依托对旗下数据的分析与挖掘，绘制用户画像，为用户推送个性化内容。今日头条的常见营销方式主要依托平台强大的算法和精准引流。

（一）利用算法推荐分发广告信息

今日头条通过算法为用户提供定制化服务的商业模式，积累了大数据时代下信息收集和数据处理经验，并根据用户喜好对用户进行个性化推荐。

（二）基于内容流量池的叠加推荐

为了丰富内容，增强内容的趣味性和可读性，今日头条根据内容流量池中热度的高低，向用户推荐其可能不感兴趣但热度高的内容。叠加推荐是以内容的综合权重作为评估标准。综合权重的关键指标有完播率、点赞量、评论量、转发量，且每个梯级的权重各有差异，当达到一定量级，平台将以大数据算法和人工运营相结合的机制不断向用户进行推荐。

三、今日头条营销内容推广

创作者在创作内容后，只有将内容顺利传达给目标用户，才能吸引用户的注意，并增加粉丝量，增强粉丝黏性，实现营销目的。因此，创作者要寻找合适的推广渠道，扩大优质内容的传播范围。

（一）提高账号权重

在今日头条上，账号权重是指用户在平台上的身份和地位，对于营销内容的推广至关重要。以下是提高账号权重的几个方法。

1. 完善个人信息

在注册今日头条时，要提供真实、准确的个人信息，包括头像、昵称、简介等，以提高账号可信任度和关注度。

2. 保持活跃度

经常发布有价值的原创内容，与其他用户互动，积极参加平台活动等，有利于提高账号活跃度和权重。

3. 增加粉丝数

积极与粉丝互动，回应用户的评论和私信，提高粉丝的关注度和互动度。

4. 注意内容质量

发布高质量、有价值的内容，避免低质量或垃圾内容，以提高用户对账号的信任度和关注度。

（二）分享转发

分享转发是今日头条上的一种重要的推广方式，可以让更多用户看到营销内容。分享转发的方法有以下几个。

1. 利用分享功能

在文章结尾处，提供一些与文章主题相关的问答、引用、话题等，引导用户进行分享。

2. 利用转发功能

鼓励用户将营销内容转发到其他社交媒体平台，如微信、微博等，从而扩大宣传范围。

3. 利用评论功能

在营销内容的评论区，积极回应用户的评论和问题，引导用户进行讨论和转发。

（三）搜索引擎优化

在今日头条上，搜索引擎优化也是推广营销内容的重要手段之一。搜索引擎优化的方法如下。

1. 标题优化

选择一个有吸引力的标题，能够准确概括文章内容，并在标题中合理使用关键词，以增加文章在搜索引擎中的排名。

2. 内容优化

在文章中合理使用关键词，确保文章内容与关键词相关并具有价值性。同时还要保持文章的可读性和易读性，避免出现过多的专业术语和复杂的句子结构。

3. 标签优化

给文章添加相关的标签可以提高文章在搜索引擎中的排名。注意标签要简洁明了，应能够概括文章的主题。

4. 发布时间优化

选择适当的时间发布文章可以增加文章被搜索引擎收录的机会。例如，在工作时间段发布文章可以获得更多的曝光机会。

5. 利用搜索引擎工具

利用搜索引擎工具可以提高文章在搜索引擎中的排名。例如，使用百度推广等工具可以提高文章的可见度和点击率。

总之，在今日头条上进行营销内容推广需要从多方面进行考虑和实施。提高账号权重、分享转发和搜索引擎优化都是重要的推广手段，但具体实施策略需要根据不同的营销目的和目标受众进行调整和优化。同时还需要注意合法合规性，避免过度营销和虚假宣传。

任务二　微信营销综述

一、微信概述

(一) 微信简介

微信是腾讯公司于2011年推出的一个为智能终端提供即时通信服务的免费应用程序。微信支持跨通信运营商、跨操作系统平台通过网络快速发送免费（需消耗少量网络流量）语音短信、视频、图片和文字，同时，也可以使用通过共享流媒体内容的资料和基于位置的社交插件。

微信提供公众平台、朋友圈、消息推送等功能，用户可以通过"摇一摇""搜索号码""附近的人"、扫描二维码的方式添加好友和关注公众平台，同时将内容分享给好友，以及将看到的精彩内容分享到微信朋友圈。

(二) 微信平台特点

1. 用户量大且黏性强

随着我国互联网的发展及智能手机的普及，微信越来越大众化，拥有越来越大的用户基数。腾讯在2020年公布的第一季度业绩报告显示，微信全区月活跃用户总数达到了9.38亿。作为一款即时沟通的社交软件，微信逐渐成为用户日常沟通交流的主要工具。

2. 微信朋友圈为熟人社交

微信朋友圈是用户社交的私密"领地"，用户在不添加对方为好友的情况下，无法完整查看对方的微信朋友圈动态，同样无法通过搜索功能查看他人的微信朋友圈动态（除非对方将朋友圈设置为完全对外开放的状态），微信朋友圈逐渐成为熟人社交平台。

3. 微信生态强链接

微信朋友圈、微信公众号、微信小程序、微信视频号等功能的开通与联动，进一步加强了微信生态的建设，为微信用户的留存提供了强大助力。微信小程序的用户总量在2019年6月已达到7亿人次，而微信公众号的注册量也已超过1 300万。微信视频号成为2020年的新风口，其他新媒体平台的知名账号主和"大V"均纷纷尝试微信视频号，以期扩大自身的影响力。微信平台试图用平台内的多种功能打造强大的微信生态，成为企事业单位及个人的信息入口和宣传平台，让用户在微信生态内实现社交、娱乐、生活服务、支付、电商等多方位的链接。

4. 广告系统成熟

微信的广告业务由腾讯社交广告负责，可以实现基于人口属性、商业兴趣、地理位置、使用设备、天气环境等的精准投放，广告的精准性降低了广告本身对微信用户的干扰。除腾讯社交广告之外，第三方广告公司也掌握着类型丰富、粉丝众多的微信公众号，以及有影响力的微信个人号。企业可以通过这些有影响力的微信公众号和微信个人号的朋友圈投放广告，以实现产品的曝光和销售。

（三）微信营销的内涵

微信营销是网络经济时代企业或个人营销的一种，是伴随着微信的火热而兴起的一种网络营销方式。微信打破了空间距离的限制。用户注册微信后，可与周围同样注册微信的"朋友"形成联系，订阅自己所需的信息。商家通过向用户提供其需要的信息来推广自己的产品，从而实现点对点的营销。微信账号主要包括微信个人号和微信公众号，下面分别介绍它们的营销价值。

1. 微信个人号的营销价值

微信个人号的营销价值主要体现在以下三个方面。

（1）建立个人品牌。以微信为代表的社交软件的出现，让个人成为传播载体。人们能够在微信上展示自己的生活、爱好、观点、追求等，通过自我展示、交流和互动，建立个人品牌，从而实现商业价值的转化。

（2）促进产品销售。卖家通过微信朋友圈发布产品信息，通过微信聊天为买家提供咨询服务，买家用微信支付功能完成付款，从而实现产品销售。

（3）维护客户关系。微信促进了人与人之间的沟通。通过微信聊天或微信朋友圈互动，用户可以进一步了解卖家，卖家也有机会获得用户的信任，加深情感连接。用户信任卖家，才会选择购买卖家的产品，从而实现商业转化。

2. 微信公众号的营销价值

微信公众号的营销价值主要体现在以下五个方面。

（1）信息入口。用户搜索并关注微信公众号就可以获得企业信息，也可以在移动端点击微信公众号中的菜单直接跳转到企业官网。

（2）客户服务。微信极大地方便了客户与企业的沟通。将微信公众号与企业客户系管理（Customer Relationship Management，CRM）系统结合可实现多人人工接入，提高客户的满意度。通过设定关键词，微信公众号可实现自动回复，这大幅减少了人工客服的工作量，节约人力成本。

（3）电子商务。若用户在阅读微信公众号中的图文介绍时想购买某件产品，直接点击并在微信上下单支付，即可完成交易。物流查询、客户服务也都能够通过微信实现，非常方便。

（4）调研。大型企业的调研工作由专门的部门负责，或者付费给第三方公司，让其通过发放问卷、电话访问等方式实现。采用这些方式进行调研不仅成本高，所得到的结果还不一定准确。企业通过微信可以直接接触精准用户群体进行调研，不仅结果准确，还能省下大笔经费。

（5）品牌宣传。微信公众号可以用文字、图片、音频、视频等多种形式，把企业最新的促销活动告知用户，具有互动性较好、信息传递快捷和信息投放精准的特点。用户不仅可以接收品牌信息，还可以方便地参与品牌互动，这有助于加快品牌传播速度，降低企业营销成本。

二、微信个人号的营销策略

（一）打造个人品牌形象

在微信个人号中，可以通过展示自己的旅游经历、摄影作品、旅游建议等内容打造个人品牌形象。同时，选取有辨识度的头像、设计独特的微信号和简洁明了的个人签名等也是非常关键的。这样的品牌形象可以让用户对旅游企业的旅游服务有更深刻的认识和信任。

（二）分享个性化旅游经验

个人号可以分享自己独特的旅游经验和见闻，如旅游目的地的推荐、特色酒店介绍、当地的必吃美食等。通过这些内容，个人号可以吸引更多对旅游感兴趣的用户，同时还能与他们建立起紧密的联系和信任关系。

（三）提供旅游咨询服务

个人号可以提供一些旅游咨询服务，如旅游攻略建议、行程规划、酒店预订等。通过这种方式，可以更好地满足用户的旅游需求，提高用户对个人号的依赖度和忠诚度。

（四）运用故事营销

故事营销是一种非常有效的营销方式，可以通过讲述有趣的旅游故事吸引用户的关注和兴趣。个人号可以分享自己在旅游过程中的有趣经历、人文故事等，这些内容可以与旅游产品或服务相结合，达到宣传的效果。

三、微信公众号的营销策略

（一）确定微信公众号定位

微信公众号的定位需要根据目标受众和营销目标来确定。对于旅游行业来说，微信公众号可以定位为旅游攻略平台、景区介绍平台、旅游产品推广平台等。只有明确定位，才能更好地吸引目标受众并提高用户黏性。

（二）提供高质量的旅游内容

微信公众号需要提供高质量、有价值的内容来吸引用户的关注。这些内容可以包括旅游攻略、旅游资讯、景区介绍、旅游故事等。同时，还可以增加一些互动环节，如问答、抽奖等，这有助于增加用户参与度和黏性。微信公众号的内容需要有创意和个性，避免简单地堆砌景点介绍和广告推广。例如，可以结合时下热点话题，将旅游元素融入其中，制作出有趣味性的内容，从而达到更好的营销效果。

（三）运用多种功能

微信公众号提供了多种功能，如自定义菜单、消息管理、模板消息等。旅游企业可以充分利用这些功能提高用户的体验和便利性。例如，通过自定义菜单提供旅游预订、酒店预订等服务；通过消息管理及时回复用户的问题和意见；通过模板消息推送旅游提醒和优惠活动等。

旅游"微领队"
边玩边赚钱

（四）建立用户互动社区

公众号可以通过建立用户互动社区来增加用户黏性和忠诚度。例如，可以开设一些有趣的讨论话题，鼓励用户在评论区进行互动和交流；还可以定期进行用户调查，了解用户需求和反馈，不断优化微信公众号的内容和服务。

(五)运用微信广告

微信公众号也支持投放微信广告。旅游企业可以利用广告投放增加微信公众号的曝光率和品牌知名度。在广告投放过程中,应该注重广告内容和目标受众的匹配,提高广告转化率。同时也可以与关键意见领袖合作等营销活动来扩大微信公众号的影响力。

任务三　社群营销综述

一、社群营销概述

(一)社群的定义

社群是由有共同爱好、共同需求的人组成的群体,有内容,有互动,有多种形式。社群实现了人与人、人与物之间的连接,拓展了营销和服务的深度,建立了高效的会员体系,增强了品牌影响力和用户归属感,为企业发展赋予了新的驱动力。

无论是对于内容创造者,还是对于行业领域"大V"、企业来说,社群都是其接触用户、了解用户的重要方式之一。如果单纯地依靠图文内容,与用户的互动则略显单调;依靠音视频、直播,又存在一对多的麻烦;而如果直接通过社群来进行用户留存、促活,不仅可以更好地与用户进行互动交流,还可以基于社群进行内容产出,提升用户体验,使内容的创作与分发同步进行。

(二)社群营销的定义

社群营销是指在社交媒体平台、在线社区等渠道中,通过与用户建立良好的互动关系进行营销活动的一种营销方式。其核心是建立一个社群平台,制定营销策略,发布营销内容,开展互动活动等,以吸引潜在用户并转化为忠诚用户,实现品牌传播和销售转化。在社群营销中,营销者需要以用户需求为导向,通过与用户的深度互动,打造良好的用户关系和品牌形象。

(三)社群营销的特点

1. 独特的社群氛围

社会存在文化,圈子富有气息。社群有自己独特的氛围,而这种氛围与社群用户画像、社群规章制度、社群活动运营息息相关。

2. 个体影响力被放大

社群是一个高度内聚的广场,社群用户规模有限,任何特别的发声和行为都会被社群用户快速关注,个体的影响力也因此被放大。作为社群管理员的新媒体营销人员,需要严格把控每一个社群用户的质量,设置一定的入群门槛。

3. 社群成员互相影响

社群成员在社群内部对某个品牌提出赞扬或批评时,一般可以影响其他社群成员对于该品牌的看法。社群管理员可以利用这一特性培养社群内的关键意见领袖,带动社群成员产生购买行为,同时,也需要避免负面的消息和情绪过多地在社群内传播,以免影响社群氛围。

4. 社群可能出现负面现象

正因社群用户之间可以相互影响，也可能出现冲突。因此，社群管理员需要运用完善的制度及时干预，禁止负面信息在社群内传播，防止不良事件在社群内发生。

案例导入

苏州林渡暖村：深化"乡村旅游+"农文旅融合

一大早，江苏苏州市吴中区横泾街道林渡暖村就热闹起来，林渡陶庐、林渡小火车和林渡花海等景点迎来一波波游客高峰。随着粉红色的观光小火车从树林间穿过，一串串孩子们的欢笑声传来。夜幕降临，星光下的花园晚餐和木质庭院的露天电影相继开场，完整地保留了南方村落自然风貌的林渡暖村魅力十足。

如今乡村旅游火热的林渡暖村，也曾因为同质化问题遭遇过发展瓶颈。找准问题之后，苏州吴中区横泾街道联手某旅游平台，借助"互联网+"，瞄准"一站式乡野度假目的地"的定位，对林渡暖村进行全方位的升级改造。

在对林渡暖村区域的四个自然村落新的规划设计中，住宿、餐饮、娱乐、教育等各类业态依次分布，分别针对不同消费水平、年龄层次的客群，推出多样化、个性化的旅游产品，涵盖自然教育、生活美学、亲子、艺术文化等新业态，带动效果明显。

横泾街道相关负责人说，希望通过发展新业态，让乡村旅游在内容运营和资金投入等方面获得更大支持，推动乡村旅游又好又快发展。

当前，国内旅游消费需求正快速升级，乡村旅游要紧跟需求变化，深化"乡村旅游+"跨界融合、线上线下融合，打造更多新产品、新业态、新体验，避免同质化、走向特色化，提供更多优质旅游服务供给。

林渡暖村瞄准"一站式乡野度假目的地"的全新定位，以"自然美育教育""文创设计""乡野度假"为产品核心，盘活乡村闲置土地、房屋资源，以"2+3"新模式精准助力乡村振兴，以村庄为基础，平台共建为载体，打造数字乡村系统，通过实地测量测绘，实现二三维模式切换观看村貌，并开发集线上导览、电子地图、购票、住宿、研学及惠农于一体的小程序，以数字乡村建设激活乡村振兴新动能。

重点引进如陶庐、道禾教育、慢书房、自然造物等知名品牌；同时，还要引入高端度假酒店和品质民宿，并将打造萌果果森林、稻田咖啡、稻田旅行小火车等一系列农文旅项目。同时，在乡村运营管理过程中优先考虑本地现有居民及返乡居民就业，积极组织农民培训，充分利用乡村现有资源，调动农民的积极性，给横泾当地三四百人创造了就业机会。打造农村优势产业，既与乡野文化和谐统一，又能丰富业态，促进新老村民多维融合，最终形成一个远离城市喧嚣，有善意有温度的精神原乡。

（中国青年网，2022-1-13）

二、社群的营销策略

社群旅游营销是一种将旅游体验和社交媒体相结合的营销方式，其策略主要包括以下几个方面。

(一) 发布高价值的内容

在社群旅游营销中，发布高价值的内容是吸引用户的重要手段之一。高价值的内容可以旅游攻略、旅游资讯、景区介绍、旅游故事等。这些内容需要具备实用性和创新性，能够满足用户的需求并帮助他们解决旅游中可能遇到的问题。例如，可以分享一些当地的特色美食、文化活动、民俗风情等，可以与旅游产品或服务相结合，提高用户对旅游目的地的认识和兴趣。

(二) 设计福利活动激活氛围

社群旅游营销中，福利活动是提高用户参与度和黏性的重要手段之一。福利活动包括抽奖、优惠券、限时特惠等，可以吸引更多的用户参与并增加用户对品牌的忠诚度。同时，这些福利活动也可以激活社群氛围，让用户更加积极地参与到社群互动中。例如，可以设计一些有奖竞赛或者互动游戏，让用户在参与活动的同时也能够为品牌宣传造势。

(三) 借助线上活动增强凝聚力

社群旅游营销中，借助线上活动可以增强用户之间的凝聚力和互动性。线上活动包括话题讨论、线上问答、线上分享等。这些活动可以吸引更多的用户参与，并让他们更加了解旅游目的地和旅游产品或服务。例如，可以组织一些旅游摄影比赛或者旅游故事分享活动，让用户展示自己的旅游经历和见闻，并鼓励其他用户进行点赞和评论，从而增强社群内部的互动性和凝聚力。

(四) 借助线下活动提高亲密度

线下活动可以增强用户对品牌的认同感和信任度。社群旅游营销中，可以组织一些线下聚会、文化体验活动、旅游导览等线下活动，让用户近距离地感受旅游的魅力和乐趣。同时，这些活动也可以提高用户之间的亲密度和互动性，促进社群的壮大和发展。例如，可以组织一些旅游团或者旅游俱乐部活动，让用户在旅游的过程中也能够结交更多的朋友和建立更加紧密的联系。

(五) 推动裂变扩大社群规模

裂变营销是一种利用用户口碑和社交媒体传播力量扩大品牌影响力和社群规模的方法。在社群旅游营销中，可以通过裂变营销推动社群的扩张和发展。具体来说，可以通过以下几个方面来实现裂变营销。

1. 提供良好的用户体验

只有提供良好的用户体验才能让用户愿意分享品牌和社群的信息。因此，社群旅游营销中需要提供高质量的旅游产品和服务，以及顺畅的旅游体验和周到的旅游服务，从而让用户对品牌产生好感和信任感。

2. 鼓励用户分享

鼓励用户分享自己的旅游经历和见闻是裂变营销的关键。通过奖励机制或者互动方式鼓励用户分享自己的旅游故事和体验，从而吸引更多的潜在用户关注并加入社群。

3. 利用社交媒体传播

社交媒体是裂变营销的重要渠道之一。可以通过在社交媒体平台上发布高质量的内容、互动话题和活动信息等，吸引更多的潜在用户关注和加入社群。同时，可以利用社交媒体的传播力量扩大品牌和社群的影响力。

4. 建立社群联盟

社群联盟是指与其他社群或企业合作，共同开展裂变营销的一种方式。通过与其他旅游相关的社群、企业建立合作关系，共同开展营销活动和互相推广，从而吸引更多的潜在用户关注和加入社群。

综上所述，社群旅游营销需要以用户需求为导向，通过发布高价值的内容、设计福利活动激活氛围、借助线上活动增强凝聚力、借助线下活动提高亲密度、推动裂变扩大社群规模等策略建立良好的社群平台和品牌形象，吸引更多的潜在用户关注和加入社群，实现品牌传播和销售转化。

课堂思考

旅游新媒体还有哪些营销方式？请分组进行讨论，并推举一名小组成员对小组的讨论结果进行分享。

思政融合

文化和旅游部：推进文化和旅游深度融合发展

2023年1月5日举行的2023年全国文化和旅游厅局长会议围绕全面贯彻落实党的二十大精神、推进文化和旅游深度融合发展提出一系列创新举措。

据介绍，围绕繁荣文艺创作，推出更多增强人民精神力量的优秀作品，文化和旅游部门将推动重点文艺院团建设，扶持濒临失传剧种戏曲院团；完善文艺评论常态化工作机制。聚焦提升公共文化服务水平，实施"公共文化新空间"行动计划；深化县级文化馆、图书馆总分馆制建设。加强文物保护利用，扎实做好非物质文化遗产系统性保护；继续推进国家级文化生态保护区建设。

加快推进旅游业振兴发展方面，文化和旅游部门将有序开展5A级旅游景区、国家级旅游度假区等评定复核；推进全国旅游资源普查，推出第一批中国特品级旅游资源名录；统筹推进长城、大运河、长征、黄河、长江国家文化公园建设；实施"美好生活度假休闲工程"，培育出一批乡村旅游集聚区。

（新华社，2023-1-5）

实战演练

一、问答演练

(1) 简述今日头条的分类及特点。
(2) 简述今日头条的营销策略。
(3) 简述今日头条营销的内容推广。
(4) 微信平台的特点有哪些？
(5) 微信个人号及公众号的营销策略体现在哪些方面？
(6) 社群营销的特点有哪些？
D 简述社群的营销策略。

二、项目演练

（一）项目演练背景

"厦门文旅活动的社群营销"旨在借助社群力量，策划并执行一次独特的文旅活动，以推动厦门旅游业的进一步发展。本次活动主要面向全国各地的旅游爱好者，通过线上线下的互动方式，让他们更加了解厦门的风景名胜与文化特色。

（二）项目演练目标

(1) 培养大学生团队的社群营销策划与执行能力。
(2) 学习利用社群平台推广旅游活动。
(3) 提升大学生团队的营销思维与创新能力。
(4) 加强团队的沟通与协作能力。

（三）项目演练步骤

(1) 组建团队：根据任务的要求，组建一个由5～6名大学生组成的团队，确保团队具备各种专业背景、社交媒体运营经验和兴趣。
(2) 确定活动主题：选择一个厦门的文旅活动作为实训的焦点。可以选择一个具有吸引力和独特性的文旅活动，以确保社群的吸引力。
(3) 目标市场分析：团队成员需要进行市场调研，了解目标市场的需求、兴趣和社交媒体使用习惯，为下一步的营销策略提供参考。
(4) 确定社群平台：根据目标市场的特点，选择适合的社群平台，如微信公众号、微博、抖音、小红书等，并创建相应的社群账号。
(5) 制定社群营销策略：在团队成员的共同讨论下，制定一份详细的社群营销策略，包括社群内容规划、互动形式、用户参与活动等，确保能够吸引目标市场的用户。
(6) 创作优质内容：团队成员可以创作有关厦门文旅活动的优质内容，如文章、短视频、图片等，通过社群平台分享给用户，并引发用户的兴趣和参与。
(7) 社群运营与互动：团队成员需要负责社群的日常运营与互动，包括回复用户留言、组织话题讨论、举办线上活动等，提高社群用户的黏性和参与度。

（8）数据分析与评估：在演练过程中，团队成员需要进行数据分析和评估，了解社群运营的效果，提取经验教训，并为未来的社群营销活动做出改进。

（四）演练效果预期

（1）增强学生对社群营销策略的理解和应用能力。通过实际操作，深入了解社群营销的策划、实施、推广和评估过程，掌握社群营销的基本理念、方法和技能。

（2）提高学生的实践能力。在实践中学习如何制定社群营销策略、制作宣传资料、推广活动和收集反馈意见等，培养学生的实践能力，提升学生的综合素质。

（3）培养学生的团队协作能力。学生分组负责不同的任务模块，如策划、宣传、活动实施和评估等。通过协作完成任务，培养学生的团队协作能力，增强学生的沟通和协调能力。

（4）提高学生的创意和创新能力。在策划阶段思考如何创新地呈现厦门的旅游文化特色和魅力，吸引目标群体的关注。通过创新思维和创意表达，提高学生的创意和创新能力。

（5）增强学生的市场分析和数据分析能力。在推广阶段密切关注市场反馈和数据指标，如曝光量、互动量、关注度和转化率等，通过数据分析调整推广策略。通过演练任务，培养学生的市场分析和数据分析能力，使其能够更好地适应市场需求和发展。

归纳总结

完成本项目的学习后，对项目中任务的完成情况进行自我评价，并对在本项目中所学到的知识进行归纳总结。

项目十二　旅游新媒体营销组合策略及案例分析

学习目标

▶知识目标

1. 了解旅游新媒体营销组合策略的概念、特点、作用及要点。
2. 熟悉国内外旅游新媒体营销的案例并分析。

▶素养目标

培养了解旅游新媒体营销组合策略及案例分析的意识。

▶思维导图

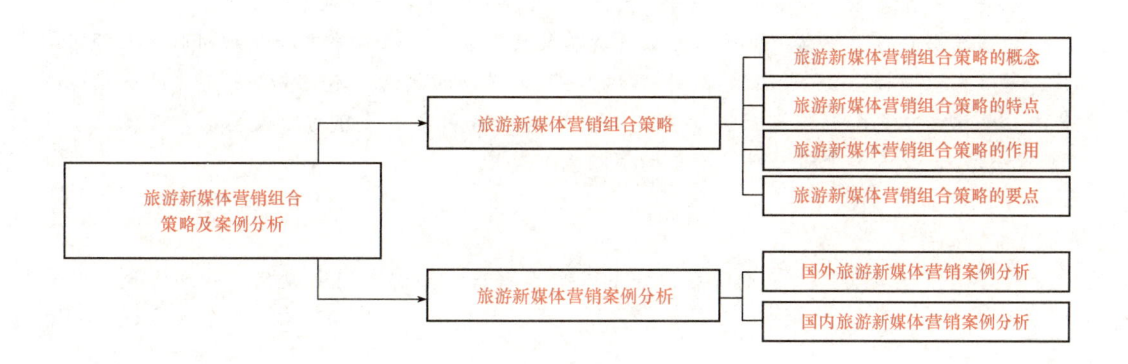

```
                                      ┌── 旅游新媒体营销组合策略的概念
                                      ├── 旅游新媒体营销组合策略的特点
                   ┌─ 旅游新媒体营销组合策略 ─┤
                   │                  ├── 旅游新媒体营销组合策略的作用
旅游新媒体营销组合   │                  └── 旅游新媒体营销组合策略的要点
策略及案例分析    ─┤
                   │                  ┌── 国外旅游新媒体营销案例分析
                   └─ 旅游新媒体营销案例分析 ─┤
                                      └── 国内旅游新媒体营销案例分析
```

旅游新媒体营销

> 【案例导入】

抓住旅游消费新机遇

大学生利用课余时间"特种兵"式旅游在社交媒体引发热议。其高强度的行程安排、旋风式"打卡"作业，在挑战网友想象力的同时，也让人感受到了国内消费市场的勃勃生机和巨大潜力，折射出年轻一代消费群体的新趋势新变化。

大学生之所以能"说走就走"，一方面，体现了我国完善的基础设施对于旅游市场的促进作用，四通八达的高铁网络、方便快捷的线上购物支付，让出游越来越便捷；另一方面，得益于国内成熟健全的营商环境、安全稳定的经济社会形势，让涉世不深的大学生也可畅游全国。

打卡式旅游的火热，社交媒体功不可没。在抖音、小红书等平台及网红达人的频繁"种草"之下，越来越多的人背上行囊，尝试更多旅游新创意、新玩法。对于旅游目的地来说，也应学习大唐不夜城、淄博烧烤等的经验，要更加重视在社交媒体的营销推广，争取把过去冷门、小众的目的地塑造成"打卡必去"，助推旅游业健康发展。

值得注意的是，年轻一代消费者并不迷信传统的旅游线路和成熟景点。在他们看来，一些新发掘的网红店、一个极佳的拍照点位更加"人间值得"。这充分说明我国地大物博，有无穷无尽的"宝藏"旅游资源等待被发现。近年来，国内旅游业不断挖掘新的细分市场商机，冰雪游、奥运游、民俗游……消费新亮点层出不穷，较好地满足了不同群体对美好生活的向往，也给相关行业提供了发展机遇。

在很多人看来，大学生群体自身的消费能力有限，旅游业针对这部分群体开发的产品并不多见。然而，相对上班族而言，他们所拥有的正是宝贵的时间与探索发现的热情，这背后也许就潜藏着旅游市场的下一片"蓝海"，值得从业者深入研究。

读万卷书，行万里路。处于人生最美青春的大学生，在收获书本知识的同时，拓宽眼界、增长见识同样重要。因此，面对"特种兵"们满满的热情，不妨多加引导，比如让他们在红色旅游中更加坚定理想信念、在工业旅游中树立实干兴邦的远大志向，而不只是"到此一游"，让旅游业带动更多人走向幸福美好生活。

（《经济日报》2023-5-11）

【提出问题】

大学生"特种兵"式旅游给我们带来了哪些启示？如何利用新媒体多种组合做好旅游营销？

任务一　旅游新媒体营销组合策略

一、旅游新媒体营销组合策略的概念

旅游新媒体营销组合策略是指利用各种新媒体渠道和手段，进行旅游产品的推广和促销活动，以吸引更多的潜在旅游者和提高旅游业的销售业绩。

项目十二　旅游新媒体营销组合策略及案例分析

具体而言，旅游新媒体营销组合策略包括以下几个方面：

（一）目标市场的精准定位

通过市场调研和分析，确定目标市场的需求和特点，制定相应的营销策略。

（二）多元化的新媒体渠道

利用各种新媒体渠道和平台，如社交媒体、移动端应用、视频平台等，进行旅游产品的推广和促销活动。

（三）个性化的营销手段

针对不同的新媒体渠道和目标市场，制定个性化的营销手段和策略，如短视频、直播、话题营销等。

（四）内容策划与制作

制作高质量、有趣、有吸引力的旅游相关内容，包括旅游攻略、游记、风景展示等，通过各种新媒体渠道进行传播。

（五）与消费者的互动与沟通

通过各种新媒体渠道与消费者进行互动和沟通，解答消费者的疑问，提高消费者的信任度和忠诚度。

（六）数据分析和优化

通过数据分析，了解营销组合的效果和不足，不断优化和调整营销策略，提高营销效果。

总之，旅游新媒体营销组合策略是一种系统性的、多元化的、个性化的营销方法，其目的是通过各种新媒体渠道和手段，吸引更多的潜在旅游者，提高旅游业的销售业绩和市场竞争力。

二、旅游新媒体营销组合策略的特点

（一）多元化

旅游新媒体营销组合策略涵盖了多种新媒体渠道和平台，同时也包括不同的营销手段和策略，这些多元化的营销方式和手段可以更好地适应不同市场和目标群体的需求。

（二）个性化

旅游新媒体营销组合策略针对不同的新媒体渠道和目标市场，可以制定个性化的营销手段和策略，如针对不同年龄段、兴趣爱好和生活方式的游客制定有针对性和吸引力的营销内容和方式，提高营销效果。

新媒体营销频出圈
"好客山东"抓铁粉

（三）交互性

旅游新媒体营销组合策略可以通过各种新媒体渠道与消费者进行互动和沟通，解答消费者的疑问，也可以通过与粉丝和用户的互动，不断优化和调整营销策略，提高营销效果。

（四）数据驱动

旅游新媒体营销组合策略需要基于数据分析和挖掘制定和优化营销策略，通过数据分析和监测了解营销的效果和不足，不断调整和优化营销策略，提高营销效果。

（五）创新性

旅游新媒体营销组合策略需要不断创新和尝试新的营销手段和方式，以吸引更多的潜在游客和提高旅游业的销售业绩。这种创新性可以体现在营销手段、营销内容、营销形式等各个方面。

三、旅游新媒体营销组合策略的作用

新媒体营销组合策略是针对用户的附加需要提供更多服务的多元化媒体运营渠道，以增强自身的影响力，获取更多的粉丝，最终实现变现的营销方式。新媒体营销组合策略通常指的是多平台、多账号的联合营销方式，不同的账号实行差异化运营管理，根据平台的定位及目标用户属性，有针对性地进行运营。打造新媒体营销组合策略除了能提高企业及品牌的曝光度，还能维护品牌的形象，具体作用如下。

（一）多渠道吸引流量，扩大触达用户范围

每个新媒体平台都有独特的内容风格、运营特点和特定的用户群体。旅游企业可以充分利用各平台的特点及传播优势，有针对性地发布内容，最大限度地传播企业品牌或产品信息，以吸引更多的流量、触达更大范围的用户。

（二）协同放大宣传效果，形成影响力

建立组合后，不同平台的产品及调性可以互补，相互联动推广，为彼此"涨粉"。营销矩阵的营销内容形式多元化，可以使企业获得更多的流量和更大的曝光量。与单个媒体账号相比，多个账号同时宣传推广可以放大宣传效果，形成一定的影响力。

（三）形成整合营销，快速提升品牌形象

新媒体营销是集移动互联网和PC互联网（指个人计算机）为一体的新兴营销方式，便于企业实现全网整合营销，依托于产品规划、产品开发、网站运营、品牌推广、产品销售等环节、形成企业生态闭环。全网整合营销不仅突破了线下销售的瓶颈，还能规范销售市场，增加产品销量，完善客服体系，梳理分销渠道，快速提升品牌形象。

（四）分散布局，降低风险

人们常说"不能把鸡蛋放在同一个篮子里面"，意思就是不管做什么，将资源分散开有利于规避风险。企业开展营销活动也一样，如果集中在某一平台上运营，一旦出现问题，就会导

致企业前期的运营前功尽弃。建立新媒体营销组合，账号更加分散，这在一定程度上也会降低企业投资的风险。

四、旅游新媒体营销组合策略的要点

（一）从内容出发进行差异化运营

新媒体时代，"内容为王"已经成为旅游业新媒体营销组合策略的核心。优质的内容可以吸引和留住用户，提高用户对旅游产品的信任度和忠诚度。在进行内容创作时，需要针对目标市场和目标群体的需求和特点，制定个性化的内容，展现旅游产品的特色和魅力。

具体而言，从内容出发进行差异化运营，需要从以下几个方面入手。

1. 制定符合品牌定位的内容

品牌定位是新媒体营销的基础，要制定符合品牌定位的内容，并采用适合的语言和风格呈现，以增强用户对品牌的信任度和忠诚度。

2. 创造具有吸引力的内容

具有吸引力的内容包括有趣、实用、视觉冲击力强的图片、视频、文字等。创造具有吸引力的内容可以吸引用户的眼球，提高点击率和转发率。

3. 定制个性化内容

针对不同目标市场和目标群体的需求和特点，要定制个性化的内容。例如，针对年轻人群体，可以采用时尚、活力、娱乐的内容吸引他们的注意；针对中老年人群体，可以采用养生、健康、安全的内容吸引他们的关注。

（二）注重整合营销和组合联动

整合营销和组合联动是旅游新媒体营销组合策略中的重要要点。通过将各种不同的营销手段和渠道进行整合和联动，可以放大营销效果，实现营销目标。

具体而言，整合营销和组合联动包括整合不同的新媒体渠道、不同的营销手段、不同的传播内容。

1. 整合不同的新媒体渠道

新媒体时代，各种不同的新媒体渠道都在发挥作用。要对各种不同的新媒体渠道进行整合，包括社交媒体、搜索引擎、博客、视频平台等，以实现更广泛的覆盖和更高的品牌曝光度。

2. 整合不同的营销手段

各种不同的营销手段包括广告投放、促销活动、内容营销、关键意见领袖合作等。对这些不同的营销手段进行整合，以达到最佳的营销效果。

3. 整合不同的传播内容

各种不同的传播内容包括品牌信息、旅游产品信息、促销活动信息等。对这些不同的传播内容进行整合，以形成一个完整的传播体系，提高用户对品牌的认知度和信任度。

（三）注意资源倾斜和运营精力分配

资源倾斜和运营精力分配是旅游新媒体营销组合策略中的关键要点。在进行新媒体营销时，需要将优势资源倾斜到核心品牌和核心产品上，以提高品牌影响力和市场竞争力。同时，也需要根据目标市场和目标群体的特点，合理分配运营精力，以提高营销效果。

具体而言，资源倾斜和运营精力分配包括以下几个方面。

1. 将优势资源倾斜到核心品牌和核心产品上

旅游产品种类繁多，要将优势资源倾斜到核心品牌和核心产品上，以提高品牌的认知度和市场竞争力。例如，将更多的广告投放和关键意见领袖合作资源倾斜到具有市场竞争力的旅游产品上，以扩大其市场份额。

2. 根据目标市场和目标群体的特点分配运营精力

不同的目标市场和目标群体需要不同的运营精力来满足其需求。例如，针对年轻人群体，可以采用社交媒体、短视频等新媒体渠道宣传旅游产品；针对中老年人群体，可以采用电视、新闻媒体等传统渠道宣传旅游产品。

3. 合理分配营销资源

要根据不同的营销手段和渠道的特点，合理分配营销资源。例如，在进行广告投放时，要根据广告平台的特点和目标市场的特点选择合适的广告形式和投放时间；在进行关键意见领袖合作时，要根据关键意见领袖的特点和目标群体的特点选择合适的关键意见领袖人选和合作方式。

案例导入

打造智慧场景 丰富营销模式 挖掘特色资源——文旅消费活力十足

建设智慧文旅，打造沉浸式体验场景；推出景区联票，促进全域旅游发展；挖掘特色资源，加强服务整合……近年来，随着文化和旅游深度融合、市场持续发展，我国文旅消费需求升级趋势明显。记者来到江苏南京、江西赣州、山东枣庄等地，感受文旅消费新形式带来的新体验、激发的新活力。

江苏南京——应用数字技术创新消费体验

清晨，尚未开门迎客的南京牛首山景区门口，已经聚集了不少游客。"这条路线包含春、夏、秋、冬四个主题。""咱们爬山的话走这条路比较快。"还没进入景区，游客们已经开始提前规划路线。

原来，只要扫描二维码进入智慧文旅平台"数智牛首"，景区的胜景就会直观呈现。进入平台的畅游板块，屏幕上赫然浮现出一幅水墨风格的景区地图。点击具体景点，系统便显示出景点图片、讲解介绍、与当前位置的距离和路线等。

根据导航提示，来自无锡的游客张潇宇穿梭在景区的斑驳树影间，惬意地朝着金陵小城景点进发。

"元宇宙空间里也有这场景，太奇妙了！"点开"数智牛首"潮玩板块，张潇宇自己创建的角色已来到一片瀑布与竹海环抱的地方。据介绍，"数智牛首"平台不仅能还原实景，游客完成线上任务后还可以在线下领取纪念品，实现线上线下的融合交互。

牛首山的探索不是个例。目前，智慧文旅建设已延展到南京多个景点街巷之中。"数字长江"元宇宙博物馆，南京城墙云景区数字化展示与互动平台——"云享城墙"，钟山风景区综合服务管理平台……各类智慧旅游应用场景逐渐拓展，大幅提升了游客体验，促进了文旅产业升级。

近年来，借助大数据、5G、人工智能等技术，南京积极推动文化遗产数字化应用，建设长江国家文化公园数字云平台（江苏南京示范平台）、南京文都数字云平台等，虚拟景区、旅游直播、沉浸式场馆、超高清全景视频等数字文旅产品涌现，网络文学、影视音乐等特色产业与文旅产业加速融合发展。

"我们将不断推进智慧文旅建设，提升供给质量，以新场景、新业态创新消费体验。"南京市文化和旅游局副局长黄琴说。

江西赣州——推行联票模式促进全域旅游

"我们一共去了五个景点，如果每个景点挨个买票，两个人的总票价应该是922元。"进入大学后的第一个暑期，中国人民大学学生王俊杰和朋友来到赣州。让他们点赞的，除了美丽风景，还有一张小卡片——赣州学子卡。"有了这个出行'神器'，我们总共花200元就能打卡许多景点，省钱、方便，体验感很好！"王俊杰告诉记者。

2023年暑期，赣州面向在校大中小学生推出100元畅玩21家景区项目的赣州学子卡。除此之外，200元的赣州旅游年卡也极大激发了游客的消费热情。据统计，2023年暑期，赣州共售出旅游年卡、学子卡5万余张，吸引游客近35万人次，间接带动文旅消费近1.75亿元。

"推行景区联票，既丰富了旅游营销的模式，又带来了场景业态的叠加。"赣州市文化广电新闻出版旅游局副局长雷军介绍，通过景区联动、线路互推、信息共享，赣州的特色旅游产品更广为人知，以热门景区带动冷门景区，促进了全域旅游的发展。

据介绍，针对暑期旅游市场，赣州旅游年卡新增权益体验景区项目10余个，包括应季的戏水、漂流等热门景区项目。目前，赣州旅游年卡已与98个景区项目、14家影院达成合作，持卡用户可享受免费游玩或观影。

拥有大型恐龙主题乐园的会仙谷欢乐小镇，自成为旅游年卡签约景区以来，客流量较之前翻了一番。景区综合部部长周新军介绍："我们在暑期增设了高空漂流、坦克营地、共享水枪等项目，吸引很多家庭前来。为提升接待服务能力，景区招聘了20名新员工，新开放的生态餐厅可同时容纳500人就餐。"

目前，赣州旅游年卡、赣州学子卡已拥有微信社群200余个、群用户10万余人。2023年暑期以来，赣州旅游年卡运营中心加强与景区、酒店、旅行社等联动，策划开展了"让世界了解江西菜"、七夕观影等10余项线上线下主题活动，下一步还将开展"畅玩黄金周，共享周年庆"系列主题直播活动、"橙心橙意"脐橙节主题活动等，进一步加强资源整合，为游客提供更多福利。

山东枣庄——加强服务整合激发消费潜力

夜幕降临，位于枣庄的台儿庄古城华灯璀璨，一派繁华景象。复兴楼前，一盆炭火已经烧得通红，两名表演人员上前，一人舀起铁水抛向空中，另一人手举木板猛地拍击，火树银花瞬间绽放，引得现场观众连连赞叹。来自南京的游客赵女士带家人看完这场"火龙钢花"演出，难掩激动："太壮观了，来得太值了！"

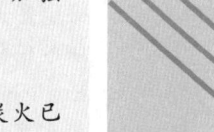

为促进文旅消费，在台儿庄古城，数十项演艺项目轮番上演，光影秀、曲艺汇、运河老街等多个沉浸式演艺节目让现场游客的互动热情高涨。台儿庄古城市场营销中心副总经理田猛介绍："我们不断拓展体验空间和场景，吸引游客参观体验，兼顾社会效益、经济效益和生态效益，努力实现文化遗产活态传承。"据介绍，2023年暑期，台儿庄接待游客超过125万人次。

在台儿庄古城逛完，赵女士告诉记者："我们还准备去渔灯巷文旅街区体验夜游集市。"原来，渔灯巷与台儿庄古城只有一墙之隔，在不同文旅消费场景的结合中，纷至沓来的游客品美食、看演艺、游古街，畅快尽兴。渔灯巷景区运营总经理刘朝秀说，渔灯巷已成为枣庄的热门打卡地，暑期接待外地游客30余万人次。

近年来，枣庄市以大运河文化体验廊道建设为中心，深入挖掘文化特色和民俗资源，加强服务整合，丰富文旅体验，提振文旅消费。如今，当地的乡村文化资源正成为新的热门研学项目。

来到市中区孟庄镇，千亩茶园绿意盎然，铺展在鲁南的丘陵之间。采茶、制茶、泡茶、品茶……2023年暑期，孩子们的身影让这座茶香小镇活泼起来。

"记住，要只摘嫩叶，那样采出的茶才香！"孟庄镇大郭庄村党总支书记助理殷宪源穿梭在茶树间，指导前来参加研学游的孩子们挑选鲜叶。大郭庄村积极开发生态休闲游资源，仅2023年暑期就开展18场相关活动，带动了附近村民就业，进一步助力乡村振兴。

2023年以来，枣庄投入200万元对民俗文化浓郁、拉动消费明显的乡村旅游节会活动给予支持。初步估算，枣庄市暑期游客达到500万人次左右，旅游收入近40亿元。下一步，当地将继续从提升景区品质、丰富文旅活动等方面发力，持续优化文旅体验，提振文旅消费。

（人民网，2023-9-13）

任务二　旅游新媒体营销案例分析

一、国外旅游新媒体营销案例分析

（一）案例一：Expedia

Expedia是一家全球领先的在线旅游企业，通过新媒体营销组合策略，它将品牌形象和服务推广至更广泛的受众群体。Expedia在新媒体平台上制作了一系列有关旅游的微电影，这些微电影通过情感营销和故事化的手法，将旅游体验与消费者的情感联系起来，增强了用户对品牌的信任度和忠诚度。同时，Expedia还采用搜索引擎优化（SEO）和搜索引擎营销（Search English Marketing，SEM）等数字营销手段，提高其在搜索引擎结果页上的排名，吸引更多的潜在客户。此外，Expedia还通过与旅游达人进行合作，利用他们的影响力和社交媒体资源拓展品牌的曝光度和用户黏性。

分析：Expedia的营销组合策略展现了在新媒体时代，旅游业的营销方式正在不断变革和创新。通过情感营销、数字营销和社交媒体营销等多种手段的组合运用，Expedia成功地将旅游体验与消费者的情感联系起来，提高了品牌的知名度和用户黏性。同时，与旅游达人的合作也表明了 Expedia 注重利用新媒体渠道和资源来扩展品牌的影响力。

（二）案例二：缤客

缤客（Booking.com）是全球领先的在线酒店预订平台，通过新媒体营销组合策略，它将品牌形象和服务推广至更广泛的受众群体。缤客在新媒体平台上运用多元化的营销手段，包括社交媒体、搜索引擎、电子邮件和移动端应用等。例如，在社交媒体平台上，缤客运用短视频和直播等形式，向用户展示酒店的环境、设施和服务等内容，吸引用户的关注和购买。同时，缤客还通过与旅游博主进行合作，利用他们的专业知识和影响力，提高品牌的认知度和信任度。此外，缤客还运用电子邮件营销提高用户的参与度和忠诚度，以及移动端应用的个性化推荐和定制服务，增强用户的使用体验和满意度。

分析：缤客的营销组合策略体现了在新媒体时代，旅游业的营销方式正在不断变革和创新。通过多元化的营销手段、专业知识和影响力的合作及个性化推荐和定制服务的运用等多种手段的组合运用，缤客成功地将品牌形象和服务推广至更广泛的受众群体，提高了品牌的知名度和用户黏性。同时，缤客注重利用新媒体渠道和资源来扩展品牌的影响力，并提升了销售业绩。

二、国内旅游新媒体营销案例分析

（一）案例一：携程旅游

携程旅游是国内领先的在线旅游服务提供商之一，通过新媒体营销组合策略，它将品牌形象和服务推广至更广泛的受众群体。携程旅游在微博、微信、抖音等新媒体平台上运用多元化的营销手段，包括社交媒体、短视频、直播、内容营销和搜索引擎等。例如，抖音与携程共同打造的"携程 FUN 肆之旅"抖音挑战赛，向用户展示旅游目的地的风光、酒店、美食等内容，吸引了更多用户关注和购买。同时，携程旅游还注重与旅游达人进行合作，利用他们的专业知识和影响力，提高品牌的认知度和信任度。此外，携程旅游还通过搜索引擎优化（SEO）和搜索引擎营销（SEM）等数字营销手段，提高其在搜索引擎结果页上的排名，吸引更多的潜在客户。

分析：携程旅游的营销组合策略体现了在新媒体时代，旅游业的营销方式正在不断变革和创新。通过多元化的营销手段、专业知识和影响力的合作及数字营销等多种手段的组合运用，携程旅游成功地将品牌形象和服务推广至更广泛的受众群体，提高了品牌知名度和用户黏性。

（二）案例二：去哪儿旅行

去哪儿旅行是一个在线旅游服务提供商，通过新媒体营销组合策略，它将时尚、年轻的品牌形象推广至更广泛的受众群体。去哪儿旅行在微博、微信、抖音等新媒体平台上运用多种不同的营销手段和渠道，包括社交媒体、短视频、直播、内容营销和搜索引擎等。例如，在微博平台上，去哪儿旅行通过"走，去哪儿都行"互动活动，让用户分享自己的旅行故事和体验，提高了品牌的知名度和用户黏性。去哪儿旅行还通过与旅游博主进行合作，利用他们的专业知识和影响力，提高品牌的认知度和信任度。此外，去哪儿旅行还运用搜索引擎优化（SEO）和搜索引擎营销（SEM）等数字营销手段，提高其在搜索引擎结果页上的排名，吸引更多的潜在客户。

旅游新媒体营销

分析：去哪儿旅行的营销组合策略体现了在新媒体时代，旅游业的营销方式的多样化。通过多种营销方式的组合运用，去哪儿旅行成功地将时尚、年轻的品牌形象和服务推广至更广泛的受众群体，提高了品牌的知名度和用户黏性。同时，去哪儿旅行注重利用新媒体渠道和资源提高品牌的影响力。

课堂思考

请分组进行讨论旅游新媒体营销案例，并推举一名小组成员分享小组的讨论结果。

思政融合

细品假期"成绩单" 捕捉文旅消费新信号

全国多地陆续发布中秋国庆旅游"成绩单"。在湖南，假期前五天纳入假日统计监测的954家单位累计接待游客1 528.17万人次，同比增长95.29%，营收21.13亿元，同比增长74.74%。据美团发布的数据显示，2023年"十一"黄金周期间长沙服务零售日均消费规模较2019年增长超220%。

数据或许抽象，但诸如"双节假期掀起'世纪抢票大战'""长沙来了1亿人""'返程聪明人'1小时开了10公里"等热闹而又充满自我调侃意味的"名场面"，足以令人窥见流动中国的盎然生机。

旅游经济是流量经济，游客动起来，经济才能"活起来"。近年来，"拼旅游"逐渐成为各地激活消费的新赛道。但部分旅游景点"叫好不叫座"，甚至"赔本赚吆喝"等现象也不容忽视。在流量瞬息万变的背景下，如何聚人气又聚财气，实现流量与经济"双丰收"？从2023年中秋、国庆"超长假"的旅游"成绩单"中，我们或能分辨出某些信号。

《孙子兵法》里面说，"兵无常势，水无常形，能因敌变化而取胜者，谓之神"。随着旅游市场不断发展，游客的需求也更为多元化和个性化。聚焦消费新需求，在品质和特色方面下功夫，才是赢得游客口碑、实现可持续发展的长远之计。从岳麓山的日出，到解放西的宵夜；从梅溪湖大剧院的演出，到大街小巷的Citywalk；从繁华的五一商圈到亮灯的杜甫江阁……长沙打造"24小时"旅游消费新场景，不断激发出文旅消费新动力。2023年中秋、国庆"超长假"期间，长沙"深夜时段"的消费激增104%，"夜生活之城"名副其实。

党的二十大报告提出，着力扩大内需，增强消费对经济发展的基础性作用。2023年"plus版"的假期，"反向旅游"寻清静与"跨省旅游"找乐子共同组成了独特的假期记忆。数据显示，受"味蕾游"带动，长沙跨省游客的餐饮堂食消费同比增长133%，异地客源主要来自深圳、上海、北京、武汉、广州等地。"火辣辣"的湖南味道，令本地人熨帖心安，也令无数外地游客心向往之。其实，"跨省出游"也好，"引客入湘"也罢，迈出的都是"内循环"的强劲步伐。

一次假期的火热"战斗"，留下的是辉煌的"勋章"，积攒的是再次出发的勇气。文旅产业生机勃发，登高而瞻、捷足先行，"成绩单"上的分数必将一次比一次提升。

（《湖南日报》2023-10-7）

实战演练

一、问答演练

(1) 旅游新媒体营销组合策略的特点有哪些？
(2) 旅游新媒体营销组合策略的作用有哪些？
(3) 旅游新媒体营销组合策略的要点有哪些？

二、项目演练

（一）项目演练目的

通过分析成功的旅游新媒体营销案例，深入了解旅游市场营销策略、新媒体运营技巧及用户体验优化等方面的知识，提升自身在旅游行业中的综合素质和实践能力。

（二）项目演练内容

(1) 案例选择：从近期旅游行业中挑选一个成功的新媒体营销案例，如微博、抖音或微信公众号等平台上的旅游营销活动。
(2) 背景分析：了解所选案例的背景信息，包括旅游目的地特点、目标受众群体、营销目的等。
(3) 策略分析：深入剖析所选案例的营销策略，包括创意主题、推广方式、时间安排、预算分配等。
(4) 数据分析：收集相关数据并进行深入分析，如活动参与度、用户转化率、投资回报率（ROI）等，以评估营销活动的成功之处。
(5) 用户反馈：了解用户对活动的评价和反馈，包括活动体验、内容质量、互动效果等方面。
(6) 总结与反思：总结实训任务的收获和不足，反思在策略制定、实施和评估过程中的优缺点及改进措施。

（三）项目演练步骤

(1) 确定小组：自由组队，每组人数控制在 3～4 人。
(2) 案例选择与背景分析：小组讨论并确定要分析的案例，进行背景信息收集与分析。
(3) 策略分析与制定：小组根据所选案例的背景信息，制定一份旅游新媒体营销策略，包括创意方案、推广计划、时间安排和预算分配等。
(4) 实施与监控：按照制定的策略进行实际操作，并对关键指标进行实时监控，以便及时调整策略。
(5) 数据分析和用户反馈：收集和分析实际操作过程中的数据，了解用户对活动的反应，并对用户反馈进行处理。
(6) 总结与反思：撰写实训报告，总结实训经验和成果，反思策略的有效性和需要改进的地方。

（四）项目演练成果评估

（1）营销策略方案：评估策略的可行性、创新性和实际效果。

（2）实施过程：评估小组成员在实施过程中的协作能力、执行力和问题解决能力。

（3）数据分析和用户反馈处理：评估数据分析的准确性、用户反馈处理的恰当性和提出的改进措施的有效性。

（4）实训报告：评估报告内容的完整性、逻辑性和深入性，以及文字表达的清晰度。

（五）项目演练注意事项

（1）在实训过程中，要注重团队协作和沟通，充分发挥个人优势。

（2）要合理安排时间和预算，确保营销活动的顺利实施。

（3）在分析和总结过程中，要充分考虑实际情况，不要过于理想化。

归纳总结

完成本项目的学习后，对项目中任务的完成情况进行自我评价，并对在本项目中所学到的知识进行归纳总结。

参考文献

[1] 颜文华. 旅游市场营销（课程思政版）[M]. 武汉：华中科技大学出版社，2023.
[2] 王丽丽. 新媒体营销实务 [M]. 2 版. 北京：中国人民大学出版社，2023.
[3] 解鹏程，赵丽英. 新媒体营销（慕课版）[M]. 北京：人民邮电出版社，2022.
[4] 陈道志. 新媒体营销策划与实施（慕课版）[M]. 北京：人民邮电出版社，2022.
[5] 李东进. 新媒体营销与运营 [M]. 北京：人民邮电出版社，2022.
[6] 尹萍，郭贵荣，杨帆. 民宿新媒体营销 [M]. 北京：旅游教育出版社，2022.
[7] 沈雪瑞，李天元，曲颖. 旅游市场营销 [M]. 北京：中国人民大学出版社，2022.
[8] 郑忠阳. 智慧旅游：认知与实践 [M]. 成都：西南财经大学出版社，2022.
[9] 杨尊琦. 大数据导论 [M]. 2 版. 北京：机械工业出版社，2022.
[10] 倪莉莉，郑伶俐. 新媒体营销与案例分析（慕课版）[M]. 北京：人民邮电出版社，2022.
[11] 赵爱婷. 旅游市场营销：模块化教程 [M]. 重庆：重庆大学出版社，2022.
[12] 全国十二所重点示范大学. 心理学基础 [M]. 2 版. 北京：教育科学出版社，2008.
[13] 杨不悔，李广顺，梦芝. 爆款文案策划：新媒体营销宝典 [M]. 北京：化学工业出版社，2021.
[14] 郑忠阳，张春华. 旅游市场营销 [M]. 成都：西南财经大学出版社，2021.
[15] 刘堂. 旅游社交媒体营销 [M]. 上海：上海交通大学出版社，2021.
[16] 赵轶. 新媒体营销与策划 [M]. 北京：人民邮电出版社，2020.
[17] 廖钟迪. 旅游市场营销 [M]. 武汉：华中科技大学出版社，2020.
[18] 黄源，董明，刘江苏. 大数据技术与应用 [M]. 北京：机械工业出版社，2020.
[19] 李京京，王莉红. 新媒体营销 [M]. 北京：人民邮电出版社，2019.
[20] 李东临. 新媒体运营 [M]. 天津：天津科学技术出版社，2018.
[21] 李永平. 市场营销：理论、案例与实训 [M]. 2 版. 北京：中国人民大学出版社，2018.
[22] 刘前红，秦琴. 新媒体营销项目化教程 [M]. 北京：中国轻工业出版社，2018.
[23] 董倩，张荣娟. 旅游市场营销实务 [M]. 北京：北京理工大学出版社，2018.
[24] 孙静. 大数据：引爆新的价值点 [M]. 北京：清华大学出版社，2018.
[25] 林巧，王元浩. 旅游市场营销：理论与中国新实践 [M]. 杭州：浙江大学出版社，2018.
[26] 董超，卢桂林. 一本书稿懂企业大数据应用 [M]. 北京：化学工业出版社，2017.
[27] 闫丽霞. 市场营销理论与实务 [M]. 北京：中国纺织出版社，2016.
[28] 廖培. 旅游规划方案评价的理论与技术研究 [M]. 成都：四川大学出版社，2016.
[29] 杨勇，陈建萍. 市场营销 [M]. 2 版. 北京：中国人民大学出版社，2015.